5G领域高频覆铜板行业专利分析报告

谌 凯 潘婷婷 任英杰 等 编著

科学技术文献出版社
SCIENTIFIC AND TECHNICAL DOCUMENTATION PRESS
·北京·

图书在版编目（CIP）数据

5G领域高频覆铜板行业专利分析报告 / 谌凯等编著. —北京：科学技术文献出版社，2022. 8

ISBN 978-7-5189-9494-6

Ⅰ. ①5… Ⅱ. ①谌… Ⅲ. ①铜—金属板—冶金工业—专利—分析—中国 Ⅳ. ①F426. 32-18

中国版本图书馆 CIP 数据核字（2022）第 147402 号

5G领域高频覆铜板行业专利分析报告

策划编辑：张 丹　　责任编辑：李 鑫　　责任校对：王瑞瑞　　责任出版：张志平

出 版 者　科学技术文献出版社
地　　址　北京市复兴路15号　邮编 100038
编 务 部　（010）58882938，58882087（传真）
发 行 部　（010）58882868，58882870（传真）
邮 购 部　（010）58882873
官方网址　www.stdp.com.cn
发 行 者　科学技术文献出版社发行　全国各地新华书店经销
印 刷 者　北京厚诚则铭印刷科技有限公司
版　　次　2022 年 8 月第 1 版　2022 年 8 月第 1 次印刷
开　　本　710 × 1000　1/16
字　　数　201千
印　　张　12.5
书　　号　ISBN 978-7-5189-9494-6
定　　价　58.00元

《5G领域高频覆铜板行业专利分析报告》编著组

谌　凯　潘婷婷　任英杰

张　帆　何小玲　吴巧玲

韩梦娜　陈文佳　董　辉

黄晓飞　洪机剑　贾玉平

前　言

覆铜板全称覆铜箔层压板（Copper Clad Laminate，CCL），是制作PCB的基础材料。覆铜板业已有近百年的历史，与电子信息工业特别是与PCB业同步发展。覆铜板是由石油木浆纸或者纤维布等作为增强材料，浸以树脂，单面或者双面覆以铜箔，经热压而成的一种板状材料，承担着PCB的导电、绝缘、支撑和信号传输四大功能，并对PCB的性能、可加工性、制造成本、可靠性等指标起着决定性作用。高频覆铜板是5G相关产业发展的核心基础，市场前景广阔，美日厂商占据主流市场，国内部分企业在规模和技术方面已迎头赶上，国产替代空间巨大。原材料、配方、工艺过程控制是影响覆铜板介电损耗与介电常数的三大重要因素，构筑了高频覆铜板的核心壁垒。

浙江省科技信息研究院结合专利导航分析特长，对接浙江华正新材料股份有限公司需求，在对5G领域高频覆铜板产业进行深入调研的基础上，运用产业分析和专利分析方法，对高频覆铜板及其关键核心技术（树脂、纤维布、填料、铜箔等原材料、工艺、设备）和应用场景的专利大数据进行全面的分析挖掘和深入研究，重点聚焦我国高频覆铜板产业的关键技术与核心产品的发展现状及其在全球竞争中的位置，并针对优势机构、重要专利、专利运用、高端人才、技术路线演进等方面进行了特色分析研究，厘清了高频覆铜板领域的国内外产业发展生态、国内外优势机构研发和布局动态、技术脉络和发展趋势、核心人才分布等关键信息。

在专利信息分析结果基础上，采用 SWOT 分析法辨明我国发展高频覆铜板产业的优势、机会、劣势和面对的威胁，进而提出对策建议，为我国高频覆铜板产业的高质量发展提供信息支撑，为国内企业在高频覆铜板开发过程中的核心技术研发、专利布局和专利侵权风险规避提供科学参考和可行性建议。

谌凯、任英杰负责整个报告的技术路线设计与任务分工。在成书过程中，专利检索策略由谌凯、潘婷婷、张帆、何小玲、韩梦娜、董辉等编制。第 1 章由潘婷婷、何小玲、黄晓飞撰写，第 2 章由谌凯、张帆、董辉撰写，第 3 章由任英杰、韩梦娜、洪机剑撰写，第 4 章由谌凯、陈文佳、黄晓飞撰写，第 5 章由谌凯、何小玲、吴巧玲、贾玉平撰写，第 6 章由谌凯、张帆撰写。

由于专利文献的数据采集范围和专利分析工具的限制，加之研究人员水平有限，报告的数据、结论和建议仅供社会各界借鉴研究。

《5G 领域高频覆铜板行业专利分析报告》编著组

2022 年 6 月

目　录

第1章　5G领域高频覆铜板产业发展态势

1.1　5G领域高频覆铜板产业发展现状

1.1.1　高频覆铜板发展相关政策

国家重视高频覆铜板的发展。2015年，高频覆铜板被列入工业强基专项行动实施方案。国家发展改革委于2019年10月30日发布的《产业结构调整指导目录（2019年本）》指出，信息产业鼓励发展高频微波印制电路板、高性能覆铜板等电子产品用材料。工业和信息化部于2019年12月2日发布的《重点新材料首批次应用示范指导目录（2019年版）》中，高频微波覆铜板、高密度覆铜板、极薄铜箔、高频高速基板用压延铜箔、高频高速覆铜板用功能化低分子聚苯醚等为重点发展的先进基础材料。

1.1.2　产业链构成

覆铜板产业链上游原料包括金属铜箔、电解铜箔、木浆、专用木浆纸、玻纤纱、电子级玻纤纱、合成树脂，下游是PCB产品，终端应用包括通信设备，汽车电子，计算机及相关设备，消费电子，工业、航空航天国防等(图1–1)。

1.1.3　价值链构成

2000年以前，美国、欧洲和日本的PCB产值占全球PCB行业总产值的70%以上。2006年后，中国超越日本成为全球PCB行业最大的生产基地。中国大陆PCB产值由2014年的262亿美元增长至2021年的442亿美元，占全球PCB行业总产值的比例已由2014年的45.64%上升至2021年的52.41%。

覆铜板是PCB的重要基础材料，2018年全球刚性覆铜板销售额达

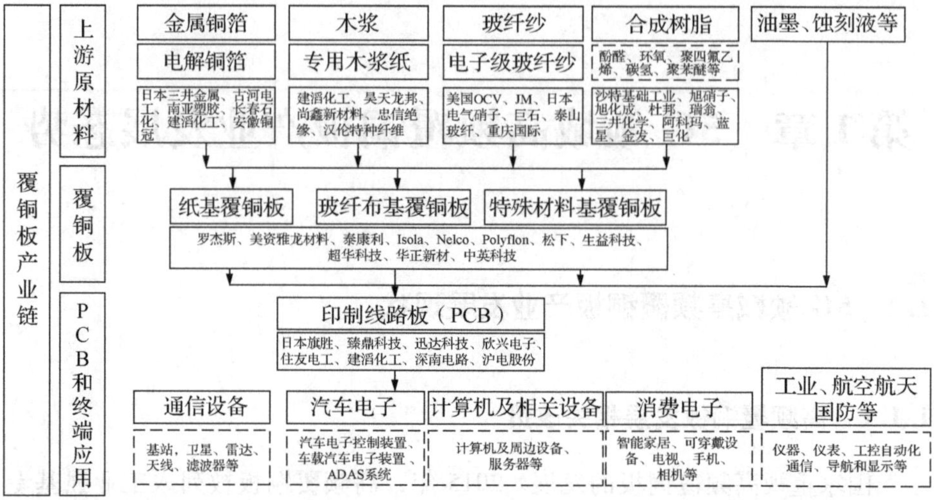

图 1-1　覆铜板产业链

124.02 亿美元，年增长率为 2.2%，其中，全球专用及特殊树脂基覆铜板（主要指高频高速覆铜板及封装载板用基板材料）的销售额达 29.62 亿美元，继 2017 年增长率高达 16.4%，大幅增长的势头仍在上扬，2018 年增长率高达 31.7%，占全球刚性覆铜板销售总额的比例，由 2017 年的 18.5% 增加到 2018 年的 23.9%。2018 年，中国大陆刚性覆铜板销售额为 84.50 亿美元，占全球总销售额的 68.1%，居全球首位。中国大陆已成为全球最大的覆铜板生产地，但产能多数停留在低阶领域。

随着通信行业从低频向高频发展，高频覆铜板应用市场变得广阔。近年的商业化应用领域主要以汽车电子毫米波雷达为主。随着 5G 建设期的到来，5G 通信无线基站将成为低损耗及超低损耗基材主要战场，其中，又以 5G 宏基站应用先行。更长远看，5G 商用将真正开启万物互联，5G 移动连接方式在物联网连接方式中的占比将逐渐提升，5G 物联网智能硬件终端的无线连接模块及天线也会带来较大的高频高速覆铜板需求。据中国产业信息网预测，2018—2025 年宏基站、车载毫米波雷达、5G 硬件设备等高频高速覆铜板需求规模累计将超过 1000 亿元（图 1-2）。

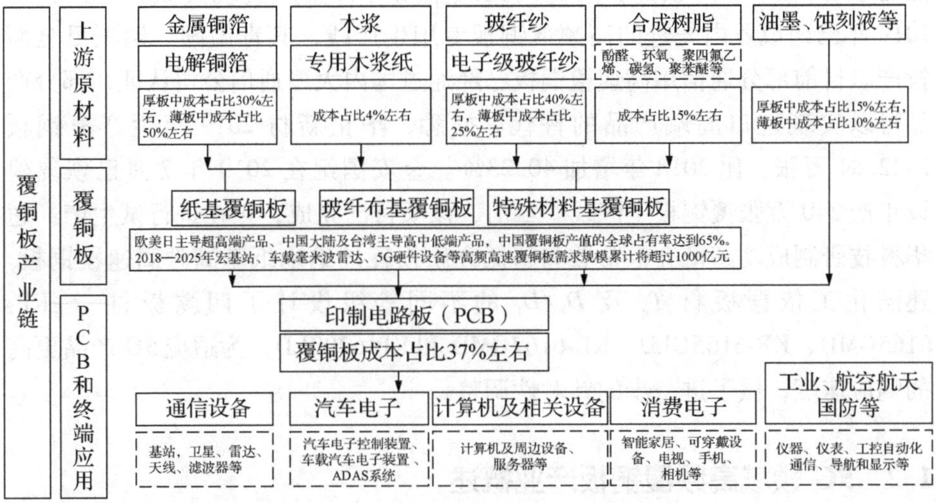

图 1–2 覆铜板价值链

1.1.4 代表企业和核心产品

传统覆铜板产品如环氧树脂玻纤布产品（FR-4 和改性 FR-4）及简单的复合材料（CEM-1、CEM-3）产量大，但附加值低，目前产能基本已向中国大陆转移，因此，中国大陆覆铜板销售额已占全球销售额的 68.1%。但是，与此同时，高附加值的高频覆铜板，如聚四氟乙烯基覆铜板（毫米波雷达和极高频通信）、碳氢化合物基覆铜板（6 GHz 以下基站射频）、聚苯醚基覆铜板（高速多层板）技术门槛高、毛利率高，仍由美日厂商占据主流市场，代表有罗杰斯、美资雅龙材料（被罗杰斯收购）、伊索拉（Isola）、泰康利、松下等。美日厂商的成功来自超前的布局，在下游市场成熟前数十年就开始了基础材料的研究，大量时间和沉没成本换来了独门配方，掌握有通信及 IDC 需求的高频覆铜板核心专利，给后进者带来一定专利壁垒。

目前，国内部分企业已经开始了高频覆铜板的研发和生产，如生益科技、华正新材等，在规模和技术方面已迎头赶上，国产替代空间巨大。其中，生益科技的 PTFE 产品性能已跻身国际顶尖水平，旗下 GF220、GF265、GF300 等系列产品性能与国际高频高速版龙头产品不相上下。此外，公司产品已通过华为等重要客户认证，2018 年 11 月已进入试生产，高频覆铜板产能已于 2019 年 1 月投产，为国内无线基站材料量产实现突破。华正新材 2019 年已建成业内先进的高频覆铜板专用生产线，其青山湖一期项目全面投产。目前部分通信用高速覆铜板已经通过国内大型通信公司认证，部分产品可以实现进口高端产品的替代。据悉，华正新材 2019 年生产覆铜板 1422.84 万张，比 2018 年增加 40.23%。金安国纪在 2019 年 7 月已恢复建设年产 240 万张覆铜板生产线。目前，该项目已完成，正在进行试生产。超华科技研制成功超低介电常数和超低介质损耗的纳米纸基高频高速覆铜板。建滔化工依据板材 T_g 及 D_k/D_f 的不同等级设计了四款板材——KB-6165GMD、KB-6165GLD、KB-6167GMD 和 KB-6200LD，为适应 5G 产品更高的响应速度，做了进一步的针对性调整。

1.2 5G 领域高频覆铜板产业概述

印刷电路板（Printed Circuit Board，PCB），是指在基材上按照预先设计好的形成点之间连接和印刷元件的基板。PCB 的功能是让电子元器件按照预定电路（就是关键互连件）连接。1936 年，英国的 Eisler 博士制造出第一块实用的“印刷”电路板，他提出的铜箔腐蚀法成为后来应用最广泛的 PCB 布线技术，因此 Eisler 博士被称为 PCB 之父。PCB 最早应用于军事航空领域，20 世纪 50 年代，由于电视机等消费电器产品的普及，民用领域使用玻璃纤维布增强型的环氧树脂（FR-4）电路板出现，替代原来的纸基板。到了 20 世纪 70 年代，PCB 开始使用电镀钻孔的方式进行不同层之间互连，使 2 层以上的多层电路板成为可能，PCB 开始向高多层数发展。另外，插入式安装技术（TMT）逐步被表面安装技术（SMT）替代。现代印刷电路板技术基本成形，从此 PCB 工艺开始向高密度化、细线化、小孔化、轻薄化发展，挠性板技术也开始出现。PCB 逐步被应用在科研设备、医疗设备、航空航天、国防，以及后来的电子消费品、个人计算机等几乎一切电子产品领域，目前仍然没有替代品。由于 PCB 的可靠性直接影响产品的可靠性，因此 PCB 被称为“电子产品之母”。

覆铜板全称覆铜箔层压板（Copper Clad Laminate，CCL），是制作 PCB 的基础材料。覆铜板业已有近百年的历史，与电子信息工业，特别是与 PCB 业同步发展。覆铜板是由石油木浆纸或者纤维布等作为增强材料，浸以树脂，单面或者双面覆以铜箔，经热压而成的一种板状材料，承担着 PCB 的导电、绝缘、支撑和信号传输功能，并对 PCB 的性能、可加工性、制造成本、可靠性等指标起着决定性作用。

覆铜板的分类较为复杂。按照机械特性可以分为刚性板、挠性板两类，刚性板更多用于通信设备、移动通信基站、军事、IDC 及办公（打印机）等领域；而挠性板更多用于消费电子、汽车电子领域。按照增强材料划分，可以分为纸基、玻璃纤维布基、复合基（CEM 系列）、积层多层板基和特殊材料基［陶瓷、金属、芯基（常见的铝基板）］等五大类。按照覆铜板的绝缘材料、结构可分为有机树脂类覆铜板、金属基覆铜板和陶瓷基覆铜板。其中，一个型号的覆铜板可能同时符合多个分类。

从世界范围来看，覆铜板产业已逐渐从 20 世纪 80 年代前美国主宰时期到随后 20 年左右日本主宰时期，再到 21 世纪以来主导企业逐渐从欧美发达国家转移至亚洲地区，并已形成欧美日主导超高端产品、中国主导高中低端产品的格局。中国已成为全球最大的覆铜板生产地，中国覆铜板产值占全球产值的比例达 65%，但产能主要集中在传统低阶 FR-4 和部分改性 FR-4 等品类，而日美欧已经逐步退出传统低阶 FR-4 板材生产领域，转向并专注于复合、特殊基材等小而精的细分领域。尤其在通信设备领域，高频高速覆铜板的技术和配方仍掌握在美国和日本等国家的企业手中。

1.3　5G 领域高频覆铜板产业发展趋势

1.3.1　产业需求

在 5G 基站、移动通信、汽车电子、智能制造、物联网等市场需求驱动下，我国覆铜板逐步向高频、高速、高导热、高可靠性等升级迭代，同时也加快实现了高端、特种覆铜板及其原材料的国产化进程。

面向 5G 的新型业务和更极致的用户体验，需要更多频谱资源支撑，高频通信成为 5G 的关键技术之一。由于 5G 工作频段更高，尽管穿透能力好，但绕射能力弱、传输损耗大、传播距离比较短，其基站覆盖范围将从 4G 网络的几百米缩短至数十米，因而运营商需要建设的基站数量会显著增加。5G 基站原理与 3G/4G 相同，但设计层面存在差异，且随着通信频率的提升，高频材料用量增多。高频通信材料是基站天线功能实现的关键基础材料。5G 射频拉远单元（RRU）对基材要求更为严苛，高导热性的 PTFE 高频覆铜板或将成为主材。

汽车持续智能化升级，电子化程度提升带动覆铜板需求。车用 PCB 也逐渐由之前简单的双面板、4 ~ 6 层板、多层板向集成化更高、面积更小的 HDI 过渡，并且车用 HDI 对安全性能的考量更为严苛，在高集成度的同时要具备耐热性、低损耗、寿命长等特点。毫米波雷达是当前汽车电子中高频覆铜板的主要用途。当前智能辅助驾驶系统的逐步渗透正加速车用高频 PCB 市场需求的增长。

1.3.2 存在的问题

从产量、产值的绝对数额来看，中国大陆已经成为全球最大的覆铜板生产基地，以刚性覆铜板为例，2020 年，中国大陆在全球范围内销量占比 71.4%，产值占比 68.1%，但中国大陆覆铜板产品仍存在高端供给不足、中低端同质化竞争的问题。

中国大陆的覆铜板厂商中，建滔集团、生益科技、金安国纪、华正新材等的产能在全球市场的占有率不足 20%。生益科技是中国大陆当前在高频覆铜板领域相对具备竞争力的企业，但其全球市场占有率仅 10%，另外几家的占比也不大。这其中，台资、外资厂商或企业投资工厂的占比偏大。特别是在高频覆铜板领域，美日和中国台湾的企业基本处于垄断地位。

1.3.3 发展方向

面向 5G 等应用，开发低介电常数和低介电损耗的高频覆铜板，实现进口替代，保障我国相关产业安全，同时推动我国覆铜板产业迈向价值链中高端，实现我国覆铜板产业的高质量发展。

1.4 5G 领域高频覆铜板技术发展现状

原材料、工艺配方、工艺过程控制是影响覆铜板介电损耗与介电常数的三大因素，构筑了高频覆铜板核心壁垒。覆铜板工艺生产的核心难点在于原材料的选择及配方比例和制备工艺，是直接影响覆铜板介电损耗与介电常数的主要因素。其中，原材料（如树脂、填料、玻纤布和铜箔）对覆铜板的作用如表 1-1 所示。

表 1-1 原材料对覆铜板的作用

原材料	作用
树脂	传统的环氧树脂由于具有较大的极性基团，导致覆铜板介电性能较高，通过使用氰酸酯、苯乙烯马来酸酐、聚四氟乙烯、聚苯醚及其他改性热固性塑料等低极化分子结构树脂，实现低介电常数与低损耗
填料	填充材料的品种、使用中的比例及表面处理技术等，都会对基板材料的介电常数产生影响。常见的无机填料主要有空心微球、氢氧化铝、氢氧化镁、硅微粉、氧化铝、高岭土与滑石粉等。填充材料的加入能够有效降低产品的吸湿性，进而改善板材的耐热性，同时降低板材的热膨胀系数
纤维布	纤维布作为覆铜板中力学强度的承担者，在覆铜板中占据较高的体积含量，一般而言其介电常数高于树脂基体，因此是决定复合材料介电性能的主要因素。目前纤维布厂商在研发纤维与更低介电常数有机纤维（如聚醚醚酮（PEEK）纤维、芳纶纤维、聚醚酰亚胺纤维及石英纤维布等）的混纺布
铜箔	铜箔表面粗糙度对于材料性能亦有影响

1.5 5G 领域高频覆铜板技术发展趋势

5G 高频技术对 PCB 提出更高的要求，其通信设备对 PCB 的性能要求主要包括高特性阻抗的精度控制、低传输延迟及低传输损失 3 个方面。而促使 PCB 高频化的主要途径有两个：一是提高 PCB 加工中的工艺控制；二是使用高频覆铜板。高频覆铜板位于覆铜板行业金字塔的顶端，损耗正切角 D_f 最小，行业门槛最高，原材料、工艺配方、工艺过程控制是影响覆铜板介电损耗与介电常数的三大因素，三大因素需要长时间的经验积累及下游应用产品验证，因此构筑了高频覆铜板核心壁垒（图 1-3）。核心材料高频覆铜板等制品经过下游 PCB 制造商生产为适用于高频环境的高频 PCB 后应用于基站天线模组、功率放大器模组等设备元器件，并广泛应用于航天、军事、汽车等领域的通信基站（天线、功率放大器、低噪音放大器、滤波器等）。

覆铜板的性能提升很大程度取决于特种树脂的选择，根据不同基材的介

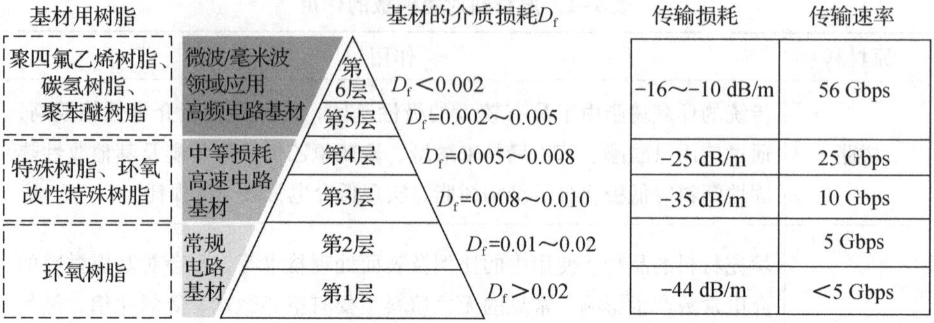

图 1-3　覆铜板分类

质损耗 D_f 与介电常数 D_k 所表现出来的传输损耗大小可对其进行等级划分。一般仅有 PTFE 树脂型覆铜板能满足天线使用需求，但近年来包括碳氢树脂、聚苯醚树脂等非 PTFE 材料也开始进入这一市场。在传统覆铜板要求树脂具有高纯度、低吸湿性和一定力学性能的基础上，高频覆铜板对树脂的要求则更高。一般高频高速覆铜板使用树脂的材料包括聚四氟乙烯树脂、聚苯醚树脂（PPE）、碳氢树脂等。

铜箔及纤维布的处理对于高频覆铜板性能也至关重要。例如，纤维布要经过高水平的扁平化处理与开纤处理，铜箔应使用超低轮廓度电解铜箔、平滑铜箔，有助于实现电路信号的低传输损耗、高精度阻抗控制性及微细电路高水平工艺性等要求。甚至在越高的工作频率下，超低轮廓度电解铜箔在抑制信号传输损失所起的作用可能越要大于基材树脂的作用。

此外，毫米波高频基板在工艺层面还需要提高多层板加工可靠性、降低制造成本、改善混合介质及混合电路（射频/数字）多层板成形加工性。综合而言，高频覆铜板的实现对上游材料的选择及工艺要求都更为严格，这也是超高端覆铜板产品几乎为日美厂商垄断的主要原因。

因此，高频覆铜板技术发展趋势为：①在树脂方面，通过使用氰酸酯、苯乙烯马来酸酐、聚四氟乙烯、PPO/APPE 及其他改性热固性塑料等低极化分子结构树脂替代传统的环氧树脂，以实现低介电常数与低损耗；②在填料方面，在氢氧化铝、氢氧化镁、硅微粉、氧化铝、高岭土与滑石粉等无机材料中，选择合适的配伍，有效降低产品的吸湿性，进而改善板材的耐热性，同时降低板材的热膨胀系数；③在纤维布方面，开发更低介电常数有机纤维，如聚醚醚酮（PEEK）纤维、芳纶纤维及醋酯纤维；④在铜箔方面，选择低表面粗糙度的铜箔；⑤在工艺方面，提高多层板加工可靠性、降低制造成本、改善混合介质及混合电路（射频/数字）多层板成形加工性。

1.5.1 树脂

1.5.1.1 覆铜板对特种树脂有共同性与差异性的要求

覆铜板制造业对特种树脂品种、性能的需求，有共同性方面的要求，也有不同应用领域板型对树脂性能差异性的要求。

高端覆铜板对特种树脂的共同性方面的性能要求，包括树脂性能指标的均一性、高性价比、进行改性及性能控制的高自由度等。

按照不同的基板材料类别覆铜板可划分为刚性覆铜板、挠性覆铜板、封装载板用覆铜板等。各领域对品种、性能的需求，有在不同型基材应用的关键树脂性能项目与指标的差异性。即使是一类板材，也因性能等级不同，对树脂的要求标准不同。

1.5.1.2 高频高速电路用覆铜板所需特种树脂的要求

低损耗（Low Loss）等级以上（基材介质损耗 $D_f \leqslant 0.008$）的高频高速电路用覆铜板所用的主流树脂构成工艺路线有两条：一条是以 PTFE 为代表的热塑性树脂体系构成的工艺路线；另一条是以碳氢树脂或者改性聚苯醚树脂为代表的热固性树脂体系构成的工艺路线。

在热固性树脂体系构成的工艺路线中，目前是以“PPO 为主体 + 交联剂［交联剂可为双马酰亚胺树脂、三烯丙基三异氰酸酯（TAIC）、碳氢树脂等］”为主流路线。同时，高频高速电路用覆铜板用树脂组成设计技术近几年仍在不断推进并多样化发展，出现了以改性马来酰亚胺（双官能团、多官能团型）为主树脂的工艺路线；以特种环氧树脂（双环戊二烯型、联苯醚型等）+ 苯并噁嗪树脂的工艺路线等构成的极低损耗（Very Low Loss）等级，以及在极低损耗等级以下的高频高速电路用基材的覆铜板品种（表 1–2）。

表 1–2 高频高速电路用覆铜板所需关键树脂材料及其主要供应商

树脂类型	主要国外供应商	主要国内供应商
PTFE 液	日本大金、旭硝子，美国杜邦等	四川晨光、山东东岳、浙江巨化、三爱富等

续表

树脂类型	主要国外供应商	主要国内供应商
碳氢树脂	①乙烯基聚合物：日本旭化成、曹达、大和化成、三菱瓦斯化学，DIC、NCX、新日铁住金化学，德国 TOPAS，美国 Sartomar，法国 Cray Valley，Karton Polymer 等； ②环烯烃聚合物：德国 TOPAS 等	四川东材
聚苯醚（PPO/PPE）	美国 SABIC，日本旭化成、三菱瓦斯化学	广东同宇，山东圣泉，四川东材，陕西硕博，台湾晋一化工、长春化工等
双马来酰亚胺（BMI）及多马来酰亚胺化合物	日本大和化成、KI Chemical、日本化药，奥地利 HOS-Technik	四川东材、广州同宇、沁阳天益化工、台湾晋一化工等
LCP 液晶高聚物	①LCP 树脂：日本 Polyplastics、住友化学，美国塞拉尼斯、Primatec 等； ②LCP 膜：日本村田制作所、可乐丽、Chiyoda Integre 等	四川东材
氰酸酯树脂	瑞士 Lonza、法资 Sartomer Chemical、日本化成等	扬州天启化学等
活性酯固化剂	日本 DIC、韩国 Shina	苏州巨峰、山东圣泉等
特种环氧树脂及特种酚醛树脂	①联苯酚醛型环氧树脂：日本化药； ②四甲基联苯环氧树脂：日本三菱化学； ③DCPD 类环氧树脂：日本 DIC； ④苯氧基树脂：日本三菱化学； ⑤萘酚型环氧树脂：新日铁住金化学； ⑥联苯骨架酚树脂：日本明和化成； ⑦含烯丙基的骨架酚树脂：日本环氧树脂	①联苯酚醛型环氧树脂：山东圣泉、广州同宇； ②联苯骨架酚树脂：山东圣泉

我国 PTFE 型覆铜板用 PTFE 原液生产厂家有四川晨光、山东东岳、浙江巨化、晨光科慕氟材料（上海）公司（晨光和杜邦的合资公司）、三爱富等。另外，江西中氟也在建设中。国内的覆铜板用 PTFE 液产量估计占全球总产量的 60% 以上。

改性聚苯醚树脂（PPO/PPE）做主树脂制造的基板材料，在 5G 通信设备对应的极低损耗应用领域有着不可替代的作用。它大部分的终端产品是基站设施的服务器等。随着 5G 通信建设的深入开展，对 PPO/PPE 的需求也迅速扩大。我国广东同宇已批量生产，山东圣泉、东材科技已进入客户试用、评价阶段。

碳氢树脂在高频高速覆铜板发展中，无论是在品种、技术上，还是应用的广度、规模量上，都在基板材料业中得到快速的发展。碳氢树脂、马来酰亚胺（长链）等还在半加法所制的高端 HDI 板、封装载板、模块基板中采用的树脂膜制造中得到应用。我国在碳氢树脂方面的创新研制、量产及应用上仍是短板，需要迎头赶上。

应该看到，全球挠性基板材料，以及近年兴起的 PCB 用树脂膜，都在树脂材料上有重大改变。为覆铜板业配套的国内树脂企业，应适应这两大类基板材料在 LCP 晶高聚物、改性聚酰亚胺（MPI）树脂、新型 TPI 树脂、改性双马来酰亚胺树脂（改性 BMI）、特种环氧树脂（苯氧树脂等）上的新需求。

1.5.1.3　高频高速覆铜板用新型树脂发展展望

使用于高频高速基板的覆铜板材料，根据高频化应用条件与 PCB 加工、装联的需求，应主要具备以下几个方面的性能：①低介电损失；②高耐热性；③优良的粘接性（主要指基材树脂与铜箔的粘接性）；④低线性膨胀系数；⑤低吸水性；⑥好的成型加工性；⑦阻燃性；⑧可靠性。在以上的各主要特性要求中，降低高频信号的介电损失是最为重要的要求。

在高频高速基板材料树脂体系设计、选择的最初阶段，选择了易于实现低介电损失性的 PTFE 热塑性树脂。PCB 基材常用环氧树脂、聚酰亚胺（PI）树脂，由于它们都有形成网状成型所必需的极性基团，更低的介电损失性是很难达到的。但是，随着高频高速基板材料的应用普及，其 PTFE 树脂型基板材料实现工业化生产的高成本性，限制了它的应用。而极性低的化学结构与高耐热性同时兼备的含乙烯基固化型树脂，则扮演了新一代高频高速基板材料用树脂的重要角色。

在高频高速基板材料的树脂体系设计中选择树脂类别时，除优先考虑它的低介电损失性外，还需考虑 PCB 制造工艺和加工性的性能需求，并考虑其在树脂合成中的树脂端基高度反应性、多项性能可控性、与其他树脂配合的溶剂溶解性等。而在此方面，含乙烯基固化型树脂具备了可实现低聚合物化的聚合官能团及可形成网状结构的交联基的同一结构条件。

未来重点需求的低介电损失含乙烯基固化型树脂的 3 种品种：①双马来酰亚胺树脂（BMI），它具有刚直的酰亚胺环，从而具有比环氧树脂更高的耐热性、更低的 CTE 性，成形时不产生挥发性气体，它已经在高频高速基板材料中得到应用（文中列举了日立化成等应用实例）；②环烯烃树脂（Cyclo Olefin Polymers，COP；Cyclo Olefin Copoly-mers，COC），它是由环磷烃类单体合成的、主链为脂环构造碳氢系的非极性聚合物，是一种透明性、介电特性、耐热性很好的高分子材料，目前在进一步解决它的粘接性较低的问题后，很有望在 PCB 用基板材料中得到更广泛的应用；③聚二乙烯基苯（Polydivinylben-zene，PDVB），近几年来出现的一类新型树枝状大分子，可通过它的多支化基元与其他聚合物成分合成为固化型树脂材料，业界已在具有多支化基元结构的可溶性聚二乙烯基苯（PDVB）方面取得了很大的研究进展。PDVB 有着与环烯烃聚合物同等优秀的介电特性，同时由于它与其他高聚物树脂有很好的相溶性，因此具有更好的未来基板材料树脂配方设计的自由度。

1.5.2 纤维布

全球覆铜板业，当前对于作为补强材料的纤维布出现了两个需求的热门品种：其一是超薄或极薄型纤维布；其二是低 D_k 电子纤维布。这样两个热门品种的主要市场在高频高速覆铜板领域。其中，采用极薄纤维布成为一种趋势：1067# （0.035 mm）、106# （0.033 mm）、1037# （0.027 mm）电子布已得到较广泛的使用。而用于封装载板、高端 HDI 板、光模块基板、高速电路基板、射频 - 微波电路基板的覆铜板及其半固化片材料制造中，开始迫切需求选用极薄纤维布。极薄纤维布的主要型号有 1027# （0.019 mm）、1017# （0.014 mm）。采用极薄纤维布的基板材料，目前更多应用在两大领域：一是 5G 通信用的新型光模块基板（属于高速电路基板范畴）；二是薄型化 SiP 封装基板。超薄纤维布及极薄纤维布，不仅要承担不可替代的基材“薄型化”的重任，还由于其“薄”“密”的自身特点，要在降低信号传输损失

（减少导线之间的时钟偏移、提高导线阻抗面分布精度、提高 PP 的树脂含量等）、提高弹性模量（以实现尺寸稳定性、减少板材热加工中的翘曲度等）、提高基板可靠性等基板性能上发挥功效。

1.5.3 铜箔

为了使高频高速电路具有更好的信号完整性（Signal Integrity，SI），覆铜板要实现（特别在高频下实现）更低的信号传输损耗性能。这需要覆铜板在制造中所采用的导体材料——铜箔具有低轮廓度的特性，即覆铜板制造中采用低 R_z、低 R_q 等品种的铜箔。

高频高速电路用低轮廓电解铜箔的品种类别按应用领域划分为六大类，即刚性射频/微波电路用低轮廓电解铜箔、高档的射频/微波电路基板（如毫米波车载雷达用基板）所用的铜箔、高速数字电路用低轮廓电解铜箔、挠性 PCB 用低轮廓电解铜箔、封装载板用低轮廓电解铜箔和大电流厚铜 PCB 用低轮廓电解铜箔。这六大应用领域对高频高速电路用低轮廓电解铜箔在性能上有着不同的要求，即表现在性能项目上有所侧重、在性能指标上有所差异等。

六大应用领域用低轮廓电解铜箔品种的性能需求及其差异表现如下。

（1）刚性射频/微波电路用低轮廓电解铜箔

刚性射频/微波电路用低轮廓电解铜箔，在不同应用频率条件下的相对差别更明显。在铜箔性能对基板的 D_k 均匀一致性、信号传输损失性、处理层无铁磁性元素存在、无源互调（Passive Inter-Modulation，PIM）等影响因素方面，要求更为严格。

（2）高档的射频/微波电路基板（如毫米波车载雷达用基板）所用的铜箔

一般要求表面处理需采用纯铜处理工艺，以支持减少无源互调（PIM），实现覆铜板的低 PIM 性，参考指标达 -160 ~ -158 dBc，铜箔处理层实现无砷化。同时，这类铜箔由于树脂基材的不同，在选择不同 R_z 铜箔品种方面差异很大。刚性射频/微波电路用低轮廓电解铜箔厚度规格一般多采用 18 μm、35 μm、70 μm，而高端极低或超低轮廓铜箔厚度规格多采用 9 μm、12 μm、18 μm。

（3）高速数字电路用低轮廓电解铜箔

高速数字电路用低轮廓电解铜箔的应用市场绝大多数定位在频率为厘米

波（3 G~30 GHz）范围。它的主要应用终端是高中端服务器等。这类铜箔的性能对基板的插损、基板加工性等有着更重要的影响，为此有侧重的严格要求。同时，铜箔的薄形规格、低成本化也是重要的要求。高速数字电路用低轮廓电解铜箔厚度规格一般多采用 18 μm、35 μm、70 μm，而高端极低或超低轮廓铜箔厚度规格多采用 9 μm、12 μm、18 μm。当前，全球低轮廓电解铜箔制造业界在刚性射频/微波电路用铜箔与高速数字电路用铜箔品种方面更趋于性能的同一化。

（4）挠性 PCB 用低轮廓电解铜箔

挠性 PCB 用低轮廓电解铜箔由于制造微细线路的需要，多采用极薄铜箔（无载体）。这类品种的目前最低厚度规格已经达到 6 μm，如福田金属箔粉株式会社的 CF-T4X-SV6、CF-T49A-DS-HD2 及三井金属株式会社的 3EC-MLS-VLP（厚度最低 7 μm）。挠性 PCB 用低轮廓电解铜箔还要求铜箔具有高的抗拉强度和较高的延伸率。蚀刻后基膜具有优异透明性，也是此类铜箔市场的重要需求项目。高频化挠性 PCB 用低轮廓电解铜箔近年开始走向低轮廓度化。现业界中已经出现不少 $R_z<1.0$ μm 的品种。例如，三井金属 TQ-M4-VSP $R_z\leqslant 0.6$ μm（典型值）；福田金属 CF-T4X-SV $R_z=1.0$ μm（典型值，规格 9/12/18），CF-T49A-DS-HD2 $R_z=1.0$ μm（典型值）（规格 6/9/12/18）；日本 ISP $R_z\leqslant 0.55$ μm（典型值）。

（5）封装载板用低轮廓电解铜箔

封装载板（包括模块基板）要求的低轮廓电解铜箔应具有高温下（210 ℃、1 h 处理后）的高抗拉强度性、高热稳定性、高弹性模量和高剥离强度。它的厚度规格为 5.0~12.0 μm，并且近年高端 IC 封装载板用铜箔的厚度规格正向着更极薄化发展，即厚度达到 1.5~3.0 μm。近年，封装载板（包括模块基板）也出现高频高速化的需求。因此，近年出现了更多的封装载板用低轮廓电解铜箔品种。例如，三井金属的 3EC-M2S-VLP（无载体）$R_z\leqslant 1.8$ μm（典型值），210 ℃、1 h 后的抗拉强度 51 kgf/mm²（500 N/mm²），延伸率 4.6%，铜箔最薄规格 9 μm。三井金属的 MT18FL（有载体）$R_z\leqslant 1.3$ μm，形成电路铜箔的规格 1.5 μm、2.0 μm、3.0 μm。日进材料有限公司的 LPF（无载体）$R_z\leqslant 1.72$ μm（典型值），210 ℃、1 h 后的抗拉强度 52.3 kgf/mm²（512.5 N/mm²），延伸率 3.7%，铜箔最薄规格 9 μm。

（6）大电流厚铜 PCB 用低轮廓电解铜箔

厚度规格≥105 μm 的大电流厚铜 PCB 用低轮廓电解铜箔，常用规格：105 μm、140 μm、175 μm、210 μm。还有特殊厚度要求的超厚电解铜箔，厚度规格达到350 μm、400 μm。大电流厚铜 PCB 用低轮廓电解铜箔主要用于大电流、电源基板、高散热电路板的制造。所制出的厚铜 PCB 主要应用于汽车电子、电源供应器、大功率工业控制设备、太阳能设备等。近年来 PCB 的导热性能成为普遍关注的重要功能之一。大电流超厚铜箔的市场需求在不断扩大，同时由于厚铜 PCB 的微细线路制造技术及应用也得到发展，它所需要的超厚铜箔也兼备低轮廓度特性。例如，三井金属 RTF 型低轮廓厚铜箔 MLS-G（Ⅱ型），R_z = 2.5 μm（典型值）；卢森堡 TW-B，R_z ≤ 4.2 μm（产品指标）。

第2章　5G领域高频覆铜板专利整体态势分析

2.1　数据来源

2.1.1　技术分解

5G领域高频覆铜板技术分解如表2-1所示，其中，树脂、填料、纤维布、铜箔、配方、工艺、设备均为关键技术点。

表2-1　5G领域高频覆铜板技术分解

一级	二级	三级
原材料	树脂	聚四氟乙烯树脂
		碳氢树脂
		聚苯醚树脂
		其他（低极性树脂）
	填料	空心微球
		氢氧化铝
		氢氧化镁
		硅微粉
		氧化铝
		高岭土
		滑石粉
		其他
	纤维布	聚醚醚酮纤维
		芳纶纤维

续表

一级	二级	三级
原材料	纤维布	聚醚酰亚胺纤维
		石英纤维布
		其他（低介电、低损耗纤维布）
	铜箔	—
配方	—	—
工艺	浸渍布	—
	填充料片材	模压
		车削
		压延
		其他
	层压板	层压工艺
	其他	—
设备	—	
应用	汽车雷达	
	5G 宏基站	
	5G 硬件设备	
	其他	

2.1.2　数据检索和处理

5G 领域高频覆铜板检索策略由课题组所有成员协商确定。根据课题一级技术分支的平行独立性，采用“总－分”式的检索策略。在检索过程中，采用关键词、IPC 分类号、CPC 分类号、Derwent 分类号、Derwent 手工代码等要素限定技术领域、技术特征等，提高数据的准确性。检索要素如表 2–2 所示，检索策略如表 2–3 所示。通过检索—验证—分析原因—继续检索—验证实现数据查全和查准。具体而言，先确定课题研究范围，然后利用关键词、分类号等进行初步检索；通过阅读相关专利文献进一步扩展关键词，调整检索策略，并用申请人进行补全；归纳噪声文献特点，进行初步去噪，然后进行查全率和查准率验证；根据验证的结果分析漏检和引入噪声的原因，再进一步调整检索式，如此反复，最后对检索结果进行人工浏览和手工去噪，保证查全率和查准率满足要求。检索数据截止日期为 2020 年 8 月 15 日，得到与5G 领域高频覆铜板技术相关的2737 项专利族，共8563 件专利。专利分析工具上，综合应用了科睿唯安公司的 DDA、Derwent Innovation，合享智慧科技有限公司的 incoPat 等。

表 2-2　5G 领域高频覆铜板检索要素

要素/领域	覆铜板	高频
中文关键词	覆铜板、覆铜箔板、覆金属板、基板、层压板、层压材料、层叠板、层叠材料、层积板、层积材料、电路材料	高频、低介电、低损耗、5G、毫米波
英文关键词	laminate、lamination、copper clad、metal clad、copper coated、substrate、circuit material	high frequency、low loss、low dielectric、5G、millimeter wave
IPC	B32B15、B32B27、B32B37、H05K1、H05K3	—
CPC	B32B15、B32B27、B32B37、H05K1、H05K3	—
Derwent 分类码	P73	—
Derwent 手工代码	V04-R01A1、V04-R01A5A、V04-R07、P73	—

表 2-3 5G 领域高频覆铜板检索策略

语种	数据库	检索策略	编号
中文	incoPat	1. （TI =（覆铜板 or 覆铜箔板 or 覆金属板 or 基板 or 层压板 or 层压材料 or 层叠板 or 层叠材料 or 层积板 or 层积材料 or 电路材料） OR IPC = （H01K1/03 or H01K1/05）） AND IPC =（B32B15 or B32B27 or B32B37 or H05K1 or H05K3 or C or D） AND ALL =（高（n）频 or 低（2n）介电 or 低（2n）损耗 or 5G or 毫米波）	L1
		2. （TIABC =（覆铜板 or 覆铜箔板 or 覆金属板 or 基板 or 层压板 or 层压材料 or 层叠板 or 层叠材料 or 层积板 or 层积材料 or 电路材料） OR IPC = （H01K1/03 or H01K1/05）） AND ALL =（高（n）频 or 低（2n）介电 or 低（2n）损耗 or 5G or 毫米波）	L2
英文	Derwent Innovation	1. （（TID =（laminate ∗ or "copper clad plate" or "copper clad board" or "copper coated plate" or "copper coated board" or "metal clad plate" or "metal clad board" or "metal coated plate" or "metal coated board" or "copper plate" or "copper board" or substrate or "circuit material ∗ "） OR IC = （H01K 1/03 or H01K 1/05） OR ACP =（H01K 1/03 or H01K 1/05） OR MC = （V04 − R07 ∗）） AND （IC = （B32B 15/ ∗ or B32B 27/ ∗ or B32B 37/ ∗ or H05K 1/ ∗ or H05K 3/ ∗ or C or D） OR DC = （P73） OR MC = （P73 ∗ or V04 − R01A5A）） AND ALLD =（"high NEAR1 frequency" or "low loss" or "low NEAR2 dielectric" or 5G or "fifth generation" or "millimeter wave" or "millimetre wave" or "millimeter microwave" or "millimetre microwave"）	L3

续表

语种	数据库	检索策略	编号
英文	Derwent Innovation	2. ((ALLD=(laminat* or "copper clad plate" or "copper clad board" or "copper coated plate" or "copper coated board" or "metal clad plate" or "metal clad board" or "metal coated plate" or "metal coated board" or "copper plate" or "copper board" or substrate or "circuit material*") OR IC=(H01K 1/03 or H01K 1/05) OR ACP=(H01K 1/03 or H01K 1/05) OR MC=(V04-R07*)) AND ALLD=("high NEAR1 frequency" or "low loss" or "low NEAR2 dielectric" or 5G or "fifth generation" or "millimeter wave" or "millimetre wave" or "millimeter microwave" or "millimetre microwave")	L4
总策略			L1+L2+L3+L4

2.1.3 查全率和查准率评估

2.1.3.1 查准率评估

由于课题组对每项专利均进行了人工查阅和标引，从而使 5G 领域高频覆铜板专利检索的查准率接近 100%。

2.1.3.2 查全率评估

查全率评估主要是基于重要申请人/发明人和基于中英文反证来构建查全测试样本专利文献集合，即在阅读的专利文献中搜集若干申请人/发明人所申请的专利文献作为测试样本，以及将中文及英文检索结果中经过清理、标引后的数据作为样本。例如，在检索得到的 2737 项专利族中，申请人为生益科技的有 264 项，而以广东生益科技公司作为申请人入口，在专利数据库中直接检索，通过人工阅读、清理，得到与 5G 领域高频覆铜板相关的专利申请 275 项，查全率为 96.0%；申请人为松下的有 94 项，以松下公司作为申请人入口，在专利数据库中直接检索，通过人工阅读、清理，得到与

5G 领域高频覆铜板相关的专利申请 92 项，查全率为 97.9%。评估后，将遗漏的专利纳入总专利集合。

2.2 5G 领域高频覆铜板专利申请基本状况

高频覆铜板相关技术不是伴随着 5G 而出现的，其发展最早可以追溯到 20 世纪 70 年代，50 多年的时间里，提高覆铜板高频适用性的技术也在不断探索中，包括降低介电常数、降低介电损耗、实现稳定的介电常数和低介电损耗等。

图 2-1 展示了 1970—2020 年高频覆铜板专利申请量的年度变化趋势。根据申请专利数量及发展趋势可以将高频覆铜板的技术发展分为以下 3 个阶段。

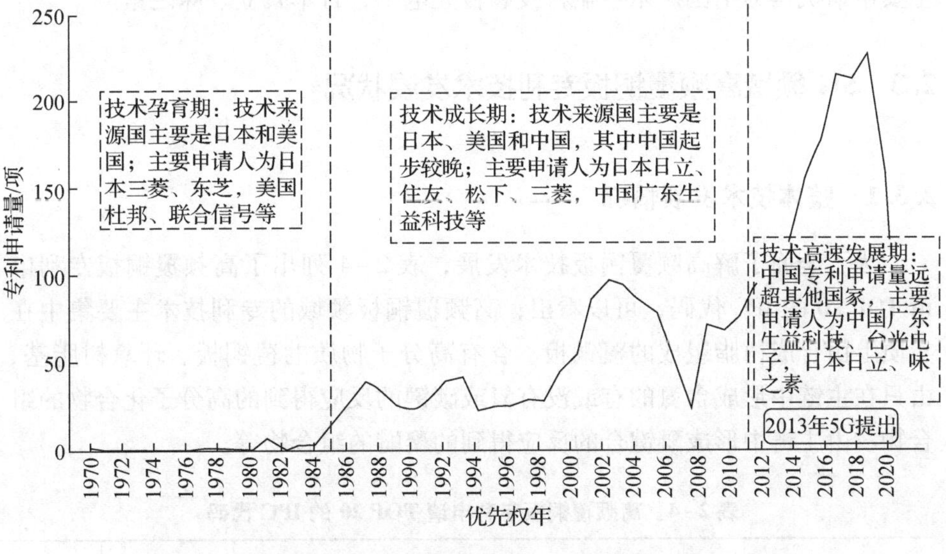

图 2-1　1970—2020 年高频覆铜板专利申请量的年度变化趋势

第 1 阶段（1970—1985 年）为高频覆铜板的技术孕育期。该阶段专利数量较少，专利增速较为缓慢，每年专利申请量不超过 20 项，技术来源国主要是日本和美国，美国率先开展该领域的研发工作，美国海军部于 1970 年申请了第一项相关专利，主题为“利用可热固化的粘接膜将导电箔粘接在介电基板上的电子线路板”。该阶段投入该领域研发的申请人还较少，数量仅有 21 个，主要申请机构为日本三菱、东芝，美国杜邦、联合信号等。

第 2 阶段（1986—2011 年）为高频覆铜板的技术成长期。该阶段高频覆铜板的专利申请数量开始明显上升，1986 年专利申请量为 27 项，而 2011 年专利申请量达 94 项，该阶段专利主要来源于日本、美国和中国，其中中国起步较晚，申请人数量达 623 个，增幅近 30 倍，主要申请机构为日本日立、住友、松下、三菱，中国广东生益科技等。

第 3 阶段（2012 年至今）为高频覆铜板的技术高速发展期。伴随着移动通信技术的快速发展，特别是 2013 年 2 月 5G 移动技术的提出，作为关键零部件，高频覆铜板相关技术也出现快速发展，专利申请量呈现飞速增长趋势，2012 年专利申请量为 103 项，2018 年专利申请量达 227 项。其中，中国专利申请量远远超出其他国家，总申请量达 777 项，超过日本的 438 项；主要申请机构为中国广东生益科技、台光电子，日本日立、味之素。

2.3　5G 领域高频覆铜板专利技术发展状况

2.3.1　整体技术发展情况

为了全面了解高频覆铜板技术发展，表 2-4 列出了高频覆铜板专利申请 TOP 20 的 IPC 代码，可以看出，高频覆铜板领域的专利技术主要集中在实质上由合成树脂组成的覆铜板、含有高分子物质的覆铜板、环氧树脂基、由只在主链中形成含氮的有或没有氧或碳键的反应得到的高分子化合物的组合物、由主链中形成醚键合的反应得到的聚醚的组合物等。

表 2-4　高频覆铜板专利申请 TOP 20 的 IPC 代码

序号	IPC	IPC 类目	专利申请量/项	占比
1	H05K1	印刷电路	1630	59.6%
2	B32B15	实质上由金属组成的层状产品	1132	41.4%
3	B32B27	实质上由合成树脂组成的层状产品	817	29.9%
4	C08J5	含有高分子物质的制品或成形材料的制造	812	29.7%

续表

序号	IPC	IPC 类目	专利申请量/项	占比
5	C08L63	环氧树脂的组合物；环氧树脂衍生物的组合物	702	25.6%
6	H05K3	用于制造印刷电路的设备或方法	622	22.7%
7	C08K3	使用无机配料	569	20.8%
8	C08K5	使用有机配料	545	19.9%
9	C08G59	每个分子含有1个以上环氧基缩聚物；环氧缩聚物与单官能团低分子量化合物反应得到的高分子	505	18.5%
10	C08L79	由只在主链中形成含氮的，有或没有氧或碳键的反应得到的高分子化合物的组合物	479	17.5%
11	C08G73	在高分子主链中形成含氮的键合，有或没有氧或碳键合反应得到的高分子化合物	355	13.0%
12	C08L71	由主链中形成醚键合的反应得到的聚醚的组合物	320	11.7%
13	C08K7	使用的配料以形状为特征	246	9.0%
14	B32B37	用于层压的方法和装置	231	8.4%
15	B32B17	实质上由玻璃片或玻璃纤维、矿渣或类似物组成的层状产品	225	8.2%
16	H01B3	按绝缘材料的特性区分的绝缘体或绝缘物体；绝缘或介电材料的性能的选择	199	7.3%
17	C08L25	具有1个或更多的不饱和脂族基化合物的均聚物或共聚物的组合物，每个不饱和脂族基只有1个碳碳双键，并且至少有1个是以芳族碳环为终端；此种聚合物衍生物的组合物	173	6.3%
18	H01L23	半导体或其他固态器件的零部件	173	6.3%
19	C08L101	未指明高分子化合物的组合物	172	6.3%
20	B32B5	以非同质性或物理结构薄层为特征的层状产品	170	6.2%

通过对高频覆铜板专利按照技术分解表进行标引，可以发现2737项公开的技术方案，高频覆铜板领域技术研发热点依次为树脂、制备工艺、纤维布、铜箔、填料和制造设备，其中，树脂相关专利有2552项，占比达93.2%；制备工艺相关专利有1288项，占比达47.1%；纤维布相关专利有118项，占比达4.3%；铜箔相关专利有109项，占比达4.0%；填料相关专利有57项，占比达2.1%；制造设备专利较少，仅有10项（图2-2）。

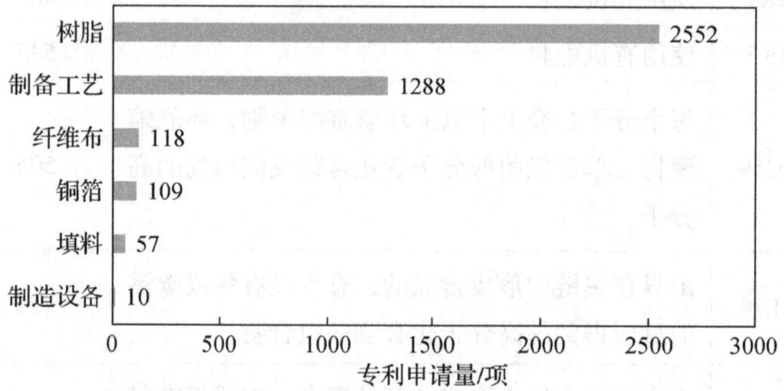

图2-2　高频覆铜板专利相关技术领域分布

2.3.2　分支技术发展情况

2.3.2.1　主树脂

2552项高频覆铜板专利相关主树脂分布如图2-3所示。

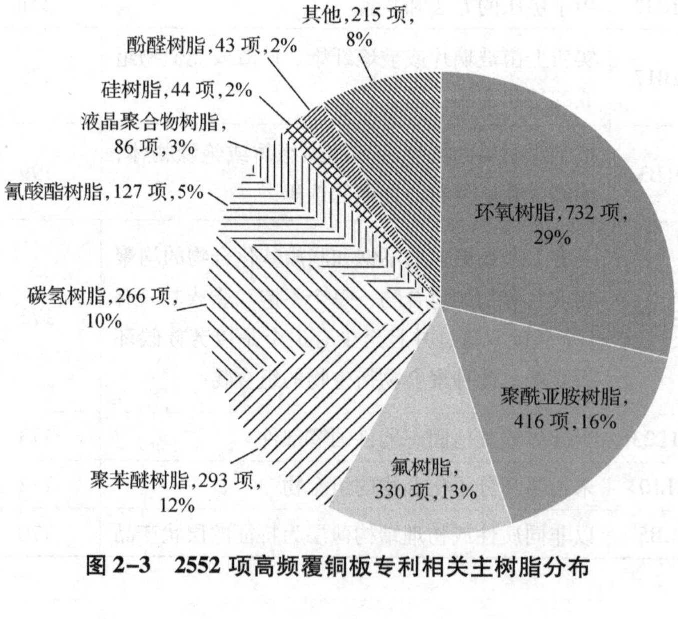

图2-3　2552项高频覆铜板专利相关主树脂分布

由图2-3可知，高频覆铜板采用频次由高到低的主树脂依次为环氧树脂、聚酰亚胺树脂、氟树脂、聚苯醚树脂、碳氢树脂、氰酸酯树脂、液晶聚合物树脂、硅树脂、酚醛树脂，其中，环氧树脂、聚酰亚胺树脂、氟树脂是高频覆铜板最常用的树脂，专利合计占比近六成。此外，高频覆铜板采用的树脂还包括丙烯酸树脂、聚酯酰胺树脂、聚酰胺树脂、BT树脂、聚酯树脂、聚苯硫醚树脂、聚芳醚酮树脂、聚醚醚酮树脂、聚碳酸酯树脂、聚酰胺酰亚胺树脂、苯氧基树脂、聚芳醚腈树脂、聚氨酯树脂、聚芳醚酮树脂、聚苯并咪唑树脂、聚砜树脂、聚醚酰亚胺树脂等。

2.3.2.2　纤维布

根据118项涉及高频覆铜板纤维布研发相关专利，高频覆铜板纤维布研发热点依次为玻璃纤维、芳纶纤维、氟树脂纤维、聚对苯撑苯并二噁唑纤维、聚烯烃纤维、聚酯纤维、液晶聚合物纤维、石英纤维、聚醚醚酮纤维、聚苯并咪唑纤维（图2-4）。

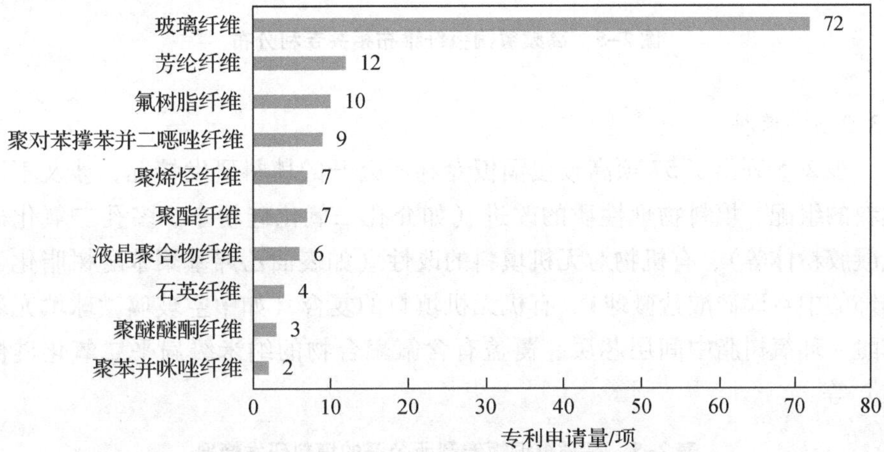

图2-4　高频覆铜板纤维布研发相关专利

根据688项涉及高频覆铜板配方中纤维布使用的相关专利，高频覆铜板纤维布采用的TOP 10纤维依次为玻璃纤维、芳纶纤维、碳纤维、聚酯纤维、氟树脂纤维、液晶聚合物纤维、聚酰亚胺纤维、聚烯烃纤维、石英纤维和纸纤维（图2-5）。此外，高频覆铜板纤维布采用的纤维还包括陶瓷纤维、聚对苯撑苯并二噁唑纤维、聚醚醚酮纤维、聚苯硫醚纤维、棉纤维、金属纤维、聚醚酰亚胺纤维、纤维素纤维、尼龙纤维、玄武岩纤维、聚苯醚纤维、聚丙烯腈纤维、聚碳酸酯纤维、聚醚砜纤维、麻纤维、硼纤维、石棉纤维、聚苯并咪唑纤维、聚酯酰胺纤维、聚苯并噻唑纤维、聚苯砜纤维、聚芳基醚酮纤维、聚砜纤维、聚乙烯醇纤维、丙烯酸纤维、聚醚酰胺纤维、聚酰胺酰亚胺纤维、聚亚烷基纤维、硫氰酸酯纤维、碳化硅纤维、铁氧体纤维、异氰酸酯纤维等。

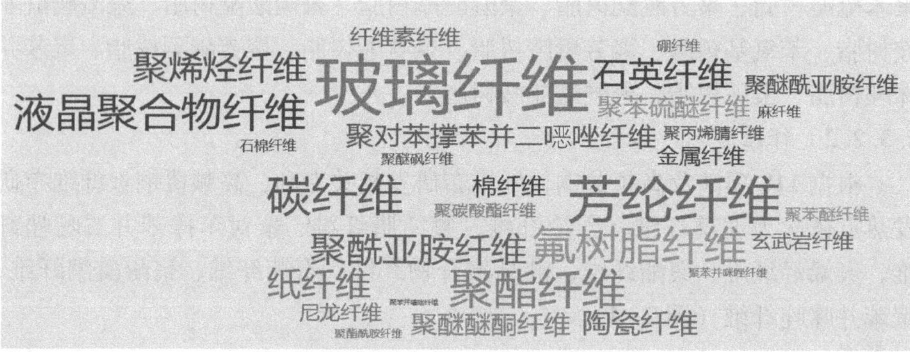

图 2–5 高频覆铜板纤维布相关专利分布

2. 3. 2. 3 填料

表 2–5 列出了 57 项高频覆铜板专利所公开的填料研发情况，涉及不同填料的组配、填料物理性质的改进（如介孔二氧化硅粉末、多孔二氧化硅气凝胶粉体等）、有机物对无机填料的改性（如表面乙烯基聚苯醚树脂化学修饰的中空硼硅酸盐微球）、有机无机填料的复合（如中空玻璃微球填充聚苯醚 – 环氧树脂中间层芯层、覆盖有含氟聚合物的纳米级扁平二氧化硅微粒）等。

表 2–5 高频覆铜板专利所公开的填料研发情况

序号	填料
1	球形氧化物、BaO – RO – 氧化钛系
2	中空玻璃微球填充聚苯醚 – 环氧树脂中间层芯层
3	硅烷处理镁橄榄石微粒
4	硼硅酸盐微球
5	铝、锰、硅、镁、铬、铌、镍、钼、铜、铁、钨、锌、锡、铅、银、钛、锆、钽、铂、锑和/或其合金的粉末

续表

序号	填料
6	钙钛矿型复合氧化物颗粒
7	SiO_2、B_2O_3、Al_2O_3、MgO、CaO、SrO、BaO、ZnO、TiO_2、ZrO_2、SnO_2
8	二氧化硅粒子
9	①质量分数为62%~80%的SiO_2；②质量分数为0~10%的Al_2O_3；③质量分数为20%~30%的B_2O_3；④质量分数为0~1%的Na_2O或K_2O或二者的组合
10	表面乙烯基聚苯醚树脂化学修饰的中空硼硅酸盐微球
11	涂有硅烷的空心微球
12	涂有氟硅烷的二氧化硅和石英填料（纤维状）
13	氧化硅、氧化钛、氧化铝、氧化铬等物质制备低介电薄膜
14	具有特定孔径的疏水改性介孔二氧化硅
15	直径小于1 μm的微孔无机或有机/无机气凝胶混合微球填料（如二氧化硅气凝胶）
16	介孔二氧化硅粉末（六面体或立方晶，具有规则排列的开放管状孔）
17	通过硅烷偶联剂连接有机硅/有机钛化合物的氟化碳颗粒
18	经硅烷偶联剂进行表面改性的无机填料（如二氧化硅、氧化铝、硫酸钡、滑石粉、黏土、云母粉、氢氧化铝、氢氧化镁等）
19	覆盖有含氟聚合物的纳米级扁平二氧化硅微粒
20	玻璃微粉
21	二氧化硅、氧化铝和氧化镁，还包含三氧化硼、五氧化二磷和氧化锗及添加剂
22	氧化气氛中加热的氮化硼填料
23	炭黑、硅微粉、三氧化二铝、钛酸盐、偏钛酸盐、二氧化钛、长径比小于20的玻璃纤维、长径比小于20的石英短纤维、长径比小于20的碳纤维短纤或金属粉末中的任意一种或至少两种的组合
24	介孔二氧化硅粉体
25	金属陶瓷或陶瓷结构的核-壳粉末
26	复合二氧化硅无定形共熔物粉体填料

续表

序号	填料
27	多孔二氧化硅气凝胶粉体
28	二氧化钛粉体
29	二氧化硅
30	多孔二氧化硅气凝胶
31	表面疏水化中空粒子（预定量的二氧化硅形成且具有预定平均粒径的壳）
32	氯硅烷偶联剂处理过的二氧化硅和氧化硼混合溶液
33	立方孔结构的多孔二氧化硅
34	具有有机结构和无机结构的中空杂化微粒、环氧树脂微粒
35	球形二氧化硅
36	金纳米颗粒的液体悬浮液沉积在基底上并固化部分熔融的纳米颗粒
37	纳米二氧化硅空心球-氧化石墨烯
38	超低介电多孔玻璃球形填料
39	低介电玻璃微球
40	含二氧化硅、三氧化硼、硼硅酸盐玻璃粉、二氧化硅、氧化铝、莫来石、镁、堇青石、镁橄榄石和顽辉石的无机物质粉末
41	中空玻璃微球填充到树脂体中
42	二氧化硅
43	氧化硅
44	无定形层状有空隙结构的无水硅酸铝
45	无机填料性质-形状：球体、空心球、晶须；组成：金属氢氧化物、金属氧化物或金属碳酸盐；性质：水合物或非水合物等
46	二氧化硅、氧化钙、氧化铝、氧化硼、氧化锑、氧化铜、氧化镁、氧化锡、碳纳米管
47	氮化铝、氧化铝、氧化铍或碳化硅
48	中空玻璃微球
49	镁、氧化铝和二氧化硅等主要成分，氧化硼、氧化铜、氧化锰和氧化铋等辅助成分制备烧结成片

续表

序号	填料
50	①质量分数50%～60%的SiO_2；②质量分数5%～20%的氧化铝；③质量分数0～10%的CaO；④质量分数15%～30%的B_2O_3；⑤质量分数0～5%的MgO；⑥质量分数0～1%的Na_2O或K_2O或二者的组合；⑦质量分数0～5%的TiO_2，其中该无机填充物最大粒径在100 μm以下
51	有预定比例的硅和元素周期表中第3副族至第4主族（除硅、碳外）元素组成的沸石
52	表面附有硅烷化合物的球形镁橄榄石颗粒
53	含二氧化硅、氧化铝、氧化硼、氧化镁、氧化钙的玻璃纤维粉末
54	含有二氧化硅、氧化铝、氧化硼、氧化镁、氧化钙、二氧化钛、氧化锂等物质的玻璃纤维粉末，其表面具有氢氧化钙或氧化钙
55	玻璃纤维粉、二氧化硅微粉、玻璃微球、微波介质陶瓷粉
56	经疏水性有机化合物处理的多孔球形二氧化硅细颗粒
57	主要成分：钙和钨的氧化物；辅助成分：铅和锗

根据898项涉及高频覆铜板配方中填料使用的相关专利，高频覆铜板采用的TOP 10填料依次为氧化硅、氧化钛、氢氧化铝、氮化硼、滑石粉、氧化镁、氮化铝、氧化铝、云母、碳酸钙（图2-6）。此外，高频覆铜板采用的填料还包括钛酸钡、碳化硅、氢氧化镁、钛酸锶、硫酸钡、高岭土、黏土、硅酸钙、玻璃纤维、勃姆石、氧化锌、氟树脂粉末、钛酸钙、氮化硅、

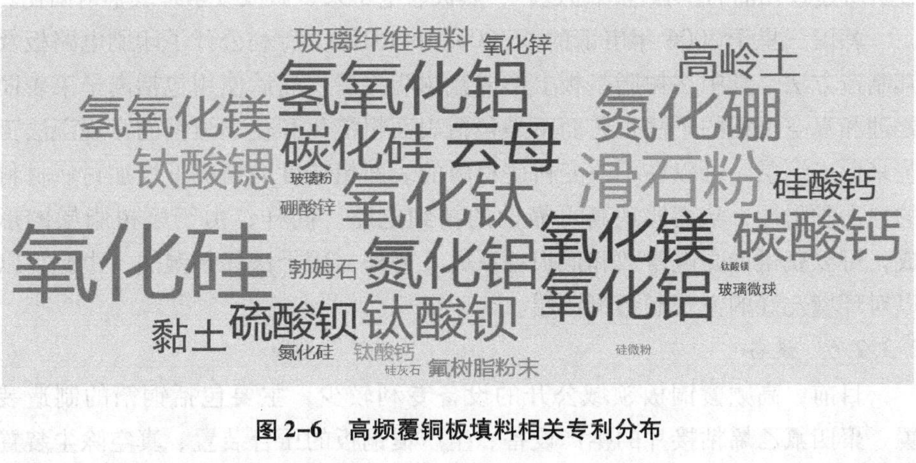

图2-6 高频覆铜板填料相关专利分布

硼酸锌、玻璃微球、玻璃粉、硅微粉、硅灰石、钛酸镁等。

2.3.2.4 铜箔

涉及高频覆铜板铜箔研发的专利有109项，技术研发重点主要为铜箔的粗糙化处理，如利用含有钼、铁、钴、镍和钨中的至少一种的铜电解液过烧电镀；在未处理铜箔的一侧表面上依次设有施加利用金属铜的一次粗化处理的一次粗化面、施加利用金属铜二次粗化处理的二次粗化面和施加利用金属锌三次处理的三次处理面等，兼顾铜箔与树脂基材的密合性与高频环境下良好的高频特性。

2.3.2.5 工艺

高频覆铜板的制备工艺以常规的浸渍、模压、车削、压延、层压为主，创新在于根据不同的配方设置不同的加工参数。

特殊工艺如下。

美国Shipley于2000年申请的EP 1085529A2专利公开了采用低VOC介电组合物制造电路板的方法，介电涂层通过丝网涂层，幕帘涂层，辊涂、狭缝涂层，旋涂，泛涂，静电喷涂，喷涂或浸涂来施加。

日本电装于2002年申请的JP 2003201571A专利公开了氟树脂表面处理方法和采用该氟树脂生产印刷电路板的方法，涉及通过在氟树脂表面进行等离子体处理提高氟树脂的亲水性。

美国霍尼韦尔于2001年申请的US 2004046155A1专利公开了一种有机组合物，其介电材料是包含热固性组分和致孔剂的组合物。制备工艺包括分解所述致孔剂及挥发所述分解的致孔剂，从而降低所述介电材料的介电常数，分解所述致孔剂的步骤包括通过炉、热板、电子束、微波或紫外线辐射固化。

韩国三星于2006年申请的US 20070141310A1专利公开了印刷电路板及其制造方法，其中在树脂基板上形成氟树脂涂层，然后使用包括离子束表面处理和真空沉积的干法工艺而不是包括表面粗糙化和化学镀铜的常规湿法工艺来形成铜层。可以在不改变衬底材料的表面粗糙度的情况下增加衬底材料的界面黏附性，从而实现高可靠性的精细电路。同样，由于氟树脂层的形成，可以获得低介电常数和低损耗系数。另外，用干法代替湿法，由此可以以对环境友好的方式制备铜镀层。

2.3.2.6 设备

目前，高频覆铜板领域公开的设备专利较少，主要包括铜箔的制造装置、聚四氟乙烯粘接片的生产设备、生产覆铜板的压合装置、真空除尘装置等，具体如下。

美国海军部于1974年申请的US 3972755A专利公开了一种微波用电介质电路板的键合方法和装置，将多个电路板键合在一起形成子组件，并将子组件键合在一起。成品电路可以包括接合在一起的铜线、布等的接地板，并且还可以包括通板孔。

日本古河电气于2004年申请的EP 1445351A1专利公开了一种高频电路用铜箔及其制造方法和制造装置。该铜箔作为高频用基体材料，降低了高频下的传输损失，与树脂基板的粘接强度优良。在电解槽内浸渍并旋转制箔滚筒，在该制箔滚筒表面形成了粒状层之后，至少在其单面侧上电镀柱状层。一种高频电路用铜箔的制造设备，其所述的高频电路用铜箔的制造方法的特征在于，在粒状层和柱状层制箔用电解槽内浸渍并旋转制箔滚筒，使粒状层和柱状层两者连续电沉积在该制箔滚筒上。

中英科技于2010年申请的CN 103031072A专利公开了一种聚四氟乙烯粘接片的生产设备，包括回转式开卷机、接布机、蓄布机、前牵引机、浸胶机、烘箱、EPC纠边机、后牵引机、切边机和收卷机，原材料通过回转式开卷机到接布机进入蓄布机，蓄布机储存足够的原材料后，通过前牵引机将材料送入浸胶机，然后通过烘箱进入EPC纠边机，接着经由后牵引机进入切边机，最后进入收卷机。该生产设备简单，其不仅改进了国内现有PTFE玻璃布覆铜板的不足，而且也可改变当前国内高频微波基板主要依赖进口的现状，满足国内航空、航天、移动电话接收基站等社会高度信息化的发展，以及信息处理高速化发展的需求。

曾光龙于2018年申请的CN 208881309U专利公开了一种生产挠性覆铜板的系统，其包括预处理装置、配胶装置、铜箔涂料装置、第一送料装置、第一烘干装置、辊压复合装置、第二送料装置及收卷装置，经第一烘干装置处理后的铜箔为涂胶铜箔，所述辊压复合装置用于将多层铜箔或将铜箔与涂胶铜箔辊压复合形成挠性覆铜板，所述收卷装置用于挠性覆铜板的收卷。本系统使得聚四氟乙烯铜箔在200～400℃涂胶、烘干，能够达到聚四氟乙烯树脂的加工温度，可以连续地利用聚四氟乙烯制作用于5G网络的挠性覆铜板，提高生产效率。

江阴骏驰复合材料有限公司于2019年申请的CN 110027299A专利公开了一种液晶高分子高频双面覆铜板及其制备方法与压合装置，其特征在于：包括第一保护膜输入辊、第二保护膜输入辊、第一保护膜导向辊、第二保护膜导向辊、第一单面覆铜板输入辊、第二单面覆铜板输入辊、上高温压轮、下高温压轮、第一保护膜支撑辊、第二保护膜支撑辊、第一保护膜收卷辊、第二保护膜收卷辊、双面覆铜板收卷辊；所述第一保护膜输入辊、第一保护膜导向辊、第一单面覆铜板输入辊、上高温压轮、第一保护膜支撑辊和第一保护膜收卷辊分别与第二保护膜输入辊、第二保护膜导向辊、第二单面覆铜板输入辊、下高温压轮、第二保护膜支撑辊和第二保护膜收卷辊按双面覆铜板收卷辊所在水平面呈对称设置；所述第一单面覆铜板输入辊和第二单面覆铜板输入辊分别设置在第一保护膜导向辊的正下方和第二保护膜导向辊的正上方；所述下高温压轮设有高度调节装置，所述上高温压轮和下高温压轮均为中空结构，内部均设有温度传感器和控温装置，所述传感器与外部中控装置相连；所述第一保护膜输入辊、第二保护膜输入辊、第一单面覆铜板输入辊、第二单面覆铜板输入辊、上高温压轮、下高温压轮、第一保护膜收卷辊、第二保护膜收卷辊和双面覆铜板收卷辊上均设有驱动装置，并连接在同一外部驱动设备上。

无锡睿龙新材料科技有限公司于 2019 年申请的 CN 210706420U 专利公开了一种 PTFE 高频覆铜板热压合装置，包括设置在压合平台两侧的支撑支架和支撑横梁，含压合组件（压合组件包括压合气缸、活塞杆、压板，压板内开有储液腔）、加热腔、降温腔，加热腔内设有导热液体。加热腔和压板之间设有输液装置和抽液装置，用于将导热液体输送至储液腔，或将导热液体从储液腔抽出；降温腔内设有降温液体，降温腔和压板之间设有输液装置和抽液装置，用于将降温液体输送至储液腔，或将降温液体从储液腔抽出。本实用新型装置通过设置加热腔和降温腔分别对压板输送加热液体和降温液体，实现热压合和冷却效果，热压合方便，热压合后加热液体直接抽出，输送降温液体降温，压合时间有效缩短且能耗显著降低。

明光瑞智电子科技有限公司于 2019 年申请的 CN 210907219U 专利公开了一种用于 5G 覆铜板的真空除尘装置，包括主箱体，主箱体左右侧壁均有安装板，安装板顶面与主箱体内顶壁有滑杆，主箱体内顶壁与内底壁安有两个相对称的支架，两个支架远离主箱体内壁的一端固定安装有吸尘罩，两个吸尘罩相远离的侧面均有集尘罩，集尘罩远离吸尘罩的一端连有连接管，主箱体的顶面与底面均固定安装有集尘箱，两个集尘箱左侧壁均固定连通有安装管，安装管与连接管相靠近的一端设有真空泵。本实用新型专利装置的两个吸尘罩可以同时对覆铜基板的顶面与底面进行除尘清洁处理，从整体上提高覆铜基板的除尘清洁效率。

深圳清大中康科技有限公司于2019年申请的CN 210732968U专利公开了应用于5G产品的高频高速液态无胶挠性覆铜板的熟化机，包括机体，其下方设有加热腔，上方设有排放腔，内部设有内部输送传送带，外壁开设进料口和出料口，内部输送传送带位于进料口的一端连有进料传送带，加热腔内部设有加热器，本实用新型专利涉及挠性覆铜板涂布加工技术领域。该应用于5G产品的高频高速液态无胶挠性覆铜板的熟化机，达到了液态无胶挠性覆铜板熟化加工的目的，并且通过边侧的回流管重新将热气流吹入机体内部，实用循环利用，降低成本的同时还可以稳定控制机体内部的温度，并且本装置结构简单，可以不间断地对覆铜板进行熟化处理，加工效率高。

上海联净电子科技有限公司于2020年申请的CN 111251692A专利公开了一种高频高速LCP覆铜板生产装置及生产工艺，所述装置包括：螺杆挤出机；两个铜箔放卷机构，用于传动铜箔放卷；至少一个热压辊组，每一个热压辊组包含相对设置的两个热压辊；螺杆挤出机将LCP树脂熔化后挤出流延至两支并排放置的热压辊之间的铜箔上，热压辊组将熔融的LCP树脂与铜箔热压复合形成覆铜板；复合及后整理时铜箔外贴有保护膜，在覆膜铜收卷前剥离；至少一个后整理单元，每个包括至少两组后整理热压辊和两组冷却辊，对称分布于覆铜板的两侧；一个成品收卷机构，用于传动冷却后的覆铜板收卷。本发明克服了需要先将LCP树脂成膜才能生产覆铜板的工艺限制，提高了覆铜板的生产速度及产品品质。

安徽鸿海新材料股份有限公司于2020年申请的CN 111590999A专利公开了一种液晶高分子高频双面覆铜板的压合装置，包括工作台、压合下模、防尘箱、透明箱门、展开支架、压合上模和液压伸缩杆，所述工作台的顶部固定安装有压合下模，压合下模顶部安有防尘箱，防尘箱内部开设有作业腔体，压合下模的顶部靠近作业腔体处横向、竖向分别固定安装有若干组等距的第二挡板、第一挡板，第一挡板和第二挡板之间围设有若干组体积大小相等的压合槽，压合槽内部底面放置有基板。本发明专利整体装置结构简单，避免压合过程中发生位移错位，还能有效地防止在压合过程中出现溢胶，保证黏合剂层的厚度，无须进行后期的再处理，具有一定的推广作用。

2.3.2.7 应用

部分专利明确描述了高频覆铜板面向汽车雷达、5G宏基站、5G硬件设备等5G领域的应用，如表2-6所示。

表 2-6 高频覆铜板 5G 领域应用相关专利

序号	公开号	申请年份	申请人	主题	应用
1	JP 2020049905A	2018	日本日东电工	采用聚苯醚树脂的低介电常数板材	高频天线或高速传输板
2	CN 206302632U	2016	中国常州安泰诺特种	采用聚四氟乙烯的高频多层印制线路板	5G 通信
3	CN 109535713A	2018	中国科学院化学研究所	空心微珠/聚酰亚胺复合材料	5G 通信高频微波/射频刚性介质基板
4	WO 2020162068A1	2019	日本福田金属	表面处理铜箔及使用该铜箔的覆铜箔层压板	5G 高速和高频信号传输设备和无线千兆网设备电路层压板中的表面处理铜箔
5	WO 2020096036A1	2019	日本日立	采用聚苯醚和马来酰亚胺的树脂组合物、半固化片、层叠体、树脂膜	5G 移动通信系统天线、毫米波雷达
6	CN 205929660U	2016	中国江苏泰氟隆科技	由无碱玻璃纤维基布和聚四氟乙烯涂层构成的层压布	4G 或 5G 网络电路板基材
7	JP 2020062832A	2018	日本共同技研	含液晶聚酯层的覆铜板	5G 无线通信设备、汽车高级驾驶支持系统、自动驾驶毫米波雷达
8	CN 111073257A	2019	中国南京海兆新材	PPO 陶瓷母粒及注塑产品	5G 天线

续表

序号	公开号	申请年份	申请人	主题	应用
9	CN 111479384A	2020	中国深圳合成快捷	PTFE 高频电路板	5G 通信
10	CN 111465217A	2020	中国深圳信维通信	采用 LCP 薄膜的高频柔性基板	5G 通信
11	CN 109291603A	2017	中国三峡大学	有机硅薄膜为基体的挠性覆铜板	5G 智能手机、雷达
12	WO 2019188611A1	2019	日本有泽制作所	将氟树脂层和聚酰亚胺树脂层交替层叠而成的多层膜	车的毫米波雷达电路基材
13	KR 2097222B1	2018	韩国斗山重工	包含氟树脂、苯乙烯弹性体的树脂组合物，使用其的金属层压板和印刷电路板	汽车雷达
14	JP 2007118528A	2005	日本比拉公司	采用氟树脂的印刷电路板基板材料	汽车防撞系统中毫米波雷达
15	WO 2020110958A1	2019	日本三井化学	环状烯烃共聚物组合物、清漆和交联产物	汽车毫米波雷达多层电路板基材
16	JP 2007119896A	2005	日本丰田	基于聚酰亚胺树脂的覆铜板基材	毫米波雷达安装盖

2.4 专利区域竞争状况

2.4.1 全球技术分布格局

全球有十余个国家和地区在高频覆铜板领域进行了专利申请。专利申请排名居前列的国家和地区依次为日本、中国大陆、美国、韩国、中国台湾、德国、法国等。其中日本在该领域专利申请量超过半数，占比达50.1%，表明日本在该领域的研发非常活跃；其次是中国大陆申请专利907项，占比达33.1%；日本和中国大陆的专利申请量合计占比达83.2%；美国、韩国和中国台湾分别申请专利234项、120项和83项，分别排在第3~5位（图2-7）。

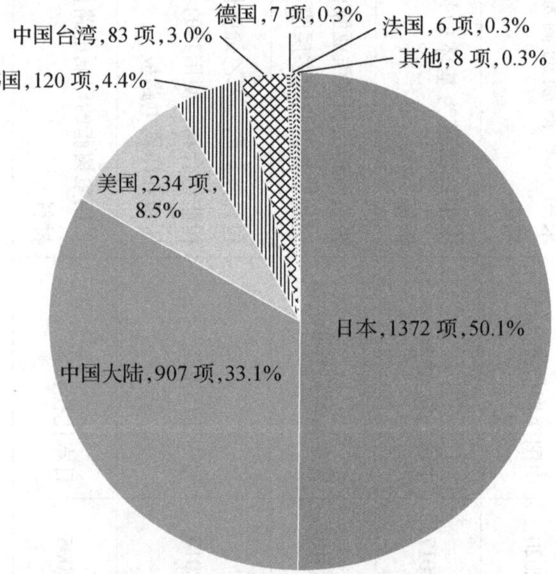

图2-7 高频覆铜板专利来源国和地区

在高频覆铜板TOP 5专利来源国和地区中：①日本第一项高频覆铜板专利落后美国7年，于1977年申请，主题为“覆铜层压板，用于印刷电路板，由浸渍丁二烯聚合物的压缩模压板和涂覆循环顺1，4－聚丁二烯的铜箔制成”，自1983年开始每年均有相关专利申请，专利申请增长较快，出现两个小高峰：2001—2005年为第一个小高峰，2002年出现峰值，为87项，2015—2018年为第二个小高峰，2018年出现峰值，为91项，主要申请机构有日立、住友、松下、三菱、大日本油墨化学等；②中国大陆第一项专利由华能发电公司于1992年申请，主题为“一种环氧玻璃纤维绝缘材料及其制造方法”，自2011年起每年专利申请量均明显超出其他国家和地区，2018年申请量达108项，2019年不完全数据统计的申请量达145项，主要申请机构为广东生益科技、广东广山新材料、深圳光启创新、昆山雅森电子、浙江华正新材料、常州中英科技等（图2-8）；③美国引领了高频覆铜板技术的发展，于1970年申请了第一项高频覆铜板相关专利，主题为“利用可热固化的粘接膜将导电箔粘接在介电基板上的电子线路板”，但随后进入了10年的空白期，从1985年开始至今，每年均有相关专利申请，申请高峰为2001年，达18项，主要申请机构为IBM、联合信号、ROGERS、杜邦等；④韩国第一项相关专利申请于2000年，主题为“包含环氧树脂基团和不含常规双氰胺的咪唑基催化剂的覆铜板用不燃环氧树脂组合物”，自此每年均有专利申请，2018年出现峰值，为14项，主要申请机构为三星、LG、DOOSAN等；⑤中国台湾第一项专利申请出现于1999年，主题为“电路板用树脂组合物，包括羧基或酸酐功能化的合规苯乙烯/对烷基苯乙烯共聚物、环氧树脂和固化剂的混合物”，自此几乎每年均有相关专利申请，2018年达到峰值，为11项，主要申请机构为台燿科技、财团法人工业技术研究院、台光电子、南亚塑胶等。

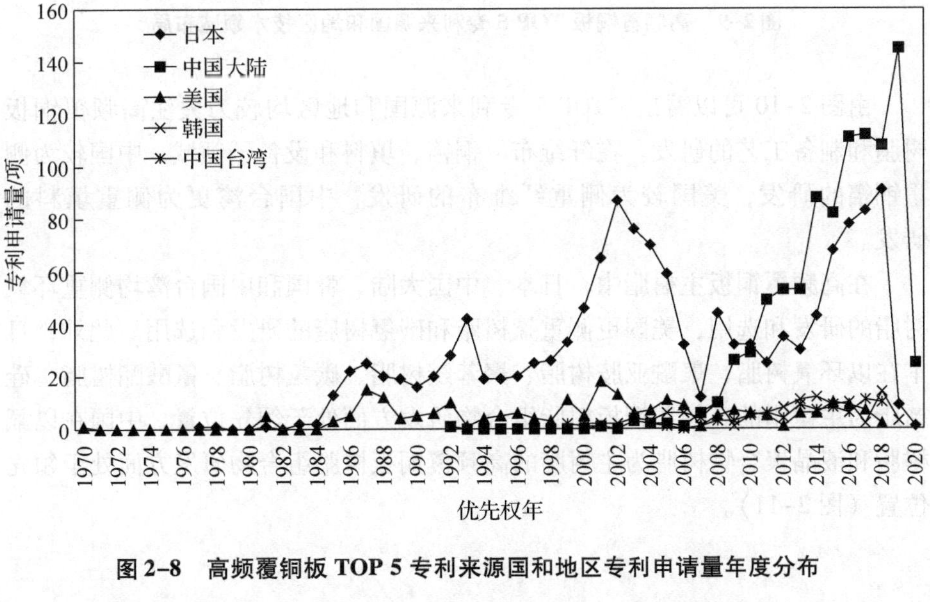

图2-8 高频覆铜板TOP 5专利来源国和地区专利申请量年度分布

2.4.2 全球技术实力区域分布

由图2-9可以看出，日本在高频覆铜板树脂、制备工艺、纤维布研发领域均处于绝对的领先地位；中国大陆仅次于日本，在高频覆铜板各技术领域均具有较强的实力，在填料和设备方面的专利申请量方面具有优势。

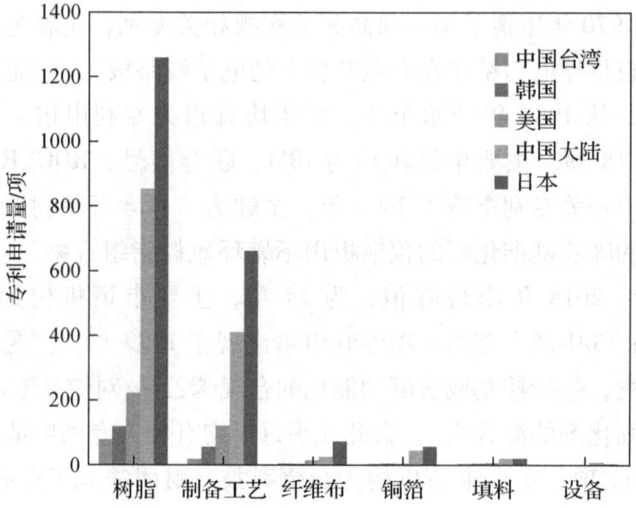

图2-9 高频覆铜板TOP 5专利来源国和地区技术领域布局

由图2-10可以看出，TOP 5专利来源国和地区均较为关注高频覆铜板树脂和制备工艺的研发。在纤维布、铜箔、填料和设备子领域，中国较为侧重铜箔的研发，美国较为侧重纤维布的研发，中国台湾更为侧重填料的研发。

在高频覆铜板主树脂中，日本、中国大陆、韩国和中国台湾均侧重环氧树脂的研发和选用，美国更侧重氟树脂和碳氢树脂的研发和选用。此外，日本在以环氧树脂、聚酰亚胺树脂、聚苯醚树脂、碳氢树脂、氰酸酯树脂、硅树脂为主树脂的高频覆铜板树脂组合物研发方面处于领先位置，中国在以氟树脂和液晶聚合物树脂为主树脂的高频覆铜板树脂组合物研发方面处于领先位置（图2-11）。

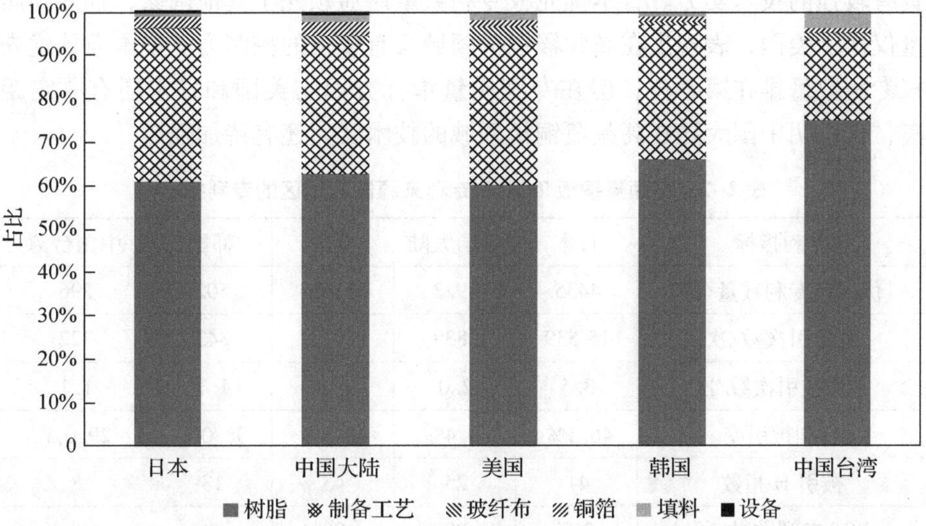

图 2-10　高频覆铜板 TOP 5 专利来源国和地区研发技术领域占比

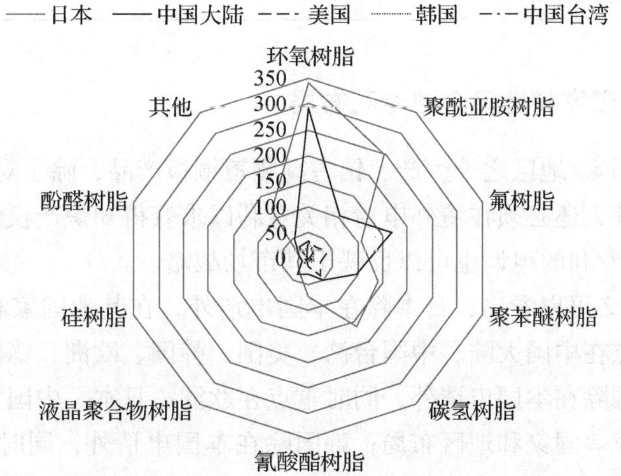

图 2-11　高频覆铜板 TOP 5 专利来源国和地区主树脂布局

2.4.3　主要国家和地区专利质量

表 2-7 综合反映了高频覆铜板 TOP 5 专利来源国和地区的专利指标。美国虽然优先权专利数量仅排第 3 位，但专利质量最高，平均被引次数、专利被引率、被引 H 指数等指标都高于其他国家，说明美国在高频覆铜板领域

具有较强的技术实力。日本优先权专利数量遥遥领先于其他国家，且专利质量仅次于美国，表现出在高频覆铜板领域具有较强的控制力。中国大陆优先权专利数量排在第 2 位，但在专利质量指标方面与美国和日本还有一定距离，这说明中国大陆在高频覆铜板领域的技术实力还有待加强。

表 2-7　高频覆铜板 TOP 5 专利来源国和地区的专利指标

专利指标	日本	中国大陆	美国	韩国	中国台湾
优先权专利数量/件	4435	1923	1165	502	296
总被引次数/次	15 539	3839	7917	843	322
平均被引次数/次	3. 5	2. 0	6. 8	1. 7	1. 1
专利被引率	46. 1%	33. 4%	46. 4%	38. 0%	29. 0%
被引 H 指数	41	25	43	13	8
PCT 专利数量/项	267	90	90	46	0
在美国专利商标局申请的专利数量/项	463	141	406	63	80

2. 4. 4　主要国家和地区全球专利布局

为了在国家/地区之外生产、销售高频覆铜板产品，除了对本国/地区进行专利保护外，还必须在境外申请相关专利以求获得知识产权保护，同时该国/地区同族专利的申请也可以反映出其市场战略。

从图 2-12 可以看出，日本除在本国申请外，在其他国家和地区广泛布局，同时重点在中国大陆、中国台湾、美国、韩国、欧洲、德国等国家和地区布局；美国除在本国申请外，同时重点在欧洲、日本、中国大陆、中国台湾、澳大利亚等国家和地区布局；韩国除在本国申请外，同时重点在日本、中国大陆、美国、中国台湾等国家和地区进行布局。

中国除在本国市场布局外，还在美国、欧洲、韩国、日本、印度等国家和地区进行布局，但总体对外布局力度相对专利申请量来说还较弱，这说明国内创新主体值得向国外申请专利的真正有价值的技术即核心专利还较少，研发水平还有待进一步加强。另外，在高频覆铜板领域主要国家和地区均把中国作为主要市场进行较大力度的专利布局，形成较强专利壁垒，需要中国创新主体在研发与市场布局时加以注意。

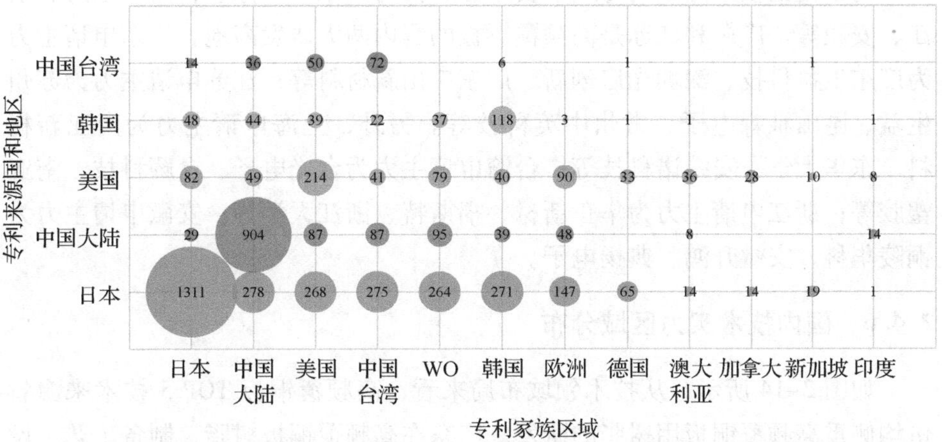

图 2-12 高频覆铜板 TOP 5 专利来源国和地区全球专利布局

2.4.5 国内技术分布格局

高频覆铜板中国专利中，国外申请人申请量占比达 28.2%，再次印证较强专利壁垒的存在。国外申请人主要来自日本、美国和韩国，这与上述国家的高频覆铜板技术研发能力相吻合，它们在抢占中国市场时，均非常重视借助专利布局提高竞争力，实现市场和技术的双重垄断，我国需要对这些国家在中国申请的专利保持高度关注（图 2-13）。

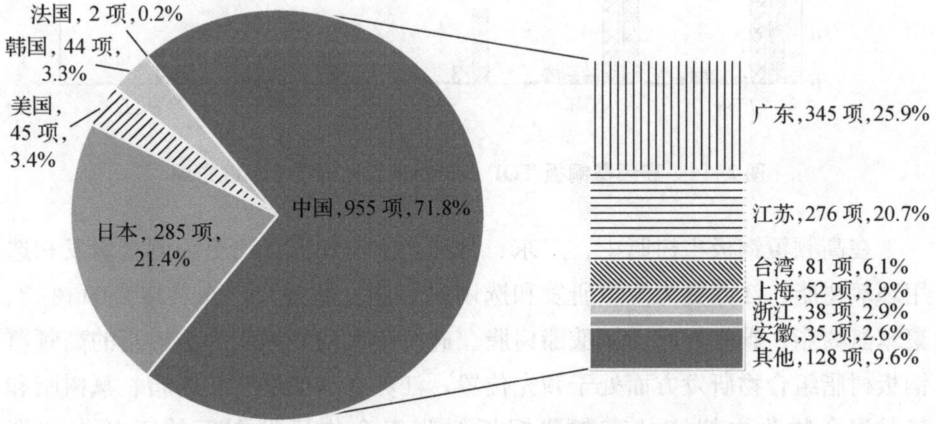

图 2-13 高频覆铜板中国专利来源地区和国内的省份

高频覆铜板中国国内专利主要来源省份为广东、江苏、台湾、上海、浙江、安徽等。广东和江苏是高频覆铜板的国内两大研发高地，广东申请主力为广东生益科技、深圳光启创新、广东广山新材料等；江苏申请主力为苏州生益、昆山雅森电子、常州中英科技等。另外，上海申请主力为南亚新材料、东华大学、安缔诺科技等；台湾申请主力为台光电子、台耀科技、南亚塑胶等；浙江申请主力为华正新材、福斯特、浙江大学等；安徽申请主力为铜陵华科、安徽升鸿、典扬电子。

2.4.6 国内技术实力区域分布

如图2-14所示，从技术领域布局来看，高频覆铜板TOP 5技术来源省份均侧重高频覆铜板用树脂的研发。广东在高频覆铜板树脂、制备工艺、设备等研发环节均具有领先研发实力。江苏紧随其后，并在高频覆铜板用铜箔领域具有较强研发实力。

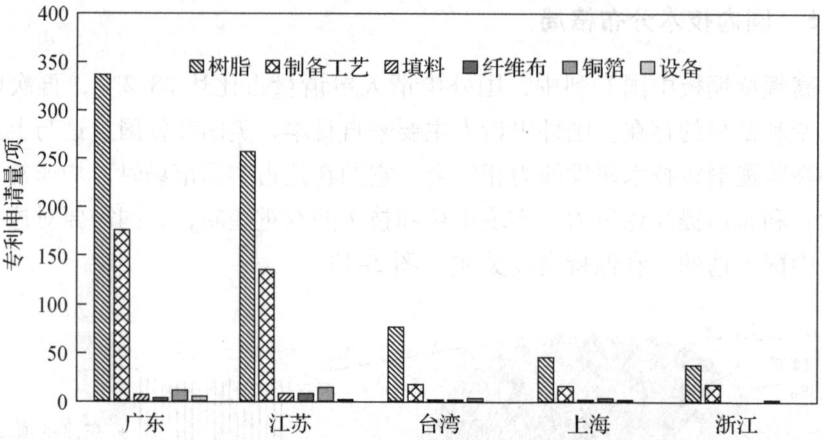

图2-14 高频覆铜板TOP 5专利来源省份技术领域布局

在高频覆铜板主树脂中，广东、台湾、上海和浙江均更为侧重研发和选用环氧树脂，江苏更为侧重研发和选用氟树脂。此外，广东在以环氧树脂、聚苯醚树脂、碳氢树脂、氰酸酯树脂、硅树脂、酚醛树脂为主树脂的高频覆铜板树脂组合物研发方面处于领先位置，江苏在以聚酰亚胺树脂、氟树脂和液晶聚合物为主树脂的高频覆铜板树脂组合物研发方面处于领先位置（图2-15）。

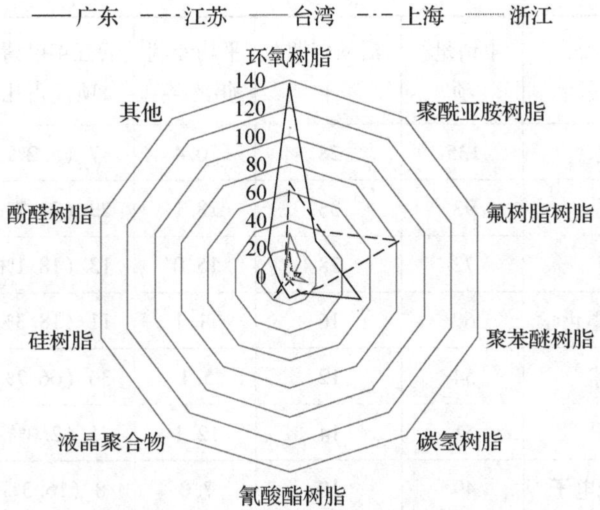

图 2–15　高频覆铜板 TOP 5 专利来源省份主树脂布局

2.5　专利优势机构分析

2.5.1　全球申请人

2.5.1.1　按专利申请量

全球有 950 余个机构和个人在高频覆铜板领域进行了专利申请，如表 2–8 所示，排名居前 30 位的申请人主要来自中国大陆、日本、韩国、美国和中国台湾，除中国台湾工研院外，其余均为企业，表明该领域的研究工作主要为应用研究，已处于产业化阶段。

表 2–8　高频覆铜板专利 TOP 30 申请人专利指标

申请人	申请量/项	活动年期/年	平均专利年龄/年	近五年申请量/项（占比）	发明人数量/人
中国广东生益科技	276	15	5.5	104（37.7%）	153
日本日立	195	30	15.9	29（14.9%）	301

续表

申请人	申请量/项	活动年期/年	平均专利年龄/年	近五年申请量/项（占比）	发明人数量/人
日本住友	135	28	20.4	7（5.2%）	136
日本松下	93	35	18.1	23（24.7%）	138
日本三菱	72	28	15.0	13（18.1%）	189
日本大日本油墨化学	60	16	11.1	11（18.3%）	70
日本味之素	54	12	5.1	36（66.7%）	27
日本瑞翁	51	14	12.1	1（2.0%）	49
中国台湾台光电子	49	10	7.0	8（16.3%）	58
日本日铁化学	46	14	7.5	17（37.0%）	81
日本三井	44	20	13.9	9（20.5%）	115
韩国三星	41	12	10.5	2（4.9%）	164
日本日东电工	38	17	14.2	11（28.9%）	110
日本旭化成	33	17	12.1	12（36.4%）	43
韩国 LG	30	13	9.4	5（16.7%）	103
中国广东广山新材料	27	2	4.2	22（81.5%）	1
中国深圳光启创新	27	6	7.6	2（7.4%）	18
日本旭硝子	26	14	18.4	5（19.2%）	64
美国杜邦	25	15	19.8	2（8.0%）	60
中国昆山雅森电子	23	7	3.2	19（82.6%）	20
中国台湾南亚塑胶	23	9	6.7	9（39.1%）	53
日本 TDK	23	9	17.1	0（0.0%）	56
中国台湾台燿科技	22	10	7.6	8（36.4%）	50
美国 IBM	21	10	24.9	0（0.0%）	71

续表

申请人	申请量/项	活动年期/年	平均专利年龄/年	近五年申请量/项（占比）	发明人数量/人
日本日矿金属	20	8	6.9	9（45.0%）	31
中国浙江华正新材料	20	8	4.5	9（45.0%）	34
中国常州中英科技	19	6	4.3	13（68.4%）	4
日本富士	19	6	12.9	1（5.3%）	28
中国台湾工研院	19	12	11.0	5（26.3%）	76
中国台湾联茂电子	19	7	5.1	10（52.6%）	36

日本在高频覆铜板领域处于领军地位，TOP 30 申请人中有 15 家来自日本，包括日立、住友、松下、三菱、大日本油墨化学、味之素、瑞翁、日铁化学、三井、日东电工、旭化成、旭硝子、TDK、日矿金属、富士等，其中，日立、松下、三菱、大日本油墨化学、旭化成、日东电工等专利申请活动年期较长，而且近五年专利申请量及占比不低，说明这些机构对高频覆铜板领域较为重视，起步较早，且一直保持对该领域的研发投入；味之素、日铁化学、日矿金属均是近些年才进入该领域，活动年期相对较短，平均专利年龄还较小；住友、瑞翁、TDK、富士等近五年专利申请量较少，表明这些机构研发重点可能有所转移。

TOP 30 申请人中有 6 家来自中国大陆，包括浙江华正新材料、广东生益科技、广东广山新材料、深圳光启创新、昆山雅森电子、常州中英科技等，其中，浙江华正新材料、广东广山新材料、昆山雅森电子、常州中英科技均于近十年进入该领域，平均专利年龄小于 5 年，且近五年专利申请量均超 45%，表明这些公司近期关注该领域的研发创新；广东生益科技起步较早，且一直保持对该领域的研发投入，活动年期达 15 年，近五年专利申请量占比达 37.7%。TOP 30 中，有 5 家来自中国台湾的机构，包括台光电子、南亚塑胶、台燿科技、台湾工研院和联茂电子，这些机构均保持对该领域的持续研发投入。此外，有 2 家来自韩国的机构，包括三星和 LG；有 2 家来自美国的机构，包括杜邦和 IBM，这 2 家公司近五年专利申请占比均较小，说明这 2 家机构研发重点可能有所转移。

图 2–16 为高频覆铜板领域 TOP 30 专利申请人相关专利的法律状态分布。如果按照有效专利来计算，专利申请量排名会发生一定变化。例如，日本日立、住友、松下、瑞翁、三井、日东电工、旭硝子、TDK、富士，美国杜邦、IBM 均较早开展高频覆铜板领域的研发工作，目前已有大量专利由于超过保护期等原因而失效。

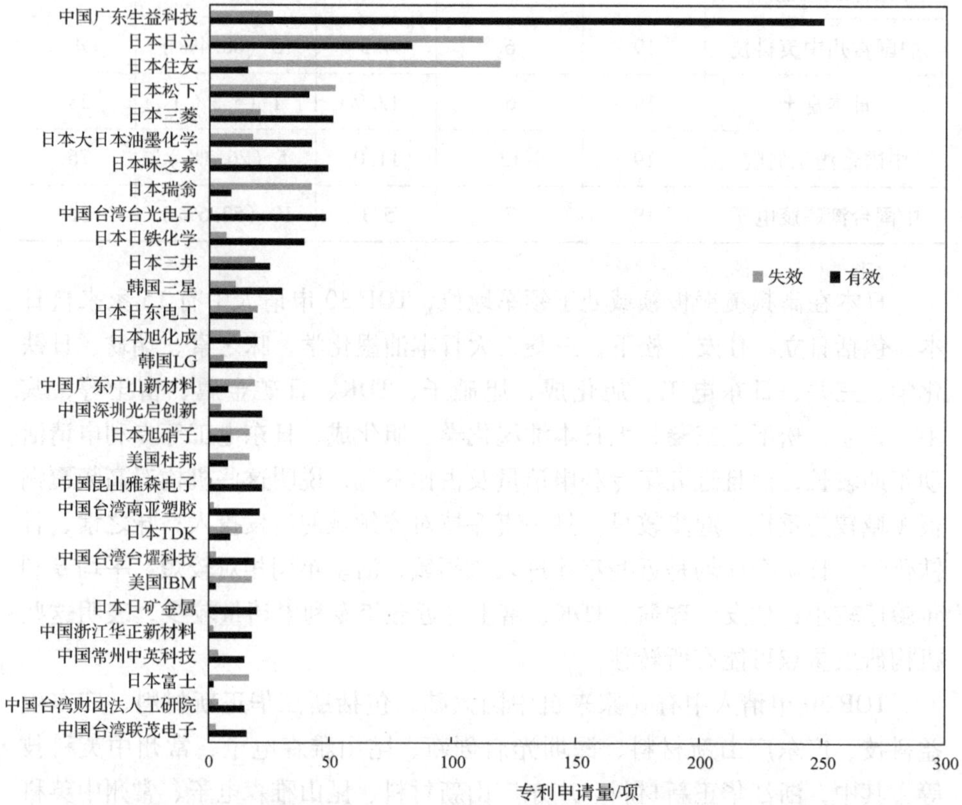

图 2–16　高频覆铜板 TOP 30 专利申请人相关专利的法律状态分布

从图 2–17 可知，中国广东生益科技，日本日立、住友在高频覆铜板树脂、制备工艺领域均处于绝对领先地位；日本旭化成、美国杜邦在高频覆铜板用纤维布的研发方面占据优势地位；日本日矿金属、三井，中国昆山雅森电子在高频覆铜板用铜箔的研发方面占据优势地位。

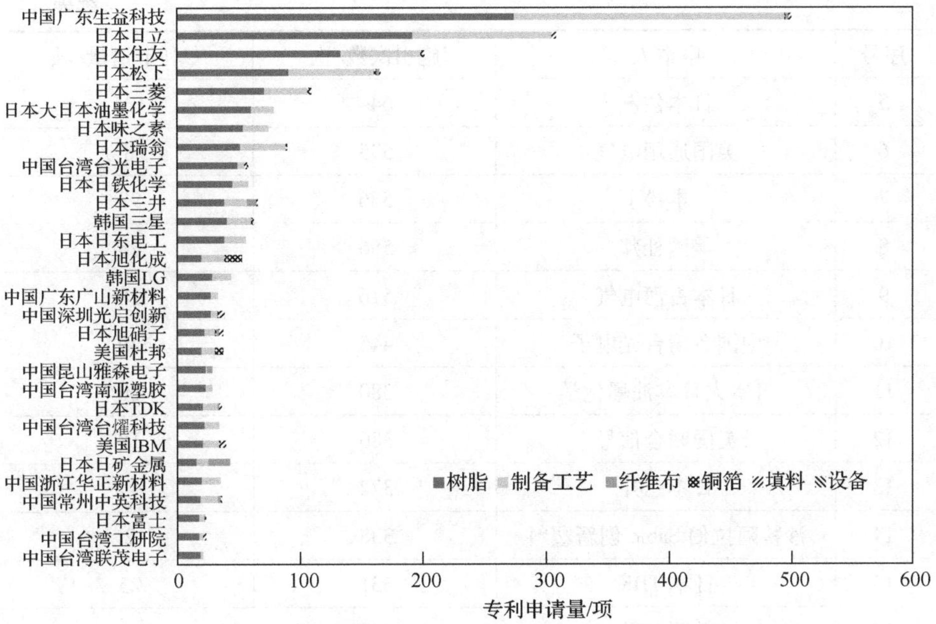

图 2-17　高频覆铜板 TOP 30 专利申请人技术领域布局

2.5.1.2　按专利质量

专利申请量代表了相关机构在高频覆铜板领域的研发活跃度，而相关机构在该领域的研发实力则需要通过施引次数、维持时间大于等于 10 年的专利数量等专利质量指标来衡量。

按照专利的施引次数对高频覆铜板的主要申请人进行梳理，可以发现，一些专利申请量较少但技术实力较强的公司脱颖而出，如美国 IBM、通用电气、杜邦、塞拉尼斯、Shipley、罗杰斯、霍尼韦尔、Raychem、戈尔，日本古河电气、JSR、电报电话、大赛璐，沙特阿拉伯 Sabic 创新塑料等（表 2-9）。

表 2-9　高频覆铜板专利主要申请人（按施引次数排名）

序号	申请人	施引次数/次	专利申请量/项
1	中国广东生益科技	1875	276
2	日本日立	1670	195
3	日本三菱	1154	72
4	美国 IBM	962	21

续表

序号	申请人	施引次数/次	专利申请量/项
5	日本住友	644	135
6	美国通用电气	595	8
7	日本松下	586	93
8	美国杜邦	556	25
9	日本古河电气	516	18
10	中国台湾台光电子	445	49
11	日本大日本油墨化学	380	60
12	美国联合信号	380	18
13	日本三井	372	44
14	沙特阿拉伯 Sabic 创新塑料	338	2
15	日本 TDK	331	23
16	韩国三星	295	41
17	日本日矿金属	268	20
18	美国戈尔	266	6
19	美国塞拉尼斯	254	4
20	美国 Shipley	240	4
21	美国罗杰斯	233	13
22	日本旭硝子	229	26
23	美国霍尼韦尔	223	8
24	美国 Raychem	219	2
25	日本日东电工	216	38
26	日本 JSR	210	17
27	美国戈尔	200	2
28	日本电报电话	197	7
29	日本瑞翁	193	51
30	日本大赛璐	187	5

由于专利授权后维持专利权需要缴纳专利年费，一般来说，专利申请人

只会对具备一定技术水平和市场价值或者对自身发展有战略性影响的专利续费，因此专利的法律状态信息和维持年份可作为衡量专利重要性、技术和质量水平的一项重要指标。因此，获取专利维持情况的信息，对于了解主要专利权人在高频覆铜板技术领域的发展水平有极其重要的作用。按维持时间≥10年的专利数量对主要申请人进行梳理，可以发现，中国广东生益科技，日本三菱、日立、大日本油墨化学、松下、住友、古河电气、三井，韩国三星，中国台湾台耀科技排名靠前（表2-10）。

表2-10　高频覆铜板专利申请人TOP 20（按维持时间≥10年的专利数量排名）

序号	申请人	专利申请量/项
1	中国广东生益科技	26
2	日本三菱	26
3	日本日立	24
4	日本大日本油墨化学	13
5	韩国三星	13
6	日本松下	10
7	日本住友	9
8	日本古河电气	8
9	日本三井	8
10	中国台湾台耀科技	8
11	日本 TDK	8
12	美国杜邦	6
13	中国台湾工研院	6
14	韩国 LG	6
15	中国台湾南亚塑胶	6
16	日本日铁化学	6
17	日本化药	5
18	日本味之素	4
19	美国雅龙	4
20	日本 JSR	4

2.5.1.3　按技术领域

在高频覆铜板树脂领域，TOP 20 专利申请人与高频覆铜板总体领域 TOP 20 专利申请人保持了较高的一致性，包括日本的 11 家企业，分别为日立、住友、松下、三菱、大日本油墨化学、味之素、瑞翁、日铁化学、三井、日东电工、旭硝子；韩国的 2 家企业，分别为三星和 LG；中国台湾的 3 家企业，分别为台光电子、南亚塑胶和台耀科技；中国大陆的 4 家企业，分别为广东生益科技、广东广山新材料、深圳光启创新、昆山雅森电子（表 2-11）。

表 2-11　高频覆铜板树脂领域相关专利申请人 TOP 20

序号	申请人	专利申请量/项	占比
1	中国广东生益科技	274	10.7%
2	日本日立	192	7.5%
3	日本住友	133	5.2%
4	日本松下	90	3.5%
5	日本三菱	71	2.8%
6	日本大日本油墨化学	60	2.4%
7	日本味之素	54	2.1%
8	日本瑞翁	51	2.0%
9	中国台湾台光电子	49	1.9%
10	日本日铁化学	45	1.8%
11	韩国三星	41	1.6%
12	日本三井	38	1.5%
13	日本日东电工	38	1.5%
14	韩国 LG	29	1.1%
15	中国广东广山新材料	27	1.1%
16	中国深圳光启创新	27	1.1%
17	中国昆山雅森电子	23	0.9%
18	中国台湾南亚塑胶	23	0.9%
19	日本旭硝子	22	0.9%
20	中国台湾台耀科技	22	0.9%

在高频覆铜板主树脂领域，中国广东生益科技、日本日立均更为侧重环氧树脂、聚苯醚树脂、聚酰亚胺树脂等的研发和选用，日本住友更为侧重环

氧树脂、氰酸酯树脂的研发和选用，日本松下、中国台湾台光电子更为侧重聚苯醚树脂和环氧树脂的研发和选用；日本三菱更为侧重环氧树脂、聚苯醚和氰酸酯的研发和选用；日本大日本油墨化学和日本味之素侧重于环氧树脂的研发和选用；日本瑞翁侧重于碳氢树脂的研发和选用；日本日铁化学更为侧重聚酰亚胺和环氧树脂的研发和选用。此外，日本日立和中国广东生益科技等的部分专利技术方案采用硅树脂、酚醛树脂为主树脂（图 2-18）。

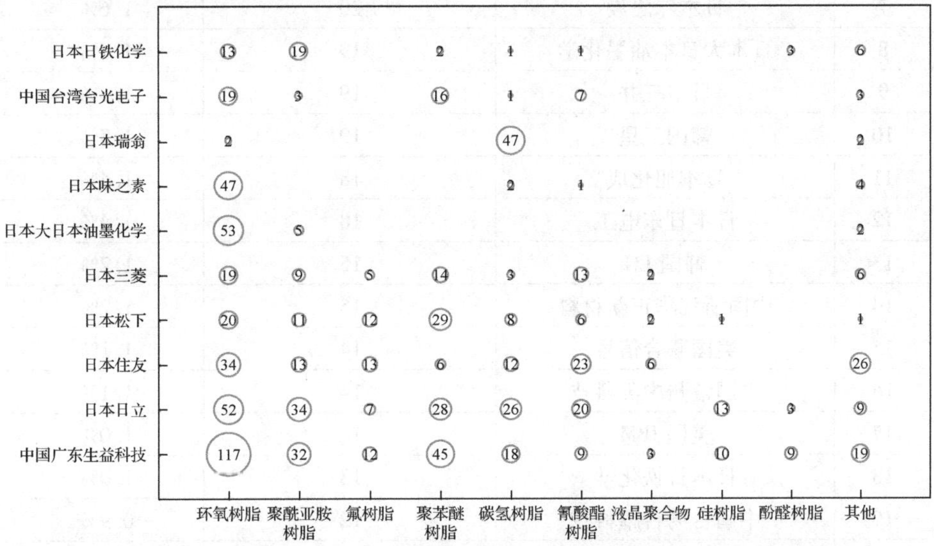

图 2-18　主要申请人高频覆铜板主树脂布局

在高频覆铜板工艺领域，TOP 20 专利申请人包括日本的 12 家企业，分别为日立、松下、住友、瑞翁、三菱、味之素、大日本油墨化学、三井、旭化成、日东电工、日铁化学、TDK；韩国的 2 家企业，分别为三星和 LG；美国的 2 家企业，分别为联合信号和 IBM；中国台湾的 1 家企业，为台耀科技；中国大陆的 3 家企业，分别为广东生益科技、浙江华正新材料、常州中英科技（表 2-12）。

表 2-12　高频覆铜板工艺相关专利申请人 TOP 20

序号	申请人	专利申请量/项	占比
1	中国广东生益科技	220	17.1%
2	日本日立	113	8.8%

续表

序号	申请人	专利申请量/项	占比
3	日本松下	70	5.4%
4	日本住友	65	5.0%
5	日本瑞翁	37	2.9%
6	日本三菱	35	2.7%
7	日本味之素	20	1.6%
8	日本大日本油墨化学	19	1.5%
9	日本三井	19	1.5%
10	韩国三星	19	1.5%
11	日本旭化成	18	1.4%
12	日本日东电工	18	1.4%
13	韩国 LG	15	1.2%
14	中国浙江华正新材料	15	1.2%
15	美国联合信号	14	1.1%
16	中国常州中英科技	14	1.1%
17	美国 IBM	13	1.0%
18	日本日铁化学	13	1.0%
19	中国台湾台耀科技	12	0.9%
20	日本 TDK	12	0.9%

在高频覆铜板纤维布领域，TOP 10 专利申请人包括 7 家日本机构，分别为旭化成、日东纺渍、电气硝子、巴川制作所、信越石英、可乐丽、王子控股；2 家美国企业，分别为杜邦和 Innegrity；1 家中国大学，为济南大学（表 2–13）。

表 2–13　高频覆铜板纤维布领域相关专利申请人 TOP 10

序号	申请人	专利申请量/项	占比
1	日本旭化成	14	11.9%
2	日本日东纺渍	8	6.8%
3	日本电气硝子	7	5.9%
4	日本巴川制作所	7	5.9%

续表

序号	申请人	专利申请量/项	占比
5	美国杜邦	6	5.1%
6	日本信越石英	4	3.4%
7	美国 Innegrity	3	2.5%
8	日本可乐丽	3	2.5%
9	日本王子控股	3	2.5%
10	中国济南大学	3	2.5%

在高频覆铜板纤维布领域，日本旭化成、日东纺渍、电气硝子，中国济南大学均更为侧重高频覆铜板用玻璃纤维的研发；日本巴川制作所更为侧重高频覆铜板用聚对苯撑苯并二噁唑纤维、氟树脂纤维的研发；美国杜邦侧重于高频覆铜板用芳纶纤维和聚酯纤维的研发；日本信越石英、美国 Innegrity 研发布局高频覆铜板用玻璃纤维、石英纤维和聚烯烃纤维；日本可乐丽研发布局高频覆铜板用聚酯纤维和液晶聚合物纤维；日本王子控股研发布局高频覆铜板用玻璃纤维和芳纶纤维。此外，日本旭化成和日东纺渍研发布局高频覆铜板用聚醚醚酮纤维（图 2-19）。

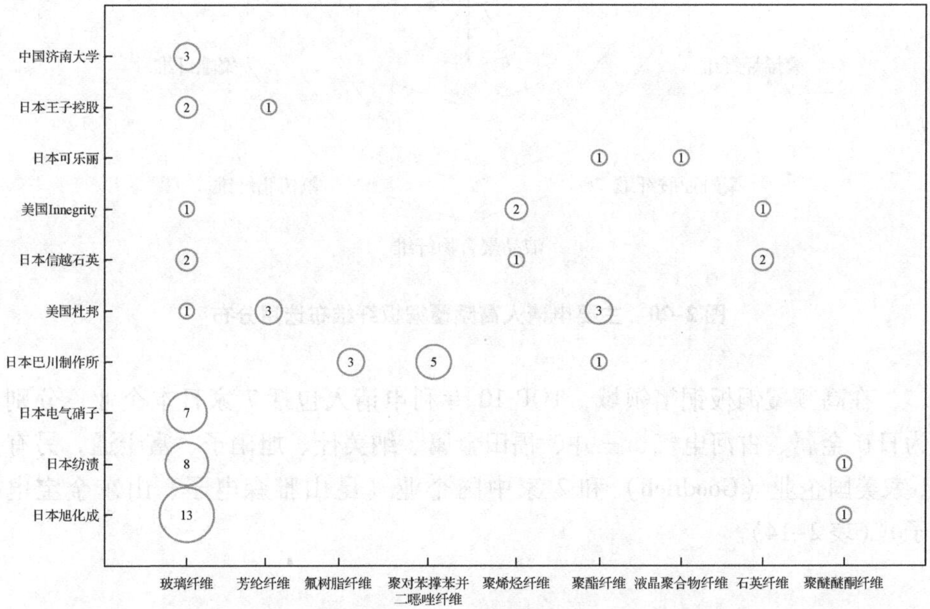

图 2-19 主要申请人在高频覆铜板纤维布研发布局

在高频覆铜板纤维布领域，中国广东生益科技偏向于玻璃纤维、碳纤维和聚烯烃纤维的选用；日本日立偏向于玻璃纤维、氟树脂纤维、聚酯纤维、聚酰亚胺纤维的选用；日本住友偏向于玻璃纤维的选用；日本松下偏向玻璃纤维、芳纶纤维、聚酯纤维的选用；日本三菱偏向于玻璃纤维的选用；日本大日本油墨化学、味之素偏向于玻璃纤维和芳纶纤维的选用；日本瑞翁偏向于玻璃纤维和芳纶纤维的选用；中国台湾台光电子偏向于玻璃纤维的选用；日本日铁化学则偏向玻璃纤维、芳纶纤维、氟树脂纤维和聚酰亚胺纤维的选用（图2-20）。

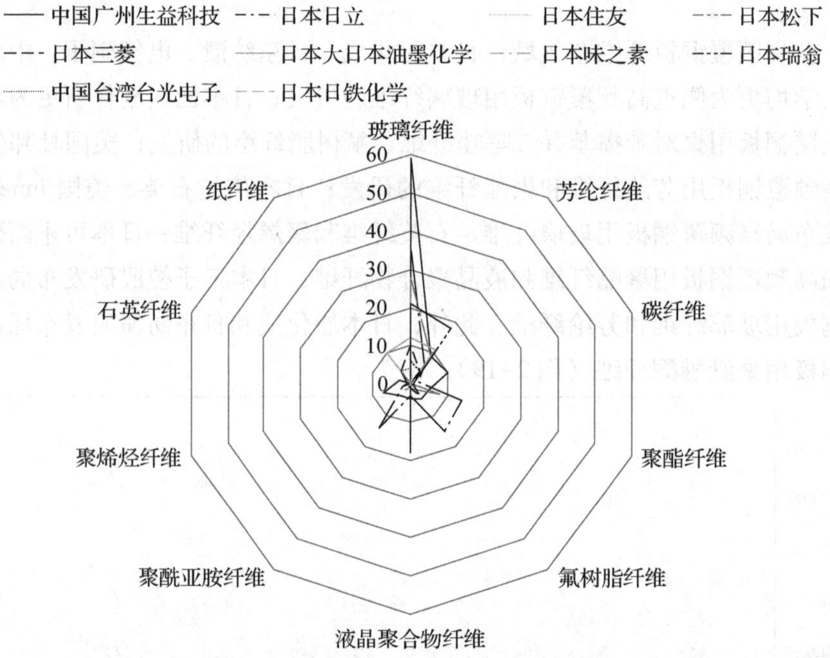

图2-20　主要申请人高频覆铜板纤维布选用分布

在高频覆铜板铜箔领域，TOP 10专利申请人包括7家日本企业，分别为日矿金属、古河电气、三井、福田金属、纳美仕、旭硝子、富士通，另有1家美国企业（Goodrich）和2家中国企业（昆山雅森电子、山东金宝电子）（表2-14）。

表 2–14　高频覆铜板铜箔研发相关专利申请人 TOP 10

序号	申请人	专利申请量/项	占比
1	日本日矿金属	18	16.5%
2	日本古河电气	16	14.7%
3	日本三井	7	6.4%
4	中国昆山雅森电子	5	4.6%
5	日本福田金属	4	3.7%
6	中国山东金宝电子	4	3.7%
7	美国 Goodrich	3	2.8%
8	日本纳美仕	3	2.8%
9	日本旭硝子	2	1.8%
10	日本富士通	2	1.8%

在高频覆铜板填料领域，TOP 10 专利申请人包括 3 家日本企业，分别为旭硝子、日立、松下，另有 1 家美国企业（IBM）、4 家中国大陆企业（深圳光启创新、重庆锦艺硅材料、安徽凯盛基础材料、广东生益科技）、2 家中国台湾企业（台光电子、台湾工研院）（表 2–15）。

表 2–15　高频覆铜板填料研发相关专利申请人 TOP 10

序号	申请人	专利申请量/项	占比
1	美国 IBM	4	7.0%
2	中国深圳光启创新	4	7.0%
3	日本旭硝子	3	5.3%
4	中国重庆锦艺硅材料	3	5.3%
5	日本日立	3	5.3%
6	中国安徽凯盛基础材料	2	3.5%
7	中国台湾台光电子	2	3.5%

续表

序号	申请人	专利申请量/项	占比
8	中国广东生益科技	2	3.5%
9	中国台湾工研院	2	3.5%
10	日本松下	2	3.5%

日本旭硝子研发的填料涉及含二氧化硅、三氧化硼、硼硅酸盐玻璃粉、二氧化硅、氧化铝、莫来石、镁、堇青石、镁橄榄石和顽辉石的无机物质粉末等；日本日立研发的填料涉及中空玻璃微球；日本松下研发的填料涉及表面疏水化中空粒子；美国IBM研发的填料涉及涂有硅烷的空心微球、涂有氟硅烷的二氧化硅和石英填料、微孔无机或有机/无机气凝胶混合微球填料等；中国深圳光启创新研发的填料涉及多孔二氧化硅气凝胶粉体等；中国重庆锦艺硅材料研发的填料涉及无定形层状有空隙结构的无水硅酸铝；中国安徽凯盛基础材料研发的填料涉及超低介电多孔玻璃球形填料；中国广东生益科技研发的填料涉及表面乙烯基聚苯醚树脂化学修饰的中空硼硅酸盐微球；中国台湾台光电子研发的填料涉及包含二氧化硅、氧化铝、氧化钙、氧化硼、氧化镁、氧化钠和/或氧化钾、氧化钛的无机填充物；中国台湾工研院研发的填料涉及介孔二氧化硅粉体。

在高频覆铜板填料选用方面，各申请人偏好较为一致，偏向选用二氧化硅、氮化硼、氢氧化铝、云母、碳酸钙、氧化钛、氮化铝等无机填料；形态包括常规形状、中空形状、粉体、纤维；处理方法包括硅烷偶联剂加工等。

2.5.2 主要申请人专利申请区域布局

表2-16为全球高频覆铜板TOP 30专利申请人的申请区域布局。为在海外生产、销售相关高频覆铜板产品，中国大陆申请人中，已有多家机构在我国台湾和国外布局相关专利，其中，广东生益科技申请有98件PCT专利、61件美国专利、50件欧洲专利、48件中国台湾专利、45件韩国专利、25件日本专利；广东广山新材料申请有4件美国专利、4件日本专利、4件中国台湾专利等；昆山雅森电子申请有11件中国台湾专利、1件美国专利。国外专利申请人中，日本日立、松下、三菱、味之素、日铁化学、日矿金属，以及韩国三星已在我国布局有较多相关专利。此外，日本住友、瑞翁、

旭化成、富士等目前尚未在中国大陆布局专利或专利布局力度较小，中国大陆创新主体可以考虑对这些公司的相关专利加以利用。

表 2-16　全球高频覆铜板 TOP 30 专利申请人的申请区域布局

单位：项

申请人	日本	中国大陆	美国	中国台湾	WO	韩国	欧洲
中国广东生益科技	25	267	61	48	98	45	50
日本日立	191	32	38	33	28	32	25
日本住友	135	8	15	9	5	10	8
日本松下	84	14	14	9	20	3	4
日本三菱	58	20	32	21	20	24	18
日本大日本油墨化学	56	12	11	13	14	11	4
日本味之素	53	16	4	19	3	25	
日本瑞翁	51	5	6	3	12	5	4
中国台湾台光电子	1	40	33	35	2	1	
日本日铁化学	43	15	3	13	7	16	
日本三井	43	16	13	14	16	15	6
韩国三星	32	22	23	10	7	36	
日本日东电工	37	12	13	10	13	12	9
日本旭化成	33	6	6	3	4	2	2
韩国LG	13	14	11	11	13	30	2
中国广东广山新材料	4	26	4	4		4	4
中国深圳光启创新		27					
日本旭硝子	23	8	8	7	10	9	5
美国杜邦	19	7	15	6	10	5	11
中国昆山雅森电子		23	1	11			
中国台湾南亚塑胶	2	12	9	7			4
日本TDK	23	7	8	2	3	6	7
中国台湾台耀科技		14	15	13			
美国IBM	12		18				10
日本日矿金属	20	18	12	19	9	18	6
中国浙江华正新材料		20					
中国常州中英科技		19			1		
日本富士	19		3	1	1	1	
中国台湾工研院	2	10	13	13			
中国台湾联茂电子		14	3	5			

2.5.3　国外来华申请人

在412项高频覆铜板国外来华专利中，主要申请人来自日本、韩国和美国，申请量排名居前列的公司包括日本日立、韩国三星、日本三菱、日本日矿金属、日本味之素等，说明这些公司注重开拓中国市场，并采用专利来保护自身的技术和产品（表2-17）。

表 2-17　高频覆铜板国外来华申请人 TOP 20

序号	申请人	专利申请量/项	占比
1	日本日立	32	7.8%
2	韩国三星	22	5.3%
3	日本三菱	20	4.9%
4	日本日矿金属	18	4.4%
5	日本味之素	16	3.9%
6	日本古河电气	16	3.9%
7	日本三井	16	3.9%
8	韩国 LG	14	3.4%
9	日本松下	14	3.4%
10	日本日铁化学	14	3.4%
11	日本大日本油墨化学	12	2.9%
12	日本日东电工	12	2.9%
13	日本荒川化学	10	2.4%
14	日本旭硝子	8	1.9%
15	日本纳美仕	8	1.9%
16	日本住友	8	1.9%
17	美国杜邦	7	1.7%
18	日本 TDK	7	1.7%
19	日本旭化成	6	1.5%
20	日本大金	6	1.5%

412 项高频覆铜板国外来华专利的技术布局重点依次为树脂、制备工艺、铜箔、纤维布、填料和设备，其中高频覆铜板用树脂或树脂组合物相关专利布局占比高达 89.3%（图 2-21）。

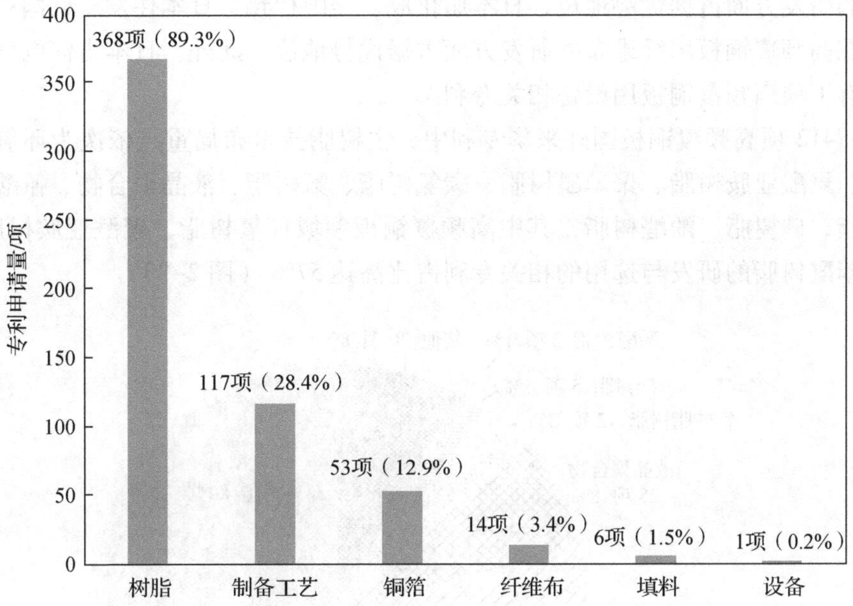

图 2-21 高频覆铜板国外来华专利技术领域布局

从图2-22来看，日本日立、韩国三星、日本三菱等在高频覆铜板树脂、制备工艺领域均处于领先地位；日本古河电气、日矿金属在高频覆铜板用铜

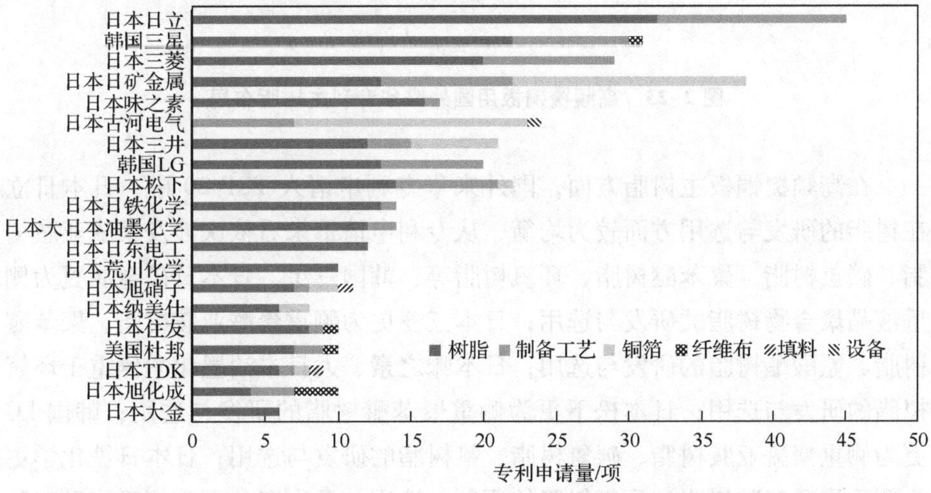

图 2-22 高频覆铜板国外来华 TOP 20 专利申请人技术领域布局

箔的研发方面占据优势地位；日本旭化成、美国杜邦、日本住友、韩国三星则在高频覆铜板用纤维布的研发方面占据优势地位。此外，日本古河电气布局有1项高频覆铜板用设备相关专利。

412项高频覆铜板国外来华专利中，主树脂技术布局重点依次为环氧树脂、聚酰亚胺树脂、聚苯醚树脂、碳氢树脂、氟树脂、液晶聚合物、氰酸酯树脂、硅树脂、酚醛树脂，其中高频覆铜板领域环氧树脂、聚酰亚胺树脂、聚苯醚树脂的研发与选用的相关专利占比高达57%（图2–23）。

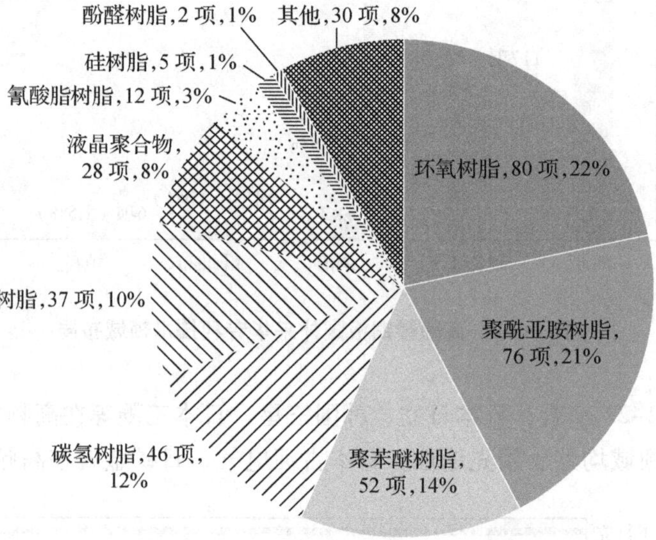

图2–23　高频覆铜板用国外来华专利主树脂布局

在高频覆铜板主树脂方面，国外来华专利申请人TOP 20中，日本日立在树脂的研发与选用方面较为均衡，从专利申请量来看依次涉及聚酰亚胺树脂、碳氢树脂、聚苯醚树脂、环氧树脂等；韩国三星、日本日矿金属更为侧重液晶聚合物树脂的研发与选用；日本三菱更为侧重聚酰亚胺树脂、聚苯醚树脂、氰酸酯树脂的研发与选用；日本味之素、大日本油墨化学侧重于环氧树脂的研发与选用；日本松下更为侧重聚苯醚树脂的研发与选用；韩国LG更为侧重聚酰亚胺树脂、碳氢树脂、氟树脂的研发与选用；日本日铁化学更为侧重聚酰亚胺树脂和环氧树脂的研发与选用；日本三井更为侧重聚酰亚胺树脂和氟树脂的研发与选用（图2–24）。

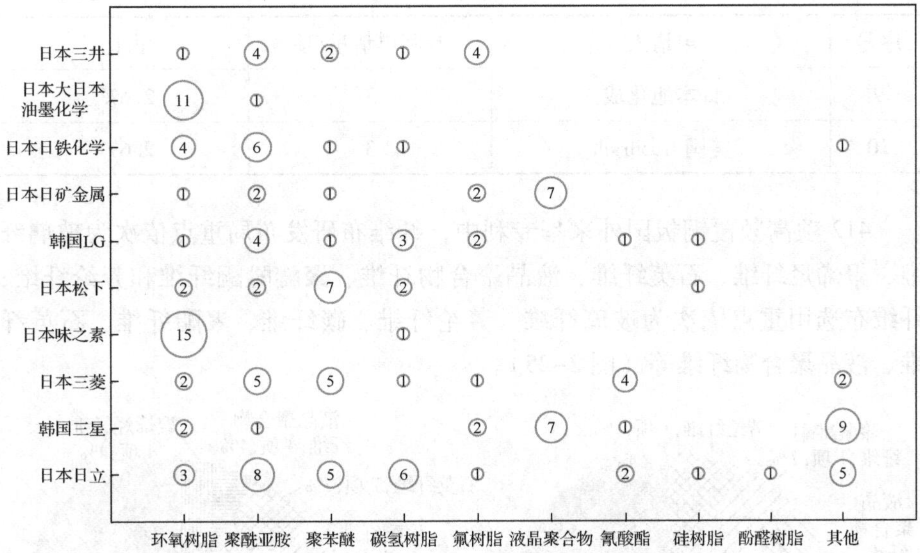

图 2-24　国外来华专利申请人 TOP 20 高频覆铜板用主树脂布局

在高频覆铜板制备工艺领域，国外来华专利申请人 TOP 10 包括日本的 6 家企业，分别为日立、三菱、日矿金属、古河电气、松下、旭化成，韩国的 2 家企业，分别为三星和 LG，美国的 2 家企业，分别为 Arlon 和 Goodrich（表 2-18）。

表 2-18　高频覆铜板制备工艺国外来华专利申请人 TOP 10

序号	申请人	专利申请量/项	占比
1	日本日立	13	11.1%
2	日本三菱	9	7.7%
3	日本日矿金属	9	7.7%
4	韩国三星	8	6.8%
5	日本古河电气	7	6.0%
6	韩国 LG	7	6.0%
7	日本松下	7	6.0%
8	美国 Arlon	3	2.6%

续表

序号	申请人	专利申请量/项	占比
9	日本旭化成	3	2.6%
10	美国 Goodrich	3	2.6%

412 项高频覆铜板国外来华专利中，纤维布研发布局重点依次为玻璃纤维、聚烯烃纤维、石英纤维、液晶聚合物纤维、聚醚醚酮纤维和芳纶纤维；纤维布选用重点依次为玻璃纤维、芳纶纤维、碳纤维、聚酯纤维、石英纤维、液晶聚合物纤维等（图 2–25）。

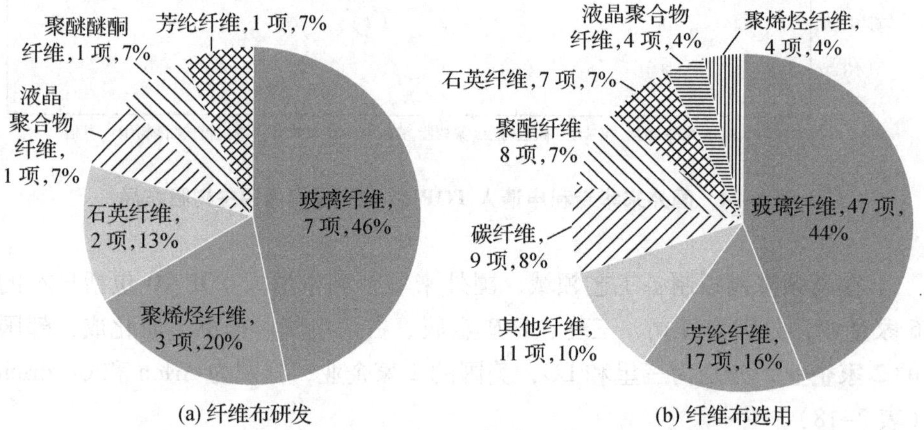

图 2–25　国外来华专利高频覆铜板用纤维布研发与选用布局

从高频覆铜板用纤维布研发来看，日本旭化成侧重于玻璃纤维和聚醚醚酮纤维的研发；法国圣戈班，日本日东纺渍、日东玻璃纤维，美国 AGY、PPG 侧重于玻璃纤维的研发；美国杜邦侧重于玻璃纤维和芳纶纤维的研发；美国 Innegrity、韩国三星侧重于聚烯烃纤维的研发；美国罗杰斯侧重于石英纤维和液晶聚合物纤维的研发（图 2–26）。

从高频覆铜板用纤维布选用来看，日本日立选用玻璃纤维、聚烯烃纤维、纤维素纤维；韩国三星选用玻璃纤维、碳纤维、聚酯纤维、纸纤维和聚烯烃纤维；日本三菱选用玻璃纤维、芳纶纤维、纤维素纤维和碳纤维；日本三井选用玻璃纤维；韩国 LG 选用玻璃纤维、芳纶纤维、碳纤维和聚酯纤维；日本松下选用石英纤维；日本旭硝子选用芳纶纤维；日本住友选用芳纶

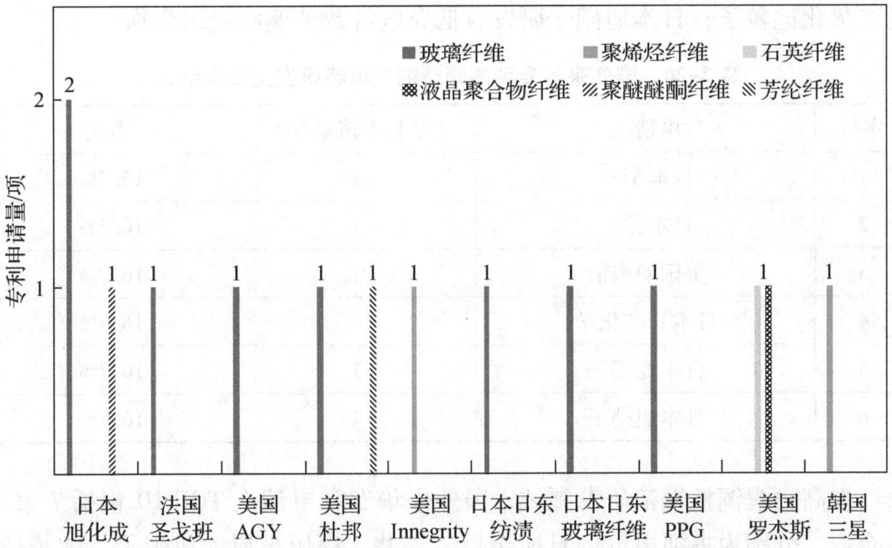

图 2-26　主要国外来华专利申请人高频覆铜板用纤维布研发布局

纤维和聚对苯撑苯并二噁唑纤维；美国杜邦选用芳纶纤维和玻璃纤维；日本TDK 选用玻璃纤维、芳纶纤维和液晶聚合物纤维（表 2-19）。

表 2-19　主要国外来华专利申请人高频覆铜板用纤维布选用布局

单位：项

纤维选用	玻璃纤维	芳纶纤维	碳纤维	聚酯纤维	石英纤维	液晶聚合物纤维	聚烯烃纤维	纤维素纤维	纸纤维	聚对苯撑苯并二噁唑纤维
日本日立	2						1	1		
韩国三星	6		4	4			1		2	
日本三菱	3	2	1					2		
日本三井	1									
韩国LG	2	2	1	1						
日本松下					1					
日本旭硝子		1								
日本住友		1								1
美国杜邦	2	3								
日本TDK	2	1				1				

从高频覆铜板用填料研发来看，国外来华申请人主要有日本 TDK、日本化工、美国罗杰斯、日本日产化学、日本亚都玛、日本旭硝子（表 2-20）。日本 TDK 研发有 BaO－RO－氧化钛系球形氧化物；日本化工研发有钙钛矿型复合氧化物颗粒；美国罗杰斯研发有硼硅酸盐微球；日本日产化学研发有烷烃处理的镁橄榄石微粒；日本亚都玛研发有采用具有乙烯基、苯基、苯基氨基、碳原子数 4 以上的烷基、甲基丙烯酸基或环氧基的硅烷化合物表面处理

的二氧化硅粒子；日本旭硝子研发有低介电常数玻璃陶瓷组合物。

表 2–20　国外来华专利高频覆铜板填料研发主要申请人

序号	申请人	专利申请量/项	占比
1	日本 TDK	1	16.7%
2	日本化工	1	16.7%
3	美国罗杰斯	1	16.7%
4	日本日产化学	1	16.7%
5	日本亚都玛	1	16.7%
6	日本旭硝子	1	16.7%

在高频覆铜板铜箔研发领域，国外来华专利申请人 TOP 10 包括 7 家日本企业，分别为古河电气、日矿金属、三井、福田金属、旭硝子、纳美仕、松下，另有 2 家美国企业（Goodrich 和 Isola）和 1 家韩国企业（斗山重工）（表 2–21）。

表 2–21　国外来华专利高频覆铜板铜箔研发主要申请人

序号	申请人	申请量/项	占比
1	日本古河电气	16	30.2%
2	日本日矿金属	16	30.2%
3	日本三井	6	11.3%
4	日本福田金属	3	5.7%
5	美国 Goodrich	3	5.7%
6	日本旭硝子	2	3.8%
7	日本纳美仕	2	3.8%
8	韩国斗山重工	1	1.9%
9	美国 Isola	1	1.9%
10	日本松下	1	1.9%

此外，日本古河电气在我国布局了 1 项高频覆铜板相关制造装置，涉及高频电路用铜箔制造装置，在粒状层和柱状层制箔用电解槽内浸渍并旋转制箔滚筒，使粒状层和柱状层两者连续电沉积在该制箔滚筒上。

2.5.4 国内申请人

从申请人类型分析可以看出，国内企业申请的专利数量最多，达 779 项，占比达 86%，其次是大专院校和个人，分别申请 67 项和 46 项，占比分别为 8% 和 5%，说明高频覆铜板已处于产业化阶段（图 2–27）。

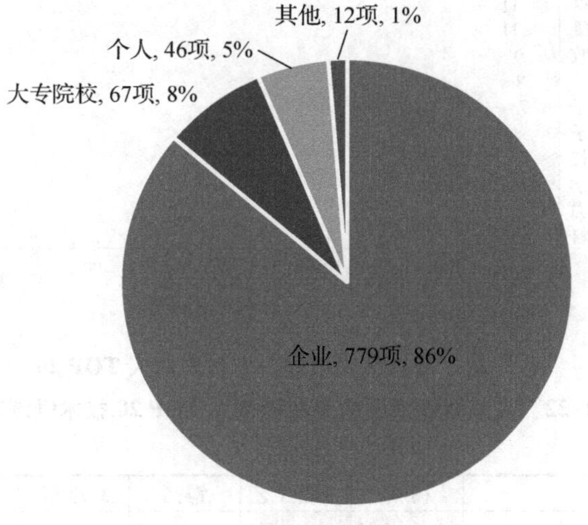

图 2–27　国内主要申请人类型

高频覆铜板国内专利申请排名居前 20 位的申请人中，仅有电子科技大学、南京大学两家高等院校，其余均为企业。广东生益科技在专利申请量上遥遥领先于其他申请人，专利申请量达 263 项，其次为台光电子、深圳光启创新、广东广山新材料、昆山雅森电子、浙江华正新材料、常州中英科技、上海南亚新材料、联茂电子、电子科技大学、台湾亚洲电材、泰州旺灵绝缘等（图 2–28）。

从表 2–22 来看，广东生益科技在高频覆铜板树脂、制备工艺领域的专利申请上处于领先地位；昆山雅森电子、山东金宝电子在高频覆铜板用铜箔的研发方面占据优势地位；广东生益科技和深圳光启创新研发有高频覆铜板用纤维布；深圳光启创新、台光电子、广东生益科技研发有高频覆铜板用填料；常州中英科技研发有高频覆铜板用制造设备。

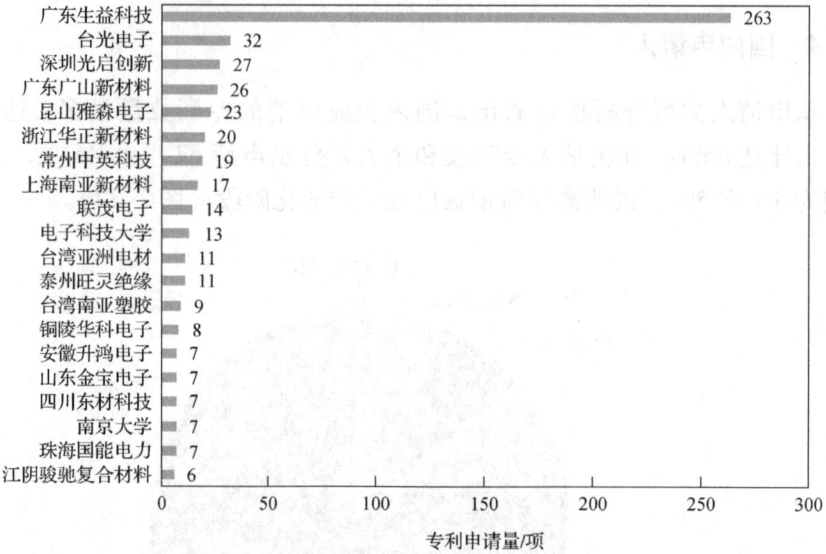

图 2-28　高频覆铜板国内专利申请人 TOP 20

表 2-22　高频覆铜板国内专利申请人 TOP 20 技术领域布局

单位：项

申请人	树脂	制备工艺	铜箔	纤维布	填料	设备
广东生益科技	261	210	3	1	1	
台光电子	32	4			2	
深圳光启创新	27	6		1	4	
广东广山新材料	26	5				
昆山雅森电子	23	1	5			
浙江华正新材料	20	15				
常州中英科技	19	14	2			1
上海南亚新材料	17	4				
联茂电子	14	1				
电子科技大学	12	7	1			
台湾亚洲电材	11		3			
泰州旺灵绝缘	11	11				
台湾南亚塑胶	9	4				
铜陵华科电子	8	1				
安徽升鸿电子	7	3	1			
山东金宝电子	3	1	4			
四川东材科技	7	2				
南京大学	7	5				
珠海国能电力	7	3	1			
江阴骏驰复合材料	6					

在高频覆铜板主树脂方面，国内主要专利申请人中，广东生益科技对各类树脂的研发与选用均有布局，从专利申请量来看依次涉及环氧树脂、聚苯醚树脂、聚酰亚胺树脂、碳氢树脂、氟树脂、硅树脂、酚醛树脂、氰酸酯树脂、液晶聚合物等；台光电子侧重于聚苯醚树脂和环氧树脂的研发与选用；深圳光启创新布局有环氧树脂、聚苯醚树脂、碳氢树脂、氰酸酯、氟树脂和聚酰亚胺树脂；广东广山新材料专注环氧树脂的研发与选用；昆山雅森电子侧重于聚酰亚胺树脂、液晶聚合物树脂、氟树脂的研发与选用；浙江华正新材料侧重于环氧树脂、氟树脂等的研发与选用；常州中英科技、电子科技大学侧重于氟树脂的研发与选用；上海南亚新材料和联茂电子侧重于环氧树脂和聚苯醚树脂的研发与选用（图2-29）。

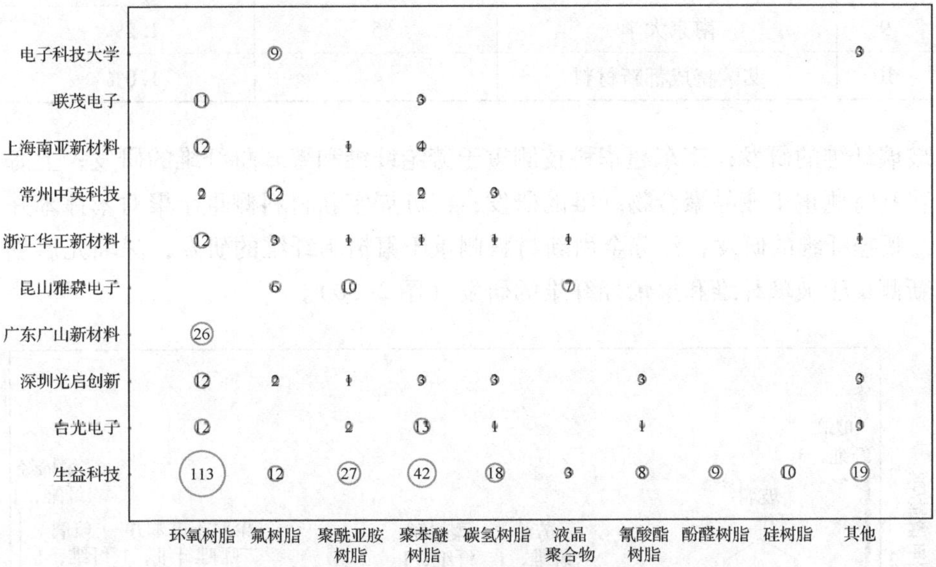

图2-29　国内主要专利申请人高频覆铜板用主树脂布局

在高频覆铜板制备工艺领域，国内专利申请人TOP 10依次为广东生益科技、浙江华正新材料、常州中英科技、泰州旺灵绝缘、电子科技大学、深圳光启创新、广东广山新材料、苏州益可泰电子、南京大学、艾蒙特成都新材料（表2-23）。

从高频覆铜板用纤维布研发来看，济南大学、江苏富仕德科技、上海宏和电子、台湾工研院、广德瓯科达、广东生益科技、河南光远新材料侧重于

表 2-23　高频覆铜板制备工艺国内专利申请人 TOP 10

序号	申请人	专利申请量/项	占比
1	广东生益科技	210	51.5%
2	浙江华正新材料	15	3.7%
3	常州中英科技	14	3.4%
4	泰州旺灵绝缘	11	2.7%
5	电子科技大学	7	1.7%
6	深圳光启创新	6	1.5%
7	广东广山新材料	5	1.2%
8	苏州益可泰电子	5	1.2%
9	南京大学	5	1.2%
10	艾蒙特成都新材料	4	1.0%

玻璃纤维的研发；广东超华科技侧重于芳纶纤维和聚苯醚纤维的研发；上海普利特侧重于液晶聚合物纤维的研发；江苏展宝新材料侧重于聚对苯撑苯并二噁唑纤维的研发；江苏金由新材料侧重于氟树脂纤维的研发；深圳光启创新侧重于玻璃纤维和聚烯烃纤维的研发（图 2-30）。

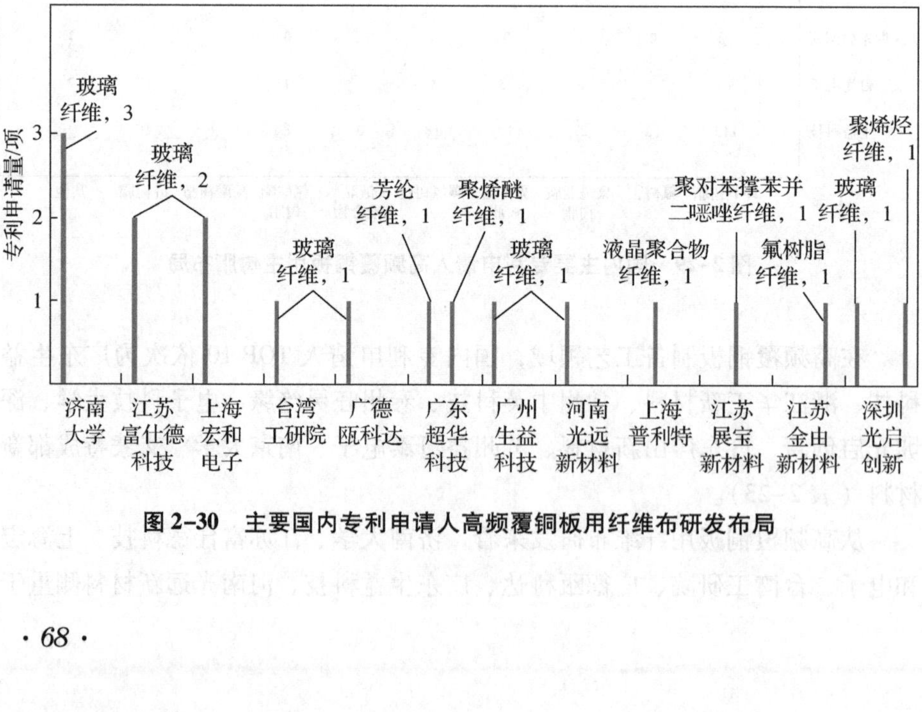

图 2-30　主要国内专利申请人高频覆铜板用纤维布研发布局

从国内高频覆铜板用纤维布选用布局来看，广东生益科技选用纤维种类较多，按申请量来看依次为玻璃纤维、碳纤维、芳纶纤维/聚烯烃纤维、玄武岩纤维、氟树脂纤维、液晶聚合物纤维/聚酰亚胺纤维、石英纤维/陶瓷纤维等；台光电子、联茂电子、浙江华正新材料、上海南亚新材料、泰州旺灵绝缘选用玻璃纤维；深圳光启创新选用玻璃纤维、碳纤维/芳纶纤维、陶瓷纤维、石英纤维和聚烯烃纤维；广东广山新材料侧重于选用玻璃纤维和碳纤维；常州中英科技选用玻璃纤维、芳纶纤维/氟树脂纤维/聚酰亚胺纤维、碳纤维、聚烯烃纤维；电子科技大学侧重于玻璃纤维、芳纶纤维/聚烯烃纤维和陶瓷纤维（表2-24）。

表2-24　主要国内专利申请人高频覆铜板用纤维布选用布局

申请人 vs 纤维选用	玻璃纤维	碳纤维	芳纶纤维	氟树脂纤维	聚烯烃纤维	液晶聚合物纤维	聚酰亚胺纤维	石英纤维	陶瓷纤维	玄武岩纤维
广东生益科技	55	10	7	5	7	4	4	1	1	6
台光电子	3									
深圳光启创新	11	4	4		1			2	3	
广东广山新材料	22	22								
浙江华正	10									
常州中英科技	10	2	3	3	1		3			
联茂电子	2									
电子科技大学	5		2		2				2	
上海南亚新材料	8									
泰州旺灵绝缘	10			1						

在高频覆铜板填料研发领域，国内专利申请人 TOP 10 包括深圳光启创新、重庆锦艺硅材料、安徽凯盛基础材料、台光电子、江苏联瑞新材料、广东生益科技、凤阳力拓新型材料、台湾工研院、上海安缔诺、哈尔滨理工大学（表2-25）。深圳光启创新研发有多孔二氧化硅气凝胶粉体；重庆锦艺硅材料研发有玻璃微粉、熔融石英经冷却、粉碎和分级得到的低介电常数填料、无定形层状有空隙结构的无水硅酸铝粉体等；安徽凯盛基础材料研发有超低介电多孔玻璃球形填料、低介电玻璃微球；台光电子研发有含 SiO_2、Al_2O_3、CaO、B_2O_3、MgO、Na_2O 和/或 K_2O、TiO_2 的无机填料；广东生益科技研发有表面乙烯基聚苯醚树脂化学修饰的中空硼硅酸盐微球。

表2-25　高频覆铜板填料研发国内专利申请人 TOP 10

序号	申请人	专利申请量/项	占比
1	深圳光启创新	4	19.0%
2	重庆锦艺硅材料	3	14.3%
3	安徽凯盛基础材料	2	9.5%

续表

序号	申请人	专利申请量/项	占比
4	台光电子	2	9.5%
5	江苏联瑞新材料	2	9.5%
6	广东生益科技	1	4.8%
7	凤阳力拓新型材料	1	4.8%
8	台湾工研院	1	4.8%
9	上海安缔诺	1	4.8%
10	哈尔滨理工大学	1	4.8%

在高频覆铜板铜箔研发领域，国内专利申请人 TOP 10 有昆山雅森电子、山东金宝电子、台湾亚洲电材、常州中英科技、台湾金居开发、南京中鸿润宁、张家港康得新光电材料、安徽铜冠铜箔、湖北中科铜箔、珠海亚泰电子等（表 2–26）。

表 2–26　高频覆铜板铜箔研发国内专利申请人 TOP 10

序号	申请人	专利申请量/项	占比
1	昆山雅森电子	5	11.1%
2	山东金宝电子	4	8.9%
3	台湾亚洲电材	3	6.7%
4	常州中英科技	2	4.4%
5	台湾金居开发	2	4.4%
6	南京中鸿润宁	2	4.4%
7	张家港康得新光电材料	2	4.4%
8	安徽铜冠铜箔	1	2.2%
9	湖北中科铜箔	1	2.2%
10	珠海亚泰电子	1	2.2%

2.5.5　新进入机构

高频覆铜板领域新进入机构主要有 5 家，分别是南京大学、江阴骏驰复合材料有限公司、苏州益可泰电子材料有限公司、无锡睿龙新材料科技有限公司和浙江福斯特新材料研究院有限公司。

在高频覆铜板领域，南京大学主要研发聚四氟乙烯（PTFE）基覆铜板及其制备工艺，包括半固化片中填料的设计、胶液的配置及覆铜板的压合等（表2–27）。

表2–27 南京大学高频覆铜板相关专利

序号	申请年	公开（公告）号	主题
1	2018	CN 108822493A	一种纳米陶瓷填充PCB覆铜板半固化片的制备方法
2	2018	CN 108684151A	一种PTFE基PCB覆铜板及覆铜方法
3	2018	CN 108688278A	一种PTFE基PCB覆铜板及压合方法
4	2018	CN 108859326A	一种PTFE基PCB覆铜板的覆铜方法
5	2019	CN 110978687A	一种PTFE基高频微波覆铜板的制备方法
6	2018	CN 108659461A	一种PTFE基PCB覆铜板半固化片的制备方法
7	2018	CN 109275273A	一种PTFE基PCB覆铜板的制备方法

在高频覆铜板领域，江阴骏驰复合材料有限公司主要研发基于聚酰亚胺和液晶聚合物的树脂组合物，同时还涉及熔融石英、改性铁氟龙、氢氧化铝等填料的选用及覆铜板的压合装置等（表2–28）。

表2–28 江阴骏驰复合材料有限公司高频覆铜板相关专利

序号	申请年	公开（公告）号	主题
1	2019	CN 110240803A	一种高频树脂复合材料组合物及保护胶片与覆铜板
2	2019	CN 110027299A	一种液晶高分子高频双面覆铜板及其制备方法与压合装置
3	2019	CN 109867982A	一种低热膨胀系数和低逸散因子的液晶高分子复合材料及应用
4	2019	CN 109808259A	一种高频双面覆铜板及其制备方法与应用

续表

序号	申请年	公开（公告）号	主题
5	2018	CN 109337072A	一种低 D_k 与 D_f 的高分子组合物、覆铜板及电路板
6	2018	CN 109203602A	一种高频双面覆铜板及其制备方法与应用

在高频覆铜板领域，苏州益可泰电子材料有限公司主要以丁二烯、苯乙烯、丁二烯苯乙烯共聚物或苯乙烯丁二烯苯乙烯共聚物等碳氢树脂为基材制备介电复合材料，同时还涉及二氧化硅、二氧化钛、钛酸钡、氮化硼、氧化铝、玻璃纤维等填料的选用，纤维布的使用及覆铜板的制备工艺等（表2–29）。

表2–29　苏州益可泰电子材料有限公司高频覆铜板相关专利

序号	申请年	公开（公告）号	主题
1	2018	CN 109608811A	一种阻燃电子复合材料基板的制备方法
2	2018	CN 109593315A	一种电子复合材料基板的制备方法
3	2018	CN 109553914A	一种电子复合材料基板
4	2018	CN 109504020A	一种阻燃电子复合材料基板
5	2018	CN 109370141A	一种热固性电子复合材料及制备方法与其制备的电子复合材料基板

在高频覆铜板领域，无锡睿龙新材料科技有限公司主要研发以聚四氟乙烯树脂或聚丁二烯聚合物、聚丁二烯－苯乙烯共聚物、异戊二烯－苯乙烯共聚物等碳氢树脂为主的树脂组合物，涉及104电子级无碱玻璃布、106电子级无碱玻璃布、1080电子级无碱玻璃布、2116电子级无碱玻璃布的选用，二氧化硅、二氧化锡、硅灰石、氧化铝、钛白粉、氧化锌、氧化硼或氮化硅等填料的选配，还涉及覆铜板热压合装置及相关制备工艺（表2–30）。

表2–30　无锡睿龙新材料科技有限公司高频覆铜板相关专利

序号	申请年	公开（公告）号	主题
1	2020	CN 111471264A	一种填料改性碳氢半固化片及其制备方法及采用其制备高频高速覆铜板的方法

续表

序号	申请年	公开（公告）号	主题
2	2020	CN 111378243A	一种多功能改性树脂共混的半固化片碳氢组合物及应用及采用其制备高频高速覆铜板的方法
3	2019	CN 210706420U	一种 PTFE 高频覆铜板热压合装置
4	2019	CN 210444565U	一种高导热 PTFE 高频覆铜板结构
5	2018	CN 108822455A	一种高频聚四氟乙烯覆铜板及其制备方法

在高频覆铜板领域，浙江福斯特新材料研究院有限公司主要研发以聚酰亚胺树脂或环氧树脂为主的树脂组合物，如由聚酰亚胺树脂单元与聚甲亚胺树脂单元通过共混共聚的形式组成聚酰亚胺复合树脂，共聚物结构中形成网状结构，增大分子链间隙，或者选择具有柔性官能团的二胺类单体与二酸酐类单体亚胺化，同时还研发了包含光聚合单体和光引发剂的高附着力感光性树脂组合物，在5G印刷线路板产品中，提高产品良率和生产效率（表2-31）。

表2-31　浙江福斯特新材料研究院有限公司高频覆铜板相关专利

序号	申请年	公开（公告）号	主题
1	2020	CN 111484616A	聚酰亚胺组合物、聚酰亚胺、挠性覆铜板及其制作方法
2	2019	CN 110554567A	树脂组合物及其应用
3	2019	CN 110126390A	一种低介电常数高尺寸稳定性聚酰亚胺覆金属板的制备方法
4	2019	CN 109942815A	一种低介电常数的聚酰亚胺复合树脂及制备方法与应用
5	2019	CN 109856912A	一种高附着力感光性树脂组合物

2.6　主要人才和团队

基于2737项高频覆铜板相关专利，梳理了该领域的发明人和团队TOP 10（表2-32）。TOP 10发明人和团队中，5个来自中国，5个来自日本。作

表 2–32　高频覆铜板领域主要发明人和团队

序号	发明人	团队	所属机构	所属国家	技术领域	专利申请量/项	活跃年份
1	崔春梅	黄荣辉、肖升高、戴善凯	生益科技	中国	环氧树脂、聚酰亚胺、制备工艺	59	2010—2020
2	曾宪平	陈广兵、何烈相、关迟记	生益科技	中国	环氧树脂、纤维布、填料	43	2010—2019
3	李建辉	林志铭、李韦志、杜伯贤	昆山雅森	中国	聚酰亚胺树脂、制备工艺、填料	29	2009—2019
4	许永静	颜善银、张江陵、张勇	生益科技	中国	环氧树脂、聚苯醚、填料	27	2013—2020
5	杨中强	苏民社、游江、陈勇	生益科技	中国	填料、环氧树脂、纤维布	29	2008—2019
6	MIZUNO Y	FUJIMOTO D、SASE S、TANIGAWA T	日立	日本	聚苯醚、环氧树脂、制备工艺	26	1994—2016
7	ENOKI H	SUZUKI K、TAKEDA T、OUNAMI K	住友	日本	氰酸酯、环氧树脂、制备工艺	25	1990—2002
8	TAKEDA T	SUZUKI K、ENOKI H、MIYAKE S	住友	日本	环氧树脂、氰酸酯、制备工艺	25	1992—1994
9	KIUCHI T	HAYASHI Y、FUJITA S、KOJIMA K	瑞翁	日本	碳氢树脂、纤维布、制备工艺	23	2008—2009
10	MURAI Y	IZUMI H、TANIGAWA T、TSUCHIKAWA N	日立	日本	制备工艺、填料、环氧树脂	23	2001—2006

为高频覆铜板领域专利申请量排名第1位的机构，中国广东生益科技拥有4个TOP 10发明人和团队。这4个发明人和团队目前仍处于活跃研发阶段，同时技术领域有所区别和侧重，涵盖环氧树脂、聚酰亚胺树脂、聚苯醚树脂、纤维布、填料、制备工艺等诸多细分领域。日本发明人和团队主要来自日立、住友和瑞翁，除MIZUNO Y、FUJIMOTO D、SASE S、TANIGAWA T发明人和团队外，其余发明人和团队近年均没有相关专利申请，研发活动已趋于沉寂。

从图2-31可以看出，每年均有大量新发明人进入高频覆铜板技术领域，这说明高频覆铜板领域正处于快速发展时期，全球市场需求很大，相关技术研发投入在快速增长。相对总体的发明人和团队，可以更为关注近年来活跃的发明人和团队。

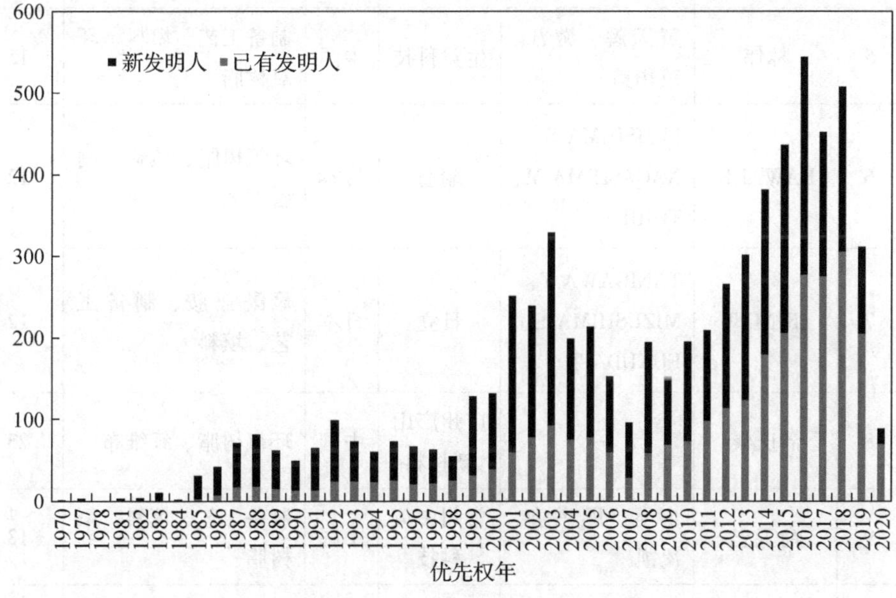

图2-31　发明人的时序分布

近三年高频覆铜板领域主要发明人和团队主要来自国内的广东生益科技、昆山雅森电子、广州广山新材料和常州中英科技，以及日本的瑞翁、日立和荒川化学，重点研发领域包括基于聚酰亚胺、液晶聚合物、聚苯醚、环氧树脂、铜箔、填料等（表2-33）。

表 2-33 近三年高频覆铜板领域发明人和团队 TOP 10

序号	发明人	团队	所属机构	所属国家	技术领域	专利申请量/项
1	李建辉	林志铭、李韦志、杜伯贤	昆山雅森电子	中国	聚酰亚胺、液晶聚合物、铜箔	18
2	许永静	颜善银、杨中强、殷卫峰	生益科技	中国	填料、制备工艺、聚苯醚	19
3	崔春梅	陈诚、黄荣辉、杨宋	生益科技	中国	制备工艺、环氧树脂、填料	21
4	陈广兵	曾宪平、关迟记、徐浩晟	生益科技	中国	填料、制备工艺、纤维布	16
5	林伟	黄天辉、游江、范华勇	生益科技	中国	制备工艺、填料、环氧树脂	15
6	KAWAI K	FUJISHIMA S、NAGASHIMA M、TORII K	瑞翁	日本	环氧树脂、填料、制备工艺	12
7	IRINO T	TANIGAWA T、MIZUSHIMA E、FUKUDA T	日立	日本	聚酰亚胺、制备工艺、填料	12
8	潘庆崇	—	广州广山新材料	中国	环氧树脂、纤维布	23
9	俞卫忠	俞丞、顾书春、冯凯	常州中英科技	中国	制备工艺、填料、氟树脂	13
10	SHIOYA A	TAZAKI T、SUGIMOTO K、YAMAGUCHI T	荒川化学	日本	聚酰亚胺、制备工艺	12

表 2-34 列出了高频覆铜板领域 SCI 论文作者和团队 TOP 10。SCI 论文发表情况可在一定程度揭示基础研究活跃度和水平。可以看出，国外的韩国成均馆大学、韩国技术教育大学、韩国化学技术研究所、日本埼玉大学，以

及国内的苏州大学、河海大学、大连理工大学、华中科技大学、南昌航空大学、北京科技大学、台湾中原大学在高频覆铜板基础研究领域较为活跃，研究主题涉及聚醚酰亚胺/双马来酰亚胺混合物介电性能、六方氮化硼等填料、有机硅偶联剂等组分，以及大气压等离子体处理、热处理等加工方法对覆铜板性能的影响等。

表 2-34 高频覆铜板领域 SCI 论文作者和团队 TOP 10

序号	SCI 论文篇数/篇	作者	团队	所属机构	研究主题
1	9	JUNG S B	NOH B I、YOON J W、CHOI J H、LEE H J	韩国成均馆大学	大气压等离子体处理、热处理、层压参数等对覆铜板粘接特性的影响
2	5	顾嫒娟	梁国正、袁莉	中国苏州大学	聚醚酰亚胺/双马来酰亚胺混合物介电性能等
3	3	葛梦妮	陆晨、张建峰	中国河海大学	六方氮化硼对聚苯醚树脂热性能和介电性能的影响等
4	3	宋文庆	徐文骥	中国大连理工大学	覆铜板等离子体弧加热弯曲温度场的有限元仿真和验证
5	2	安兵		中国华中科技大学	热处理对待离子注入的柔性覆铜板粘接性能的影响
6	2	BUNEKAR N		中国台湾中原大学	应用于覆铜板的酚醛固化环氧树脂/富勒烯改性黏土复合材料

续表

序号	SCI论文篇数/篇	作者	团队	所属机构	研究主题
7	2	柴京富		中国南昌航空大学	覆铜板等离子体弧加热弯曲温度场的有限元仿真和验证
8	2	董超芳		中国北京科技大学	覆铜板的电化学迁移行为
9	2	KIM S H		韩国技术教育大学	铜涂层与柔性聚酰亚胺覆铜板的界面反应
10	2	KIM Y S		韩国化学技术研究所	功能化有机硅偶联剂对两层柔性覆铜板粘接性能的影响
11	2	KOBAYASHI Y		日本埼玉大学	覆铜板的微波表征

2.7 专利运用

本节从专利诉讼、专利转让、专利许可等维度分析高频覆铜板专利运用的热点方向。

目前，在高频覆铜板技术相关的2737项专利族，8563件专利中尚未检索到发生在美国或中国的相关诉讼。

从专利转让来看，在高频覆铜板中国专利中，除去由于公司更名、母公司与子公司之间流转、公司法人与公司之间流转而发生的专利转让，检索得到发生实质性转让的专利32件（表2-35），其中，三星精密化学株式会社转让7件专利至深圳市沃特新材料股份有限公司，株式会社LG化学转让5件专利至广东生益科技股份有限公司，三井金属矿业株式会社转让3件专利

表 2–35 高频覆铜板中国专利中实质性转让专利

序号	申请年	公开（公告）号	申请人	当前权利人	标题
1	2018	CN 109608811A	苏州益可泰电子材料有限公司	珠海国能复合材料科技有限公司	包含丁二烯、苯乙烯、丁二烯苯乙烯共聚物或苯乙烯丁二烯苯乙烯共聚物的阻燃电子复合材料基板的制备方法
2	2018	CN 109593315A	苏州益可泰电子材料有限公司	珠海国能复合材料科技有限公司	包含丁二烯、苯乙烯、丁二烯苯乙烯共聚物或苯乙烯丁二烯苯乙烯共聚物的电子复合材料基板的制备方法
3	2018	CN 109056009A	珠海市万顺睿通科技有限公司	江西伟创丰电路有限公司	包含 Cu-Ti-Nb-Mo 的铜合金层的印刷电路板用铜箔及其制备方法
4	2016	CN 107923047A	三井金属矿业株式会社	纳美仕有限公司	在至少一侧具有由针状晶体和/或板状晶体构成的微细凹凸的粗糙化处理面的粗糙化处理铜箔、覆铜层叠板及印刷电路板
5	2017	CN 107614753A	三井金属矿业株式会社	纳美仕有限公司	包含由含氧化铜和氧化亚铜的针状结晶构成的微细凹凸的粗糙化处理铜箔的覆铜层叠板的制造方法
6	2015	CN 107109663A	三井金属矿业株式会社	纳美仕有限公司	高频信号传输电路形成用表面处理铜箔、覆铜层压板及印刷线路板
7	2017	CN 106800733A	上海逻骅投资管理合伙企业（有限合伙）	上海安缔诺科技有限公司	采用氟树脂为载体材料与微波介质陶瓷粉共混的复合微波介质材料、用其制作的印刷电路板基材及其制造方法

续表

序号	申请年	公开（公告）号	申请人	当前权利人	标题
8	2016	CN 106183230A	刘世超	明光瑞智电子科技有限公司	含聚四氟乙烯薄膜、玻璃纤维布浸渍环氧树脂的抗菌高频覆铜板
9	2015	CN 105684560A	株式会社 LG 化学	广东生益科技股份有限公司	含聚酰亚胺树脂及中空氟化树脂的多孔聚酰亚胺树脂层的挠性金属层压板及其制备方法
10	2015	CN 105599389A	株式会社 LG 化学	广东生益科技股份有限公司	含具有氟基树脂的第一热固性聚酰亚胺树脂层的柔性金属层压板
11	2013	CN 104220251A	株式会社 LG 化学	广东生益科技股份有限公司	包含特定结构的聚酰亚胺树脂和氟树脂的聚合物树脂层的柔性金属层压板
12	2012	CN 103958188A	株式会社 LG 化学	广东生益科技股份有限公司	含有氟化聚合物的挠性金属层压板
13	2012	CN 103906811A	株式会社 LG 化学	广东生益科技股份有限公司	高分子树脂组合物、聚酰亚胺树脂膜、制备该聚酰亚胺树脂膜的方法、金属层压结构和电路板
14	2015	CN 104908400A	福建新世纪电子材料有限公司	莆田市涵江区依吨多层电路有限公司	含杂奈联苯聚芳醚/环氧树脂共混物的高频特性覆铜板的制作方法
15	2012	CN 104822717A	陶氏环球技术有限责任公司	蓝立方知识产权有限责任公司	用于环氧系统的硬化剂化合物

续表

序号	申请年	公开（公告）号	申请人	当前权利人	标题
16	2015	CN 104761149A	重庆理工大学	辽宁新洪源环保材料有限公司	低拉丝温度低介电常数的玻璃纤维
17	2014	CN 104194264A	东莞上海大学纳米技术研究院、上海大学	东莞上海大学纳米技术研究院、上海大学、广东生益科技股份有限公司	PCB 用高耐热 POSS 基环氧树脂纳米复合材料及其制备方法
18	2012	CN 103732687A	三星精密化学株式会社	深圳市沃特新材料股份有限公司	制备热固树脂的组合物和其固化制品、包含固化制品的预浸材料及使用预浸材料的覆金属箔层压板和印刷电路板
19	2011	CN 103403066A	三星精密化学株式会社	深圳市沃特新材料股份有限公司	全芳香族聚酯酰胺共聚物树脂、包含所述树脂的薄膜、薄膜的柔性覆金属箔层叠板及具备柔性覆金属箔层叠板的柔性印刷电路板
20	2011	CN 102432999A	三星精密化学株式会社	深圳市沃特新材料股份有限公司	用于制备热固性树脂的组合物（包含一种具有氨基端基和端羟基的至少一种芳香族聚酯酰胺的共聚物、一种环氧树脂和任选的双马来酰亚胺）、固化产品、预浸料、层叠材料和印刷电路板

续表

序号	申请年	公开（公告）号	申请人	当前权利人	标题
21	2011	CN 102433000A	三星精密化学株式会社	深圳市沃特新材料股份有限公司	用于制备热固性树脂的组合物（包括具有氨基端基的芳香族聚酯酰胺共聚物和均苯四酸二酐）、固化产品、预浸料、层叠材料和印刷电路板
22	2009	CN 102272195A	三星精密化学株式会社	深圳市沃特新材料股份有限公司	芳香族聚酯酰胺共聚物、高分子膜、预浸料坯、预浸料坯层叠体、金属箔层叠板和印刷线路板
23	2009	CN 102272200A	三星精密化学株式会社	深圳市沃特新材料股份有限公司	芳香族聚酯酰胺共聚物、高分子膜、预浸料坯、预浸料坯层叠体、金属箔层叠板和印刷线路板
24	2008	CN 101687983A	三星精密化学株式会社	深圳市沃特新材料股份有限公司	芳香族液晶聚酰胺酯共聚物，包含该共聚物的预浸料、该预浸料的预浸料层压材料、该预浸料的金属膜层压材料及该预浸料的印刷线路板
25	2011	CN 102683220A	中国科学院微电子研究所	华进半导体封装先导技术研发中心有限公司	一种制作多层有机液晶聚合物基板结构的方法
26	2011	CN 102281717A	倪新军	泰州市博泰电子有限公司	包含光绘模块制作、介质模块制作、对孔壁的金属化处理制作、对表面电路图形的制作、电镀蚀刻的制作、成型制作等步骤的高频电路模块基板制作方法

续表

序号	申请年	公开（公告）号	申请人	当前权利人	标题
27	2009	CN 102115569A	财团法人工业技术研究院	财团法人工业技术研究院、长春石油化学股份有限公司	含聚丁二烯可改性聚苯醚和双马来酰亚胺的介电材料组合物及电路基板
28	2004	CN 1802407A	陶氏环球技术公司	兰科知识产权有限责任公司	纳米多孔层压材料
29	2004	CN 1783357A	财团法人工业技术研究院	财团法人工业技术研究院、长春石油化学股份有限公司	改质介孔二氧化硅粉体、生成低介电环氧树脂与低介电聚亚酰胺树脂的前驱溶液、低介电常数基板及其形成方法
30	2002	CN 1549763A	纳幕尔杜邦公司	提克纳有限责任公司	液晶聚合物的研磨
31	2003	CN 1444434A	仕玛特电子株式会社	韩国 Taconic 株式会社	用于印刷电路板的导电金属箔和单介质结构直接粘接的有金属被覆的层压板的制造方法
32	2000	CN 1402750A	通用电气公司	沙特阿拉伯基础全球技术有限公司	聚苯醚－聚乙烯基热固性树脂

至纳美仕有限公司，苏州益可泰电子材料有限公司转让2件专利至珠海国能复合材料科技有限公司等，涉及碳氢树脂（丁二烯、苯乙烯、丁二烯苯乙烯共聚物或苯乙烯丁二烯苯乙烯共聚物）基、聚酰亚胺基、氟树脂基、聚苯醚基、芳香族聚酯酰胺树脂组合物，高频覆铜板粗糙化铜箔、低介电常数玻璃纤维等关键技术。

从专利许可来看，在高频覆铜板中国专利中，除去由于公司更名、母公司与子公司之间流转、公司法人与公司之间流转而发生的专利许可，检索得到发生实质性专利许可的专利2件（表2–36），分别是广东省石油与精细化工研究院许可至四会市聚创科技合伙企业（普通合伙）和肇庆银禧聚创新材料有限公司，中国科学院化学研究所许可至北京波米科技有限公司，涉及烯基封端聚苯醚的合成方法、聚酰亚胺树脂及其中间体与它们的制备方法与应用等关键技术。

表2–36　高频覆铜板中国专利中实质性许可专利

序号	申请年	公开（公告）号	申请人	当前被许可人	主题
1	2019	CN 110437439A	广东省石油与精细化工研究院	四会市聚创科技合伙企业（普通合伙）、肇庆银禧聚创新材料有限公司	一种烯基封端聚苯醚的合成方法
2	2008	CN 101343362A	中国科学院化学研究所	北京波米科技有限公司	一种聚酰亚胺树脂及其中间体与它们的制备方法与应用

2.8　高质量专利

本节分别从施引专利计数、年均施引专利计数、高维持时间专利计数、同族专利规模计数来梳理高频覆铜板领域高质量专利。

2.8.1 按施引专利计数

按施引专利计数，表 2-37 给出了高被引专利。

表 2-37　高被引专利

序号	公开号	技术领域	申请人	优先权年	施引专利计数/件	法律状态
1	US 5700844A	硅树脂	美国 IBM	1996	188	失效
2	US 5726211A	硅树脂	美国 IBM	1996	151	失效
3	US 6352782B2	聚苯醚树脂	美国通用电气	1999	149	失效
4	US 5126192A	氟树脂 + 氰酸酯等 + 空心微球 + 芳纶等纤维布	美国 IBM	1990	146	失效
5	US 5739193A	碳氢树脂	美国塞拉尼斯	1996	131	失效
6	JP 2005060680A	碳氢树脂 + 纤维素纤维	日本日立、三菱	2003	119	有效
7	US 6391932B1	聚酰亚胺树脂	美国 Shipley	2000	109	失效
8	US 4680220A	聚酰亚胺树脂等 + 氟树脂纤维	美国戈尔	1985	108	失效
9	US 4849284A	氟树脂 + 对氯甲基苯基三甲氧基硅烷涂层的陶瓷填料	美国罗杰斯	1987	107	失效
10	US 2005238889A1	碳氢树脂	美国霍尼韦尔	2003	100	失效
11	US 2009008142A1	聚酰亚胺树脂等	日本大赛璐	2006	97	失效
12	US 4963428A	液晶聚合物	美国 ALBANY INT RES	1985	92	失效
13	US 5844523A	碳氢树脂	美国 3M	1996	91	失效
14	US 5962122A	液晶聚合物 + 高介电陶瓷	美国塞拉尼斯	1995	86	失效

续表

序号	公开号	技术领域	申请人	优先权年	施引专利计数/件	法律状态
15	US 5449427A	碳氢树脂	美国通用电气	1994	77	失效
16	US 4745215A	氰酸酯	美国 IBM	1987	76	失效
17	US 5576517A	氟树脂	美国通用电气	1994	75	失效
18	WO 2010011701A2	玻璃纤维	美国 Dielectric Solutions	2008	73	失效
19	US 2004082724A1	氰酸酯	德国汉高	2001	72	失效
20	US 2004146692A1	聚苯醚树脂	日本松下	2003	71	失效

①US 5700844A 公开了一种泡沫聚合物（聚硅氧烷泡沫）的制备工艺，具体制备步骤包括：（a）在聚硅氧烷前驱体中分散热降解的聚合物颗粒；（b）聚合聚硅氧烷前体，形成刚性聚硅氧烷不降解颗粒；（c）加热聚硅氧烷以在不膨胀聚硅氧烷的情况下降解颗粒。优选在步骤（b）中使聚硅氧烷交联。聚合物颗粒由聚甲基丙烯酸甲酯组成。聚硅氧烷泡沫的孔径为 1 ~ 10 μm。产品用途：泡沫聚合物用于制造电子元件，如封装用的无针连接器、电路板、多芯片模块芯片测试设备等。产品优点：该聚合物具有低应力、低介电常数，在机械接触时提高韧性和改善顺应性，在压缩时所需接触力更小等。

②US 5726211A 公开了一种聚硅氧烷泡沫的制备工艺，具体制备步骤包括：(a) 形成分散在聚硅氧烷前驱体连续相中的液滴乳液；（b）将前驱体聚合形成聚硅氧烷（A），该聚硅氧烷中含有可填充液体的分散孔隙；（c）用气体加热 A，使其温度高于 15 ℃、低于液体临界温度，压力大于 1 atm（$1\ atm = 1.01 \times 10^5$ Pa）、低于液体临界压力，使孔隙中的液体与气体交换。产品用途：聚硅氧烷泡沫用作电子设备的介质，包括集成电路芯片测试探针和封装的无针孔连接器。产品优点：该聚硅氧烷泡沫具有均匀分散、孔隙大小均匀，孔径可根据不同的工艺条件进行调整等特点；该聚合物具有低应力、低介电常数、在机械接触过程中改进的韧性和改善的顺应性，从而在压缩过程中需要的接触力更小。

③US 6352782B2 公开了一种由下述步骤（a）、（b）制备后形成的封端

聚苯醚树脂组合物：（a）聚苯醚化合物（PPE，A），其中至少一部分优选基本上所有的羟基已与具有烯键式不饱和度（C ═C）的化合物反应，具有烯键式不饱和度的化合物可进一步与不饱和单体（活性末端封端的 PPE）反应；（b）可固化的不饱和单体组合物（B）。该封端聚苯醚组合物可任选含聚合催化剂、阻燃化合物、纤维状增强组分。该封端聚苯醚组合物可被固化形成层压品，也可被铜包层形成电路板。

④US 5126192A 公开了一种阻燃、低介电常数、低成本的预浸料材料。介电常数在3.2 F/m 以下的填充预浸料材料，包括至少一种聚合物树脂、中空无机微球填料、偶联剂和增强材料，是一种印刷电路板，包含预浸料材料及设置在其至少一部分上的至少一层导电材料。印刷电路板的制造步骤：（a）用硅烷偶联剂涂覆微球；（b）将聚合物树脂、溶剂和硅烷包覆的微球随机混合；（c）用随机分布的混合物浸渍增强材料，以形成预浸料；（d）浸渍增强材料部分固化；（e）将部分固化的浸渍增强材料包覆至少一层金属；（f）在加热和压力下将多个层压板复合在一起。该聚合物树脂为氰酸酯、环氧树脂、苯并环丁烷、氟聚合物和氟化双氰酸酯的聚合物。增强材料包括由玻璃、陶瓷、含氟聚合物、聚酯、石英、聚酰亚胺、凯夫拉（Kevlar）、诺梅克斯（Nomex）、聚对苯基苯并双噁唑、芳纶、聚醚醚酮和芳香族聚酯制成的编织布、毡或膜。在电子应用中用作集成电路表面安装的基材，如印刷电路板。该预浸料具有阻燃性能好、介电常数低、热膨胀系数可控、成本低等优点。

⑤US 5739193A 公开了一种具有温度稳定特性的高介电常数组合聚合物（I），该组合聚合物包括：（a）热塑性聚合物；（b）在1.0 GHz 和20 ℃介电常数至少为50 F/m 的高介电陶瓷；（c）在1.0 GHz 和20 ℃介电常数至少为5 F/m 的另一类陶瓷材料。（b）和（c）中的一种介电常数随温度升高而升高，另一种介电常数随温度升高而降低，（b）和（c）组成I，使得I的介电常数在1.0 GHz 时至少为4 F/m。一种具有高介电常数和降低的温度系数的层叠体，包括含I的平面衬底和贴附在衬底上的金属层，层叠体的介电常数在1.0 GHz 和20 ℃至少为4 F/m，在 −40 ~85 ℃，相比20 ℃时，其波动不超过2%。一种制备I的方法，包括复合（a）、（b）、（c）和可选的其他添加剂。制备上述层叠体的方法包括将I成形为平面基板，并将金属涂覆于基板表面。该层叠体在电子工业高频场景下使用，特别是户外使用。I用于多芯片模块、印刷电路天线和印刷射频或微波电路元件，包括传输

线、电感器、电容器、滤波器、信号耦合器、分支线耦合器、功率分配器、信号分配器、阻抗变压器、半波和四分之一波变压器和/或阻抗匹配电路。产品优点：高介电、低损耗正切材料易于加工，可制成具有良好热稳定性的薄膜、片材等成形材料。温度稳定介电常数允许使用该组合物的电子元件在较宽的温度范围内能可靠地使用，而不会影响其电学性能，该材料对环境湿度的变化也很适应，具有高机械强度、抗冲击和耐化学性。

⑥JP 2005060680A 公开了一种纤维增强复合材料及其制造方法和布线底座。纤维增强复合材料包括基体材料和平均直径为 4 ~ 200 nm 的纤维。在 400 ~ 700 nm 波长范围内，50 μm 厚的纤维增强复合材料的透光率达 60% 以上。所述纤维为物理或化学改性的纤维素纤维，优选为乙酰化纤维素纤维或细菌处理的纤维素纤维。基质材料为有机聚合物、无机聚合物或有机聚合物与无机聚合物的杂化聚合物，最好是有机树脂材料。本专利包括以下独立权利要求：纤维增强复合材料的制造；具有由纤维增强复合材料组成基材的透明层压板；具有由纤维增强复合材料组成透明基材的配线板；具有透明衬底的光波导。透明层压板、光波导和配线板用于倒装式封装和无源器件，也可用于半导体器件安装。纤维增强复合材料重量轻，具有良好的透明度、强度、弹性，热膨胀系数低，介电常数低，防止纤维增强复合材料随温度变化发生变形或破裂。含有纤维增强复合材料的基材具有较高的弯曲强度和弯曲弹性模量。防止在基材上形成的透明导电膜裂纹和剥落。优选膜：在透明层压板基材上形成的透明导电膜，是含掺锡氧化铟、掺铝氧化锌和掺铟氧化锌的复合金属氧化物薄膜。

⑦US 6391932B1 公开了一种多孔材料，交联聚合物致孔颗粒分散在未固化的 B 级聚酰亚胺介质材料中形成 B 级聚酰亚胺介质基体材料；形成固化该材料的薄膜，并在部分去除孔隙物质的条件下进行处理。致孔颗粒可溶解于 B 级材料中，由能与材料氢键结合的单体组成，作为聚合单元。独立权利要求包括：（a）多孔聚酰亚胺介质材料；（b）集成电路的制备方法，包括在衬底上沉积一层组合物，该组合物包括分散有交联聚合物致孔剂粒子的 B 级聚酰亚胺介质基体材料，将固化基体材料进行处理以部分移除致孔剂粒子，形成多孔聚酰亚胺介电材料层，对介电材料层进行图案化，在该图案层上沉积金属薄膜，并将金属薄膜平面化以形成集成电路；（c）包括 B 级聚酰亚胺介质基体材料和交联聚合物致孔颗粒的组合物。适用于电子元件制造，用于生产集成电路、印刷线路板、无线装置和光电子装置。多孔介质

材料，如薄膜，可用作绝缘体、抗反射涂层、声屏障、热断口、光学涂层。多孔聚酰亚胺介质材料也可用于制造多级集成电路，如微处理器、数字信号处理器、存储芯片和带通滤波器。该方法提供的多孔聚酰亚胺介质基体材料具有更大的孔体积百分比、更均匀分散的孔和低介电常数。多孔聚酰亚胺介质材料适用于任何低折射率或低介电常数材料。该材料也适用于各种基材，如砷化镓、硅锗、绝缘体上硅、硅、氧化铝、氮化铝、印刷线路板、柔性电路、多芯片模块、倒装芯片、铜、高和低介电材料、电阻和阻挡层。首选单体：能与B级聚酰亚胺介质基体材料氢键结合的单体是羟基烷基（甲基）丙烯酸酯，羟基苯乙烯，伯、仲、叔氨基烷基（甲基）丙烯酸酯和/或（甲基）丙烯酸。

⑧US 4680220A公开了一种介电材料，包括纤维织物（其中至少部分纤维是氟碳纤维）、织物的间隙填充热固性树脂（至少固化到半熟化b级，优选完全固化c级）。该材料的介电常数一般低于3.5 F/m，最好低于3.0 F/m。产品用途：生产多层印刷线路板。

⑨US 4849284A公开了一种电基材料，其中陶瓷填料的用量至少为55%，并在硅烷涂层中使用。另外，基板还包含高达2%的纤维增强，最好是玻璃纤维。该电基材料具有低介电常数、低损耗和低热膨胀系数。氟聚合物材料优选聚四氟乙烯或全氟烷基乙烯基醚，硅烷涂料首选为对氯甲基苯基三甲氧基硅烷，填料为苯基三甲氧基硅烷，过滤器优选二氧化硅。产品优点：电气性能高、性能优良、热膨胀和柔顺性能好。

⑩US 2005238889A1公开了层压组件及材料，并给出了其生产方法及用途，层压组件包括基板、耦合到基板上的具有孔隙的介质材料、耦合并吸引到介质材料上的自组装扩散阻挡材料。独立权利要求：减少金属原子扩散的方法，反应性蚀刻剂或化学气相沉积（CVD）或原子层沉积（ALD）前体物质，其中包括提供前体物质含碳材料、提供一种溶剂载体的解决方案、结合前体物质和溶剂载体溶液形成扩散阻挡反应性的解决方案、将扩散阻断活性溶液应用于具有孔隙的材料、形成扩散阻断材料及层状材料的电子和半导体组件。

⑪US 2009008142A1公开了一种多孔膜与使用该多孔膜的多层组件。多孔膜层压板具有多孔层（A），A具有若干平均孔径为0.01~10 μm、层合在基材的至少一侧精细相互连接的孔隙。通过剥离试验防止了基材与多孔层间界面产生分离。胶带剥离试验：在多孔膜层叠体的多孔层表面粘贴幅宽

24 mm 的遮蔽胶带，用直径 30 mm、1.96 N 荷重的辊进行碾压后，使用拉伸试验机以剥离速度 50 mm/min 进行 T 模剥离。一项独立的权利要求多孔薄膜层压板的制造，包括过滤器、电池隔板电解质膜燃料电池、催化剂载体、复合材料用于电池组件、热辐射板、电磁波控制材料、电路板、散热器和电容器组件、生产线路板、印刷材料［如印刷电路板（声称）］、电磁屏蔽材料、绝缘材料、低介电常数材料、塑料薄膜电容器、陶瓷电容器、电解电容器、缓冲材料、油墨图像接收片、隔热材料、细胞培养基础材料。多孔膜层压板具有优良的多孔性、柔韧性、操纵性和成形性，防止了基材与多孔层之间的界面分离。采用层压板形成的布线板，布线附着力好、制造方便。该印刷材料提高了气阻性、抗微动性和可靠性。首选材料：基材是具有多个通孔或金属箔基材的材料，如机织布、无纺布、网布、冲孔膜、金属网、冲孔金属、膨胀金属和/或蚀刻金属；金属箔基材有铜箔、铝箔、钢箔、镍箔、金箔、银箔、锡箔、锌箔、不锈钢箔等。该复合材料包括由银、金、铜、镍、氧化铟、氧化锡、碳和/或碳纳米管获得的导电材料。所述导电材料是利用含导电材料颗粒的油墨在多孔表面形成的。导电材料上涂有电镀或绝缘材料。电镀是镀铜、镀金和/或镀镍。

⑫US 4963428A 公开了一种双轴取向有序聚合物薄膜，多轴取向聚合物薄膜具有可控的热膨胀系数，可在任何平面上从负、正或零中选择。薄膜由分子取向的溶性液晶聚合物（Ⅰ）或分子取向的热致结晶聚合物（Ⅱ）制备而成。指定的厚度至少为 0.10 mm（最好至少为 0.20 mm），或小于 0.10 mm。薄膜的优先取向是几乎平衡的双轴取向。薄膜的优先取向是接近平衡的双轴取向，可生产较厚（0.2 mm 以上）和较薄（0.05 mm 以下）的薄膜。与同类材料单轴薄膜相比，该薄膜具有可控的热膨胀系数、低介电常数、低吸湿特性、低放气量、高拉伸强度和模量，以及优越的耐环境性能，即使在低温度下，它们也表现出优异的热稳定性、耐化学腐蚀性和韧性。这些薄膜可以叠层在一起形成基材，在基材上或中间加一层铜。产品用途：结构材料、航空航天、电子（如 PCB 光学）、防弹和通信。

⑬US 5844523A 公开了使用具有热塑性、弹性和导电层的叠层结构的电气和电磁装置。该装置包括第一导电基板（A）、含损耗正切（tan δ）小于 0.2 的热塑性弹性体的第一导电层（B），在一侧具有导电基板 A，另一侧具有第二导电层（C），以及为第一导电层 B 提供馈电的装置。可用作一种印刷电路板，包括用于安装电气元件和提供电子元件间电气互连的导电基板及

上述弹性介电层。也可用作一种视觉和电磁数据通信的电子显示系统，包括具有视觉信息的显示装置、用于电磁通信且具有至少一个弹性体介电基板的天线及允许与该天线耦合的装置。产品用途：用于直接广播卫星等场景特别是户外场景的印刷电路板、插槽、微带和螺旋天线及多层叠片。天线可用于电子标志及车辆牌照。产品优点：弹性体的介电常数可以通过使用适当的填料来改变，以优化印刷电路板或天线的电或电磁性能。天线系统的电学性能在弯曲时几乎没有变化，弹性体吸水很少或不吸水（不需要使用天线罩），介电常数和损耗正切在很宽的温度范围内几乎没有变化。

⑭US 5962122A 公开了一种用于电容器的高介电常数聚合物组合物（I）。该聚合物组合物包括热致液晶聚合物和足够高介电常数的陶瓷（在1.0 GHz 频率下介电常数至少为50 F/m，以使 I 在 1.0 GHz 时介电常数至少为4.0 F/m）。一种在1.0 GHz 时介电常数至少为 4.0 F/m 的高介电常数层叠体，包括由 I 构成的平面基板和附着在基板表面的金属层。该层叠体的生产方法：复合 I、塑形 I 以形成平面基板，并将金属涂敷在基板的表面上。可用于电容器、多芯片模块、印刷电路天线和印刷射频或微波电路元件，包括传输线、电感器、滤波器、信号耦合器、分支线耦合器、功率分配器、信号分配器、阻抗变压器、半波和四分之一波变压器和/或阻抗匹配电路。产品优点：具有低损耗正切的高介电材料可以很容易地模压成平板或薄膜，用于小型化高频电子应用。可与铜复合而成层叠体，对湿度和温度的变化稳定，耐热和耐化学药品，具有较高的机械强度和抗冲击性能。

⑮US 5449427A 公开了一种高速电子器件用低介电常数材料的加工方法。一种将多孔的低介电常数材料应用于基材上的方法包括：（a）将添加剂材料分散在多孔材料中，以填充其孔隙；（b）将所得到的层状材料附着于基材表面；（c）从多孔层中除去添加剂。产品用途：该材料用于制作印刷电路板的多孔层，以及应用于电子电路和支撑基板上的多孔层；用于高频率和高速电路，如机载和卫星应用；可制成低介电常数聚合物和陶瓷印刷电路板。产品优点：可用新材料加工得到低功率、高频高速电子电路。该加工过程不会在多孔材料中留下过程物质。泡沫状材料可以在不使用溶剂或其他化学处理的情况下进行层叠和激光加工。由于添加剂在金属导体图案化后被去除，因此金属不会进入多孔层中，并且材料具有光滑的表面，这符合低损耗、高频率应用的需求。

⑯US 4745215A 公开了一种含氟双氰酸酯树脂，4，4′-（六氟亚异丙

基）双酚二氰酸酯及相关化合物的分子式（I）如图2-32所示。I在-40~40 ℃的惰性溶剂中，碱性（如叔胺或氢氧化物）条件下，使相应的二酚与过量的卤化氰（最好是氯化物）发生化学反应而得。氰酸盐聚合物可在75~300 ℃加热聚合，选择性地使用金属羧酸盐或金属螯合剂等催化剂。产品优点：I具有出乎意料的低介电常数（小于2.8 F/m）、非常低的吸湿性、良好的热稳定性和高的 T_g 值。这种树脂可与热塑性树脂和热固性树脂形成合金。产品用途：它们是有用的各种电子应用，如包装和制造用于电路板的预浸料。

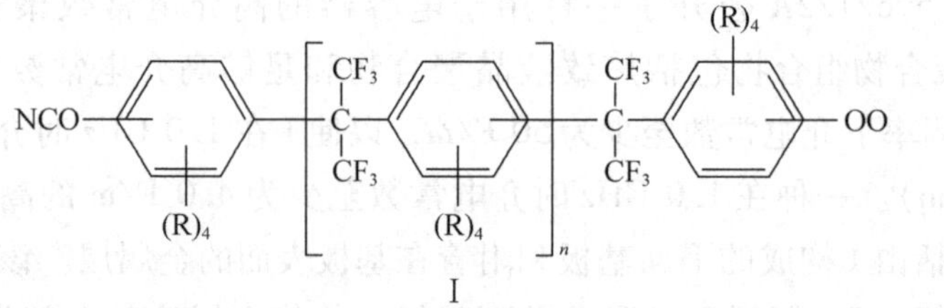

注：R=H、1~8C烷基、2~8C烯基、6~12C芳基或卤素；n=0~4。优选R=H和n=0或1。

图2-32 US 4745215A 附图

⑰US 5576517A公开了一种高频高速电子用印刷电路板，该电路板包括（a）基板；（b）具有芯片衬垫并由基板支撑的电路芯片；（c）覆盖在基板和电路芯片上的低介电常数均匀多孔聚合物层（多孔聚合物具有孔洞，多孔聚合物层具有至少一个通孔与至少一个芯片衬垫对齐）；（d）导电导体图案，其延伸至多孔聚合物层的一部分并进入通孔，且不显著伸入多孔聚合物层的孔隙中。产品用途：印刷电路板用于高频率和高速电子产品，如机载和卫星应用。产品优点：介电常数低。

⑱WO 2010011701A2公开了一种玻璃纤维组合物和由该玻璃纤维组合物制备的印刷电路板。玻璃纤维，其在不大于2250 ℉（1232.2 ℃）的温度下具有小于或等于6 F/m的介电常数和100 Pa·s的玻璃黏度。该玻璃纤维包含45%~65%的SiO_2、15%~25%的B_2O_3、8%~16%的Al_2O_3、小于或等于10%的CaO、小于或等于10%的MgO、小于或等于3%的Na_2O、小于或等于2%的K_2O、小于或等于2%的Li_2O、小于或等于5%的TiO_2、小于或等于2%的F_2及小于或等于1%的Fe_2O_3。该玻璃纤维在每立方厘米的玻璃中可具有小于或等于5个中空玻璃纤维，并预期将之用于印刷电路板。

⑲US 2004082724A1 公开了一种新型杂双官能单体及其用途。由该新型杂双官能单体制备的化合物具有微电子工业所需的许多特性，如疏水性、高 T_g 值、低介电常数、高离子纯度、低热膨胀系数等。这些特性导致其特别适合高性能应用，其中典型的工作温度通常明显高于现有技术材料适用的温度。该化合物特别适合用于制造电子元件，如印刷电路板等。

⑳US 2004146692A1 公开了一种聚苯醚树脂组合物、预浸料和层压板。聚苯醚树脂组合物包括聚苯醚和交联固化剂。聚苯醚由式Ⅰ表示（图2-33），其平均分子量为1000～7000。独立权利要求还涉及将聚苯醚树脂组合物浸渍到基材中并半固化所得到的浸渍基材制备的预浸料；一种由预浸料和铜箔在热压下层层叠放而成的层压板。层压板可用作电子设备的印刷线路板。该发明组合物通过使用低分子量聚苯醚提供高耐热层压片，这种层压片保持了理想的介电特性。优先组分：该聚苯醚树脂组合物可包括无机填料，无机填料是由含氟化合物制备的中空物质，如溴化合物的阻燃剂，其溴含量为8%～20%。首选方法：面对预浸料的铜箔表面用锌或其合金处理，并与含有乙烯基的硅烷偶联剂偶联。优选参数：填料平均直径≤10 μm；铜箔表面粗糙度≤2 μm。

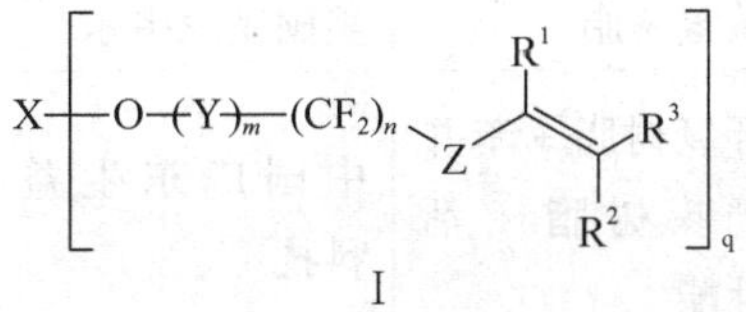

I

图2-33　US 2004146692A1 附图

2.8.2　按年均施引专利计数

按年均施引专利计数，高年均被引专利如表2-38所示。

表2-38　高年均被引专利

序号	公开号	技术领域	申请人	优先权年	年均施引专利计数/件	法律状态
1	US 2009008142A1	聚酰亚胺树脂等	日本大赛璐	2006	8.1	失效
2	US 5700844A	硅树脂	美国 IBM	1996	7.8	失效

续表

序号	公开号	技术领域	申请人	优先权年	年均施引专利计数/件	法律状态
3	JP 2005060680A	碳氢树脂 + 纤维素纤维	日本日立、三菱	2003	7.4	有效
4	US 6352782B2	聚苯醚树脂	美国通用电气	1999	7.1	失效
5	JP 2011132507A	环氧树脂 + 活性酯 + 酚醛树脂 + 芳纶纤维	日本味之素	2009	6.8	有效
6	WO 2010011701A2	玻璃纤维	美国 Dielectric Solutions	2008	6.6	失效
7	CN 102807658A	聚苯醚 + 碳氢树脂	中国广东生益科技	2012	6.6	有效
8	US 5726211A	硅树脂	美国 IBM	1996	6.3	失效
9	US 2005238889A1	碳氢树脂	美国霍尼韦尔	2003	6.3	失效
10	CN 105153234A	环氧树脂 + 苯并噁嗪树脂 + 活性酯	中国广东生益科技	2014	6.2	有效
11	CN 102161823A	聚苯醚树脂 + 玻璃纤维	中国广东生益科技	2010	6.0	有效
12	WO 2012046804A1	铜箔	日本古河电气	2010	6.0	失效
13	US 2009314538A1	环氧树脂 + 聚酰亚胺	美国英特尔	2008	5.5	有效
14	US 5739193A	碳氢树脂	美国塞拉尼斯	1996	5.5	失效
15	US 6391932B1	聚酰亚胺树脂	美国 Shipley	2000	5.5	失效
16	JP 2011001473A	聚苯醚树脂 + 经硅烷偶联剂表面处理的球形氧化硅填料	日本日立	2009	4.9	失效

续表

序号	公开号	技术领域	申请人	优先权年	年均施引专利计数/件	法律状态
17	US 5126192A	氟树脂 + 氰酸酯等 + 空心微球 + 芳纶等纤维布	美国 IBM	1990	4.9	失效
18	WO 2014148155A1	碳氢树脂	日本纳美仕	2013	4.8	失效
19	US 6617398B2	聚苯醚树脂	美国通用电气	1999	4.7	失效
20	JP 2011168887A	铜箔	日本古河电气	2010	4.7	有效

①US 2009008142A1 参见 2.8.1⑪

②US 5700844A 参见 2.8.1①。

③JP 2005060680A 参见 2.8.1⑥。

④US 6352782B2 参见 2.8.1③。

⑤JP 2011132507A 公开了一种环氧树脂组合物（C1），该组合物包括：（A）至少一种环氧树脂（R1）、（B）至少一种活性酯化合物、（C）至少一种含三嗪的甲酚酚醛树脂。独立权利要求包括：环氧树脂组合物（C1）的固化层；层叠在支撑膜上的组合物（C1）的胶膜（F1）；浸渍有组合物 C1 的片状纤维基材的预浸料（P1）；绝缘层即组合物 C1 的固化层多层印刷线路板；一种生产多层印刷线路板的工艺，具体为（a）在内部电路基板上形成绝缘层，（b）在绝缘层上形成导电层，其中绝缘层通过加热固化形成 C1；或（b1）在绝缘层上形成导电层［其中绝缘层通过以下工艺形成：（i）将黏合膜（F1）层压在内部电路基板上形成；（ii）去除支撑膜后加热或不去除支撑膜后固化胶膜的环氧树脂组合物；（iii）在支撑膜剩余的情况下，除去支撑膜］；或（b2）在绝缘层上形成导电层［其中绝缘层通过以下工艺形成：（i）在内部电路基板上层压预浸料 P1 形成；（ii）通过加热固化预浸料的环氧树脂组合物，导电层由对绝缘层的表面进行粗糙处理而产生的粗糙表面的金属电镀形成］。

⑥WO 2010011701A2 参见 2.8.1⑱。

⑦CN 102807658A 公开了一种聚苯醚树脂组合物及含有它的预浸料和层

压板。所述聚苯醚树脂组合物包括如下组分：（a）四官能或四官能以上的丙烯酸酯基改性热固性聚苯醚树脂；（b）乙烯基树脂交联剂，以四官能或四官能以上的丙烯酸酯基改性热固性聚苯醚树脂的重量为100重量份计，乙烯基树脂交联剂的重量为40～100重量份。由于改性热固性聚苯醚树脂含有四官能或四官能以上的丙烯酸酯活性基团，从而能够交联更多的乙烯基树脂交联剂，所制备的高速电子电路基材不但具有低的介质常数和介质损耗，而且乙烯基树脂交联剂侧链双键在树脂固化体系中反应完全，使高速电子电路基材具有更好的抗热氧老化性能。

⑧US 5726211A 参见2.8.1②。

⑨US 2005238889A1 参见2.8.1⑩。

⑩CN 105153234A 公开了一种苯氧基环三磷腈活性酯、无卤树脂组合物及其用途。所述苯氧基环三磷腈活性酯含有至少摩尔比为65%的物质。该无卤树脂组合物按重量份：5～50份的苯氧基环三磷腈活性酯、15～85份的热固性树脂、1～35份的固化剂、0～5份的固化促进剂及0～100份的无机填料。本发明通过在热固性树脂中引入苯氧基环三磷腈活性酯，利用活性酯与环氧树脂等热固性树脂反应不产生羟基，既能满足无卤阻燃要求，又能改良体系电性能（降低、稳定 D_k 和 D_f），使高频高速基板材料无卤化成为可能。

⑪CN 102161823A 公开了一种复合材料、用其制作的高频电路基板及其制作方法，该复合材料包含热固性混合物（该热固性混合物包括一种分子量为10 000以下带有极性官能团的乙烯基液体树脂及一种分子量小于5000的分子末端带有不饱和双键的聚苯醚树脂）、玻璃纤维布、粉末填料、阻燃剂及固化引发剂。使用该复合材料制作的高频电路基板有数层相互叠合的该复合材料制作的半固化片及分别压覆于两侧的铜箔。本专利复合材料使半固化片制作变得容易，与铜箔的粘接力强。用其制作的高频电路基板，介电常数和介质损耗角正切低、耐热性好、工艺操作方便，因此，本专利复合材料适于制作高频电子设备的电路基板。

⑫WO 2012046804A1 公开了一种带有载体的铜箔，其能够在层积铜箔的印刷电路板上设置线宽/间距为15 μm/15 μm以下的布线，本发明还提供一种印刷电路板和多层印刷电路板，其通过该铜箔能够实现线宽/间距为15 μm/15 μm以下的精细图形布线。在JIS B 06012—1994所规定的基体表面突起的凹凸平均间距 S_m 为25 μm以上的载体箔上，依次层积剥离层、铜

箔，将所述铜箔从载体箔上剥离形成铜箔的载体箔。此外，根据需要在所述铜箔的表面依次层积粗化处理层、表面处理层。

⑬US 2009314538A1 公开了一种双环氧介质和光敏焊料掩膜涂层及其制造方法。其制备方法是将介电层黏结到安装基板上表面，其中介电层在基板的上表面接触到黏结垫的侧壁和表面；将焊料掩模层黏附到介质层；通过焊料掩膜层和介质层同时形成凹槽以暴露部分焊盘上表面。一项独立权利要求包括一种计算系统，该计算系统包括一种微型电子设备，其安装基板含键合板、介电层、焊接掩模层、通过焊料掩模层和介质层的均匀凹槽、电气连接和微电子设备。其中，焊料掩模层是光敏的，介电层包括低介电常数材料。所述安装基板设置在包括相对于所述安装基板的板介电层和设置在所述板介电层第一层的板焊接掩模层的板上。用于计算系统，如蜂窝电话、寻呼机、便携式计算机、台式计算机或双向无线电部分的微电子设备封装。介质层位于焊料掩膜的下方，从而减少了电化学迁移的可能性，提高了封装高加速应力测试期间的耐湿气侵蚀能力，并延长了其实际使用寿命和可靠性。

⑭US 5739193A 参见 2.8.1⑤。

⑮US 6391932B1 参见 2.8.1⑦。

⑯JP 2011001473A 公开了一种电子元件绝缘材料。该绝缘材料包含了交联树脂组分，该组分含分子量小于或等于 1000 的多功能交联助剂（0.1 ~ 15 质量份）、热固性化合物（99.9%）、高分子量组分（10 ~ 50 份）和无机填料（40 ~ 400 份）。高分子量组分的延伸率可达 700% 以上。独立权利要求包括：（a）电子元件的封装材料，如绝缘材料；（b）模组，由封装材料层压板、含布线结构的基材和电子组件组成；（c）液体灌封剂，含 50 ~ 90 重量份的溶解在有机溶剂中的绝缘材料；（d）半固化片，由布或无纺织物浸渍绝缘材料制成；（e）层压板，由在硬化半固化片层形成的固化材料表面镀覆导体层制成；（f）印刷电路板，由半固化片硬化形成的固化材料加上导线制成，多层印刷电路板，包括印刷电路板和半固化片层及层间膜连接印刷电路板和半固化片的导线；（g）该模块的制备方法，在基材上安装和固定电子元件、安装封装材料及热成型。

⑰US 5126192A 参见 2.8.1⑤。

⑱WO 2014148155A1 公开了一种树脂组合物及使用该树脂组合物制成的黏结膜及覆盖膜，所述树脂组合物对基板材料具有优异的黏结强度，且除显示在频率 1 GHz 以上的高频区域的电特性，具体而言在频率 1 GHz 以上的

区域显示低介电常数（ε）及低介质损耗角正切（$\tan\delta$）以外，热固化时的收缩应力少，能够在 180 ℃以下热固化。本发明的树脂组合物包含（a）乙烯基化合物、（b）苯乙烯含量为15%～35%的聚苯乙烯－聚（乙烯/丁烯）嵌段共聚物、（c）苯乙烯含量为25%～40%的聚苯乙烯－聚（乙烯－乙烯/丙烯）嵌段共聚物、（d）环氧树脂、（e）双马来酰亚胺、（f）利用差示扫描量热（DSC）测定得到的放热峰在 100 ℃以上且 180 ℃以下的有机过氧化物，各成分的质量比为 $m(a+e)/m(b+c)$ 在 0.81 以上且 1.00 以下、$m(b)/m(c)$ 在 1.00 以上且 4.00 以下，以相对于上述成分 a～f 的总质量的质量百分比计，含1%～10%的上述成分 d，以相对于上述 a 成分的含量的质量百分比计，含 0.1%～100%的上述成分 f。

⑲US 6617398B2 参见 2.8.1③。

⑳JP 2011168887A 公开了一种粗化处理的铜箔。其在精细图形下的电路形成性、高频区的传输特性优异，且与树脂基材间的黏附性、耐药品性优异。表面粗化处理铜箔具有粗化处理面，所述粗化处理面是对基材铜箔（未处理铜箔）的至少一个面实施比所述基材铜箔的表面粗糙度 R_z 增加 0.05～0.3 μm 的粗化处理而形成的，粗化处理后的表面粗糙度 R_z 为 1.1 μm以下，所述粗化处理面由宽为 0.3～0.8 μm、高为 0.4～1.8 μm、高宽比（高度/宽度）为 1.2～3.5 的前端尖的凸状粗化粒子形成。

2.8.3 按高维持时间专利计数

按高维持时间专利计数，高维持时间专利如表 2-39 所示。

表 2-39　高维持时间专利

序号	公开号	技术领域	申请人	申请年	维持时间/年
1	JP 2003515642A	聚苯醚	美国通用电气	2000	20
2	US 2001051707A1	聚酰亚胺树脂	日本日东电气	2000	20
3	JP 2002179761A	环氧树脂	日本化药	2000	20
4	JP 2002146085A	聚酰亚胺树脂	日本日东电气	2000	20
5	JP 2002146185A	氰酸酯 + 碳氢树脂等	日本日立	2000	20
6	US 2002027282A1	玻璃纤维	日本村田制作所	2001	19

续表

序号	公开号	技术领域	申请人	申请年	维持时间/年
7	US 6500529B1	氟树脂	美国 TONOGA	2001	19
8	JP 2002309084A	氰酸酯+硅树脂	日本日立	2001	19
9	JP 2003082063A	环氧树脂+活性酯	日本大日本油墨化学	2001	19
10	US 6534179B2	氰酸酯+双马来酰亚胺树脂+环氧树脂	美国 IBM	2001	19
11	JP 2002309085A	环氧树脂+氰酸酯	日本住友	2001	19
12	JP 2003155340A	环氧树脂+聚苯醚	日本三菱	2001	19
13	EP 1275696A1	氰酸酯+硅树脂	日本日立	2001	19
14	JP 2003064214A	聚苯醚	日本东丽	2001	19
15	JP 2003128923A	铜箔	日本日矿金属	2001	19
16	JP 2002365794A	丙烯酸树脂	日本 JSR	2001	19
17	TW 521548B	碳氢树脂	日本瑞翁	2001	19
18	KR 20030030736A	硅树脂	韩国 LG	2001	19
19	TW I293311B	碳氢树脂	日本瑞翁	2001	19
20	TW 548310B	氟树脂+碳氢树脂	中国台湾工研院	2001	19

①JP 2003515642A 公开了一种由下述步骤（a）、（b）制备后形成的封端聚苯醚树脂组合物：聚苯醚化合物（PPE，A），其中至少一部分优选基本上所有的羟基已与具有烯键式不饱和度（C═C）的化合物反应，具有烯键式不饱和度的化合物可进一步与不饱和单体（活性末端封端的 PPE）反应；可固化的不饱和单体组合物（B）。该封端聚苯醚树脂组合物可任选含聚合催化剂、阻燃化合物、纤维状增强组分。该封端聚苯醚树脂组合物可被固化形成层压品，也可被铜包层形成电路板。

②US 2001051707A1 公开了一种聚酰胺酸、由其制备的聚酰亚胺树脂和其在电路板中的用途，聚酰胺酸可通过包括 1，2，4，5－苯四酸酐和 2，2－双（3，4－二羧苯基）六氟丙烷的酸酐组分，与作为第一种芳二胺的2，2′－二取代－4，4′－二氨基联苯和作为第二种芳二胺的选自2，2－双［4－（氨基苯氧基）苯基］丙烷、1，1－双［4－（4－氨苯氧基）－3－叔丁

基－6－甲苯基］丁烷、2，2－双（3－氨基－4－甲苯基）六氟丙烷和α，α′－双（4－氨苯基）二异丙基苯的任何芳二胺组分在有机溶剂中反应获得。本专利的聚酰亚胺树脂可通过加热该聚酰胺酸溶液获得。在生产电路板中，通过使用在该聚酰胺酸溶液中加入光敏剂的光敏性聚酰胺酸，可提供带有图形的聚酰亚胺树脂层作为金属箔上的绝缘层。

③JP 2002179761A 公开了一种环氧树脂、环氧树脂组合物及其固化产物，环氧树脂的软化点不少于 63 ℃，^{13}C 核磁共振谱 35～37 ppm 峰的积分（A）与^{13}C 核磁共振谱 40～42 ppm 峰的积分（B）之间的比不小于 1.45。环氧树脂的用途包括生产环氧树脂组合物、清漆和固化产品，用于电气/电子元件和部件的绝缘材料、半导体封装材料、印刷电路板、碳纤维增强塑料和其他复合材料、黏合剂和油漆。所述环氧树脂及其所述组合物可提供具有高耐热性、高附着力、高耐湿性和低介电常数的固化产品。

④JP 2002146085A 公开了一种多孔聚酰亚胺及其制备方法。多孔聚酰亚胺是通过制备具有微域结构的聚合物组合物而制得的，该聚合物组合物包括分散在聚酰亚胺前驱体连续相中的分散性化合物的不连续相；从聚合物组合物中去除可分散的化合物，并将聚酰亚胺前驱体转化为聚酰亚胺。聚酰亚胺前驱体与可分散化合物的相互作用参数大于 3。适用于电子设备的内部绝缘体、缓冲材料或电路基板。该工艺可轻松高效地制备耐热、低介电常数、多孔结构优良的聚酰亚胺。首选工艺：以超临界二氧化碳为萃取溶剂进行萃取操作，去除分散性化合物。首选产品：多孔聚酰亚胺平均孔径小于 5 μm，介电常数小于等于 3 F/m。

⑤JP 2002146185A 公开了一种改性氰酸酯基固化树脂组合物，用于层压板预浸料和层压板；一种用于层压板的改性氰酸盐固化树脂组合物，包括氰酸盐、酚衍生物、聚乙烯树脂、与氰酸盐不反应的阻燃剂、金属催化剂。层压板预浸料的制备方法：采用溶剂溶解或分散改性氰酸酯固化树脂得到层压板的树脂层，将树脂层浸渍在基材上并干燥树脂层。覆金属板通过将任意数目的预浸料层压至金属箔，然后加热加压制得。改性氰酸酯树脂组合物用于层压板，在高频区具有低介电常数和低介电损耗角正切，且具有良好的焊接耐热性、附着力和阻燃性。

⑥US 2002027282A1 公开了一种复合单片电子元件，具有一个积层物，其包括一个基底层（其具有相对介电系数约 10 F/m 或以下）、一个功能层（其具有相对介电系数约 15 F/m 或以上）的高介电系数层与磁性层中的至

少一种。基底层含有一个结晶化玻璃（其成分为氧化硒、氧化镁、氧化铝、氧化硼及陶瓷氧化物），其热膨胀系数为6.0 ppm/℃及以上；功能层含有一个具有软化点800 ℃或以下的非晶玻璃。

⑦US 6500529B1 公开了一种低信号损耗多层线路板粘接层。一种低损耗多层印刷电路板，通过提供至少一个具有含氟聚合物复合材料和热固性黏合剂组合物的黏合层而制成；利用所述黏合层将印刷电路板各层压在一起。该复合材料包括非膨化含氟聚合物，以及由梭织织物、非织造织物或聚合薄膜构成的基板。一项独立权利要求包括一种含氟聚合物复合层，该复合层由非膨胀性含氟聚合物和来自机织织物、非织造织物或聚合薄膜的基板构成；热固性粘接组合物的粘接层，该热固性粘接组合物布置在含氟聚合物层中或浸渍到含氟聚合物层中。用于制造低损耗多层印刷电路板。优选组分：基材包括机织织物或无纺布。所述非织造织物包括聚芳纶。含氟聚合物由聚四氟乙烯组成，它还包括填料，也可选表面处理。热固性黏合剂组合物包括至少一种环氧树脂，它也包括填料，可选表面处理。优选组合物：金属化层额外地布置在黏合剂层上。首选成分：由玻璃纤维组成的机织织物。填料包括陶瓷材料（二氧化钛、熔融二氧化硅、高岭土和/或滑石粉）和热固性胶粘剂填料（二氧化钛、熔融二氧化硅和/或高岭土）。

⑧JP 2002309084A 公开了硅氧烷改性的氰酸酯树脂组合物，采用该组合物的胶膜、覆金属箔的树脂和多层印刷电路板。硅氧烷改性的氰酸酯树脂组合物，包括氰酸酯和反应性多有机硅氧烷的反应产物。该聚有机硅氧烷含至少一个能与氰基反应的基团。该树脂可改善固化产品的脆性，可叠层制成多层印刷电路板。该电路板用于制造高速计算机和低高频损耗的器件。

⑨JP 2003082063A 公开了一种电子材料及低介电常数电子材料用环氧树脂组合物。该环氧树脂组合物包括在一个分子中具有两个或两个以上环氧基团的环氧树脂、间苯二甲酸二（α-萘基）酯和硬化促进剂。独立权利要求还包括低介电电子材料、低介电电子材料片、覆铜层压板。该环氧树脂组合物可用于低介电电子材料、覆铜板、层压板及电气、电子和通信领域的印刷线路板。该组合物具有优异的低介电损耗角正切、附着力、防焊性能、淬透性、溶剂溶解性和耐热性。首选树脂：甲酚酚醛环氧树脂、苯酚酚醛环氧树脂、萘酚改性酚醛型环氧树脂、双酚A环氧树脂、联苯结构环氧树脂、三苯基环氧树脂、四苯基环氧树脂、二环戊二烯基团环氧树脂、萘环结构环氧树脂和溴化环氧树脂。

⑩US 6534179B2 公开了一种电路板用无卤树脂复合物，该无卤树脂复合物包括氰酸酯单体或预聚体反应混合物、双马来酰亚胺和阻燃化合物的催化产物。阻燃化合物包括通过将聚环氧化合物与含磷 2%～20% 的活性含磷有机化合物反应而得的衍生产品。树脂复合物无卤且有很好的耐腐蚀性，机械、化学和电气性能良好，热稳定性良好，热变形较低，耐老化和电气绝缘性能好，尺寸稳定性在宽温度范围一致，对玻璃和铜的附着力好，表面电阻率高，介电常数和损耗系数低。

⑪JP 2002309085A 公开了一种耐热树脂组合物，以及使用该树脂组合物的预浸料和层压板。该新型耐热树脂组合物包括氰酸酯树脂或其聚合物、联苯芳烷基环氧树脂或酚基芳烷基树脂。该新型耐热树脂组合物可用于制备印刷电路基板的材料，由组合物制备的预浸料经叠接并在 150～200 ℃下压制得印刷电路基板。

⑫JP 2003155340A 公开了一种热固化聚苯醚低聚物；通过双酚和单酚的氧化聚合得到双官能聚醚低聚物。双官能聚醚低聚物由 HO—X—OH 双酚和 Y—OH 单酚氧化聚合得到。独立权利要求包括：（a）该发明所述低聚物的制备工艺，双酚与单酚在溶剂中氧化聚合，双酚与单酚的摩尔比为 1：1～1：10；（b）一种热固性树脂；（c）一种环氧丙烯酸酯化合物；（d）一种由环氧丙烯酸酯化合物与羧酸或羧酸酐反应得到的酸改性环氧丙烯酸酯化合物；（e）环氧丙烯酸酯化合物和/或酸改性丙烯酸酯化合物的固化树脂组合物；（f）一种对固化树脂组合物进行固化得到的固化产品；（g）一种层压板用环氧树脂组合物，包含分子量为 700～3000 且两端具有环氧基团的苯醚低聚物及固化剂；（h）一种含环氧树脂组合物、环氧树脂和无机填料的封装用环氧树脂组合物。

⑬EP 1275696A1 公开了介电特性优良的树脂组合物和该树脂组合物的制备方法；用其生产的树脂清漆和树脂清漆的制备方法，以及用它们生产的层压材料和金属贴合的层压板。分子中有 2 个以上的氰酰基的氰酸酯化合物、（苯）酚化合物、硅氧烷聚合物，该硅氧烷聚合物选自含有用式 $RSiO_{3/2}$（式中 R 是有机基团，硅氧烷聚合物中的 R 优选顺序相同）表示的三官能度硅氧烷单元和用式 $RSiO_{4/2}$ 表示的四官能度硅氧烷单元，聚合度在 7000 以下，末端有一个以上能够与羟基反应的官能基团，以及无机填充剂。

⑭JP 2003064214A 公开了一种低介电常数树脂及其制造方法。该树脂的介电常数为 3 F/m 或更低，包含微孔材料，微孔材料是通过除去至少两

个树脂的聚合物组合物中的一部分树脂而形成的。聚合物组合物通过旋节点分解进行而分离。聚合物组合物中树脂颗粒之间的距离为0.01～1.00 μm。聚合物组合物选用部分共聚氟化树脂，如聚酰亚胺、聚苯醚、聚苯硫醚、聚醚酰亚胺、聚醚砜、聚硫砜、聚醚酮、聚醚酮、芳香族聚酯、间规聚苯乙烯、聚酰胺、四氟乙烯等。一个独立的权利要求包括制造低介电常数树脂。产品用途：用于注塑成型和挤出成型（均声称），成型盖、密封组件、薄膜和片材，也可用于线路板和层压板。产品优点：该树脂介电常数低，具有均匀的微孔结构。

⑮JP 2003128923A 公开了使铜箔和绝缘树脂间具有优异黏结性的表面处理剂。本发明的表面处理剂含烯烃系硅烷偶联剂和图2-34通式（1）所表示的有机硅化合物和/或通式（2）所表示的有机硅化合物活性组分。本发明的表面处理剂，尤其可使适于高频基板使用的表面光滑化的铜箔和绝缘树脂具有优异的黏结性。在通式（1）和通式（2）中，R^1 表示羟基或碳数为1～5的烷基，R^2 表示可含氧碳数为1～10的亚烷基。

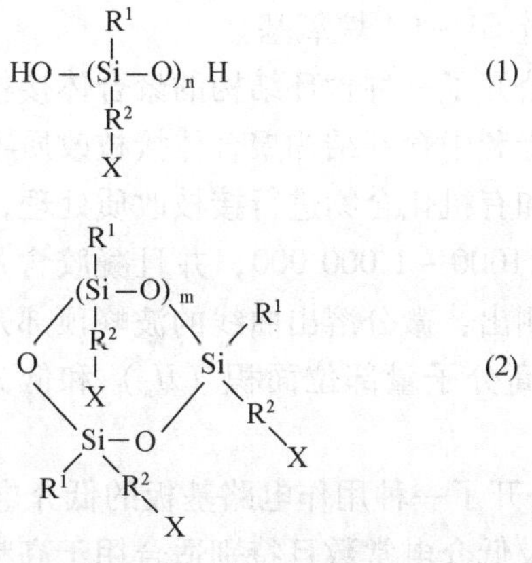

图2-34 JP 2003128923A 附图

⑯JP 2002365794A 公开了一种感光性介电组合物、介电和电子部件。提供一种感光性介电组合物形成的介电层，它能保证小的热损耗，可以在低温度烧制，具有良好的尺寸精度。该感光性介电组合物含有复合粒子（导电金属、导电金属化合物、导电有机化合物或导电无机化合物，黏附在介电常数大于等于30 F/m的无机粒子表面）、碱可溶性树脂、含烯键式不饱和基团的化合物和光聚合引发剂。

⑰TW 521548B 公开了一种固化性组合物、清漆及层压体。该固化性组合物是一种含绝缘性树脂和非卤素阻燃剂的特殊物质。非卤素阻燃剂是粒状的，其中一次粒子的平均长径为 0.01 ~ 5.00 μm、长宽比在 5 以下且长径超过 10 μm 的粒子数在 10% 或以下。清漆含绝缘性树脂、固化剂、阻燃剂及有机溶剂，其中阻燃剂是通过耦合剂表面处理的粒状阻燃剂，并且清漆中存在的阻燃剂粒子的二次粒径为 30 μm 及以下。

⑱KR 20030030736A 公开了一种低介电常数材料及包含该低介电常数材料的低介电常数绝缘膜，该低介电常数材料用作具有超低介电常数布线层间的绝缘膜，其能够减小半导体器件的功率消耗，并且还能减小金属线的干扰。有机硅酸盐聚合物包含至少一种由式（1）表示的含氮硅烷化合物的水解缩聚物、一种选自由式（2）表示的化合物和由式（3）表示的含桥硅烷化合物的硅烷化合物。式（1）：$R^1_pSi(NR^2_2)_{4-p}$；式（2）：$SiR^3_qR^4_{4-q}$；式（3）：$R^5R^6_{3-r}MSiR^7_sR^8_{3-s}$。其中，$R^1$、$R^3$、$R^5$ 和 R^7 是独立的氢、芳基或直链或支链 C1 ~ C4 烷基，其未被取代或被氟取代；R^2 是直链或支链的 C1 ~ C4 烷基；p、q、r 和 s 是 0 ~ 2 的整数；R^4、R^6、R^8 是可水解基团，为乙酰氧基、羟基或直链、支链 C1 ~ C4 烷氧基。

⑲TW I293311B 公开了一种含环结构的聚合体接枝改质物、其制造方法及硬化性组成物。本专利中含环结构聚合体接枝改质物，系在含环结构的聚合体，对含极性不饱和有机化合物进行接枝改质处理，接枝改质率为 10% ~ 150%，平均分子量为 1000 ~ 1 000 000，并且凝胶含量在 0.1% 以下，或者是由凝胶渗透色谱仪测出：微分溶出曲线的波峰顶部开始且下降至基部底线为止的垂直线分割出高分子量部位面积（H_a）和低分子量部位面积（L_a）的比值为 1.6 以下。

⑳TW 548310B 公开了一种用作电路基板的低介电常数、高频电路复合材料板，兼具高刚性及低介电常数且特别适合用于高频电路基板；将聚四氟乙烯（PTFE）及氟化乙烯丙烯（FEP）均匀混合作为该复合材料板的基材，并在该高分子基材中加入陶瓷颗粒填充物，如二氧化硅作补强材料，其中陶瓷颗粒填充物占该复合材料板总重的 55% ~ 85%，而 FEP 则占该复合材料板总重的 0.5% ~ 10%，由此制得的复合材料板介电常数低于 3.5 F/m，且刚性亦较目前同等级商品佳。

2.8.4 按同族专利规模计数

按同族专利规模计数，表 2-40 给出了高同族规模专利。

表2-40 高同族规模专利

序号	公开号	技术领域	申请人	优先权年	同族专利成员计数/件	法律状态
1	US 2008146430A1	玻璃纤维	美国PPG	2006	42	有效
2	WO 2004093186A1	聚酰亚胺树脂等	日本电气化学	2003	38	同族有效
3	WO 2002055603A1	苯并噁嗪树脂+酚醛树脂	日本日立	2001	35	同族有效
4	WO 2005007756A1	聚酰胺酰亚胺树脂	日本日立	2003	30	同族有效
5	US 2004247880A1	聚酰亚胺树脂等+玻璃纤维	美国陶氏	2003	29	同族有效
6	DE 3609664A1	聚苯醚树脂+玻璃纤维	日本松下	1985	27	失效
7	WO 2007094359A1	聚苯醚+碳氢树脂	日本日立	2006	26	同族有效
8	WO 2004029127A1	氰酸酯+环氧树脂+聚苯醚树脂+玻璃纤维	日本日立	2002	26	同族有效
9	WO 2013141255A1	聚苯醚+环氧树脂	日本旭化成	2012	25	同族有效
10	WO 2005012404A1	碳氢树脂+纤维素纤维	日本日立、三菱	2003	24	同族有效
11	US 2004146692A1	聚苯醚树脂	日本松下	2003	24	同族有效
12	US 2008103036A1	玻璃纤维	美国AGY	2006	22	有效
13	WO 2003020484A1	液晶聚合物+芳纶纤维	美国杜邦	2001	21	同族有效

续表

序号	公开号	技术领域	申请人	优先权年	同族专利成员计数/件	法律状态
14	WO 2013147115A1	液晶聚合物	日本日矿金属	2012	21	同族有效
15	WO 2015065501A1	氰酸酯 + 碳氢树脂	美国 Novoset	2013	21	同族有效
16	WO 2012169249A1	液晶聚合物 + 铜箔	日本日矿金属	2011	20	同族有效
17	WO 2012090733A1	碳氢树脂	日本可乐丽	2010	20	同族有效
18	FR 2852311A1	玻璃纤维	法国圣戈班	2003	20	同族有效
19	WO 2003087230A1	含有二取代次膦酸金属盐的热固化性树脂组合物	日本日立	2002	19	同族有效
20	WO 2011109463A1	环氧树脂 + 苯并噁嗪树脂 + 玻璃纤维	美国亨斯迈	2010	19	同族有效

①US 2008146430A1 提供了用于电子应用（如作为印刷电路板基板）的增强材料玻璃组合物，并提供了相比 E 玻璃介电常数低、D 玻璃更加商业可行的玻璃纤维形成性能。该玻璃组合物含（以质量百分比计）SiO_2 60%~68%、Li_2O 0~2%、B_2O_3 7%~13%、Na_2O 0~1%、Al_2O_3 9%~15%、K_2O 0~1%、MgO 8%~15%、Fe_2O_3 0~1%、GdO 0~4%、F_2 0~1%、TiO_2 0~2%、其他组分 0~5%。

②WO 2004093186A1 公开了一种金属基线路板及其制造方法。该金属基线路板被含无机填料的树脂制成的小电容掩埋在焊盘，并安装于半导体器件下。小电容部分具有 2~9 F/m 的介电常数。独立权利要求还包括：用于

金属基电路的制造方法；用于混合半导体集成电路（如数字放大器）的金属基底电路板。通过低成本提供由无机填料的树脂制成的小电容部分来获得可靠性高的金属基电路板。

③WO 2002055603A1 公开了热固性树脂组合物，以及使用它的预浸料、配线板用层压板和印刷电路板。本专利的热固性树脂组合物的特征为含有下述 A、B 和 C 3 种成分，以此 3 种成分的有机固性物总量作为 100 重量份计，其中 A 具有以二氢苯并噁嗪环的化合物为主成分的热固性树脂占 35 ~ 75 份；B 酚类和具有三嗪环的化合物及醛类的缩聚物占 10 ~ 25 份；C 环氧树脂占 10 ~ 40 份，并且该组分中，0 ~ 100% 为重均分子量为 1000 ~ 3000 的双酚 F 型环氧树脂或重均分子量为 1000 ~ 3000 的双酚 F 型环氧树脂和双酚 A 型环氧树脂的混合环氧树脂。

④WO 2005007756A1 公开了底漆、带有树脂的导体箔、层叠板及层叠板的制造方法。本专利的目的是提供能够以足够的强度接合绝缘体层和表面不太粗糙的导体箔树脂底漆、带有树脂的导体箔、层叠板及其制造方法。本专利的树脂底漆含具有薄膜形成能力且断裂能量为 0. 15 J 以上的树脂。另外，本专利带有树脂的导体箔具有导体箔和由所述树脂底漆组成的树脂层。此外，本专利的层叠体具有导体箔、与导体箔对向设置的绝缘层和设置在导体箔和绝缘层之间并与这些接触的由所述树脂底漆组成的树脂层。该层叠板可以通过对具有所述带有树脂的导体箔和层叠在该树脂层上的半固化浸胶材料的层叠体进行加热和加压而制造。

⑤US 2004247880A1 公开了纳米多孔层压材料。本专利涉及制备如电层压材料纳米多孔底材基质方法，所述的方法是通过使有机树脂的氢活性基团与含不耐热基团的化合物进行反应从而在有机树脂主链上接枝不耐热官能团；然后热降解接枝在有机树脂上的不耐热基团来形成纳米多孔层压材料。由于层压材料基质中存在纳米孔，从而使所得的纳米多孔层压材料具有低的介电常数。

⑥DE 3609664A1 公开了聚苯醚组合物的制备。通过向聚苯醚中加入至少一种硬化剂（i）来制备聚苯醚组合物，所述 i 含与聚苯醚相容的多官能组分（ii），并将其混合以赋予组合物成膜性能。聚苯醚组合物的片材是通过将 ii 的 i 加入聚苯醚中，由此形成片材，进一步硬化片材而制得。通过添加含有 ii 的 i 由此形成片材，并将这些片材堆叠在另一片材上，然后形成层压体。通过将聚苯醚，含交联单体（iii）的 ii 和任选的交联聚合物（iv）混

合，在溶剂中溶解，用溶液浸渍基材，将这种浸渍的基材彼此堆叠，然后形成层压体。

⑦WO 2007094359A1 公开了一种热固性树脂组合物，利用该热固性树脂组合物制造的印刷电路板在高频带具备良好的介质特性，可以降低传输损耗，此外，吸湿耐热性、热膨胀特性出色，而且满足与金属箔间的剥离强度。本发明涉及一种半 IPN 型复合体的热固性树脂组合物及使用该组合物的树脂清漆、预浸料及贴金属箔叠层板，其中的半 IPN 型复合体的热固性树脂组合物是聚苯醚和来自丁二烯聚合物及交联剂的预聚物相容而成的未固化的树脂组合物，其中，所述丁二烯聚合物的分子中含 40% 以上的在侧链具有 1, 2 - 乙烯基的 1, 2 - 丁二烯单元，没有进行化学改性。

⑧WO 2004029127A1 公开了可用于工作频率超过 1 GHz 的电子设备印刷电路板用树脂组合物，以及使用该组合物的清漆、预浸物及镀金属膜层叠板。本专利之一：分子中具有 2 个以上氰氧基的氰酸酯化合物和/或这些化合物的预聚物、至少含有一种分子中具有联苯骨架的环氧树脂印刷电路板用树脂组合物及使用此组合物的清漆、预浸物和镀金属膜层叠板。

⑨WO 2013141255A1 公开了在制造工序或处理时源于热负荷、吸湿负荷、机械负荷作用能抑制应力导致裂纹发生的层压板，该层压板包含低介电树脂和基材，其特征在于：（a）10 GHz 的介质损耗角正切为 0. 007 以下（空腔谐振法）；（b）其与具有表面平滑性（R_z）2. 0 μm 以下的金属箔的剥离强度为 0. 6 N/mm 以上；（c）线性热膨胀系数（T_g）为 260 ppm/K $< T_g <$ 60 ppm/K；（d）低介电树脂与基材之间的剥离强度为所述金属箔剥离强度在 80% 以上且在 1. 8 倍以下。

⑩WO 2005012404A1 公开了纤维增强复合材料及其制备方法和应用。本发明提供一种纤维增强复合材料，该材料包含 4 ~ 200 nm 平均纤维直径的纤维和基质材料，该复合材料在 400 ~ 700 nm 的波长处具有大于等于 60% 的可见光透射率，所述透光率是基于 50 μm 厚度的换算值。还提供了一种纤维增强复合材料，该材料由基质材料和浸有该基质材料的纤维聚集体组成，当纤维聚集体的孔区域所对应的亮区域的段长用 L 表示时，满足 $L \geqslant$ 4. 5 μm 的段总长度为总分析长度的 30% 或低于 30%，所述段长 L 由如下方法得到：将纤维聚集体的扫描电子显微图二进制化得到二进制图像，对所得图像单方向行程长度进行统计学分析，从而得到段长 L。本发明还提供使用由该纤维增强复合材料制成的透明基板的透明多层片、电路板和光波导。

⑪US2004146692A1 参见 2.8.1⑳。

⑫US 2008103036A1 公开了一种具有低介电常数和低介电损耗角正切的玻璃纤维，其作为一种玻璃组合物，以质量百分比计，含 SiO_2 52%～60%、Al_2O_3 11%～16%、B_2O_3 20%～30% 和 CaO 4%～8%，并且基本不含 MgO、Li_2O、Na_2O、K_2O 及 TiO_2。该玻璃纤维还可含 F_2 2%。该玻璃纤维可理想地用于加强印刷电路板，并在约 18 GHz 或更高的频率下具有良好的介电性能。

⑬WO 2003020484A1 涉及液晶聚合物的研磨。热致变液晶聚合物可以通过使用两个或多个阶段研磨方法被研磨至较小粒度。所生产的颗粒通常是较短的，但仍然是纤维。研磨的液晶聚合物用于旋转模塑、粉末涂覆和形成非织造结构。

⑭WO 2013147115A1 公开了一种表面处理铜箔，其铜箔表面的 Si 附着量为 3.1～300.0 $\mu g/dm^2$，铜箔表面的 N 附着量为 2.5～690.0 $\mu g/dm^2$。本专利获得一种剥离强度提高的铜箔，该铜箔可用于挠性印刷基板（FPC）、铜箔层叠至液晶聚合物（LCP），适合高频应用。

⑮WO 2015065501A1 公开了一种超低损耗介电热固性树脂组合物及由其制造的高性能层压板。一种超低损耗介电热固性树脂组合物具有至少一种氰酸酯组分 A 和能够与所述组分 A 共聚合的至少一种反应性中间体组分 B。组合物呈现出优良的介电性质并可生产用于高层数的多层印刷电路板（PCB）、预浸料、树脂涂覆的铜（RCC）、薄膜黏合剂、高频雷达罩、射频（RF）层压板的高性能层压板和多种复合材料。

⑯WO 2012169249A1 公开了一种覆铜层压板，其是贴合含铜－钴－镍合金镀敷的经粗糙化处理的铜箔和液晶聚合物的覆铜层压板，其在铜箔电路蚀刻后液晶聚合物树脂表面没有粗糙化的粒子残渣。该覆铜层压板是贴合有铜箔和液晶聚合物的覆铜层压板，其中，铜箔在与液晶聚合物的粘接面上形成有铜的一次粒子层并在该一次粒子层上形成二次粒子层，该二次粒子层包含铜、钴和镍的三元系合金，其中一次粒子层的平均粒径为 0.25～0.45 μm，二次粒子层的平均粒径为 0.05～0.25 μm。

⑰WO 2012090733A1 公开了一种电路基板的制造方法，具体为：基板结构体的准备工序、用覆盖薄膜将基板结构体最外层的导体电路覆盖的覆盖工序，在覆盖工序中，在覆盖薄膜与热处理装置之间借由脱模材料进行热处理，其中脱模材料是通过向热处理装置依序加入下列材料并层叠而得到的：从超高分子量聚乙烯薄膜及聚四氟乙烯薄膜中选出的低摩擦性薄膜、第 1 铝

箔、第1高密度聚乙烯薄膜、第2高密度聚乙烯薄膜及第2铝箔，而且第1高密度聚乙烯薄膜及第2高密度聚乙烯薄膜在MD方向以相互垂直的状态被层叠。

⑱FR 2852311A1公开了一种增强玻璃纱，其组合物含以质量百分比表示的下述组分：SiO_2 50%~60%，优选 $SiO_2 \geqslant 52\%$ 和/或 $SiO_2 \leqslant 57\%$；Al_2O_3 10%~19%，优选 $Al_2O_3 \geqslant 13\%$ 和/或 $Al_2O_3 \leqslant 17\%$；B_2O_3 16%~25%；ZrO_2 0.5%~1.5%；$Na_2O \leqslant 1.5\%$，优选 $Na_2O \leqslant 0.8\%$；$K_2O \leqslant 1.5\%$，优选 $K_2O \leqslant 0.8\%$；$R_2O \leqslant 2\%$，优选 $R_2O \leqslant 1\%$；$CaO \leqslant 10\%$；$MgO \leqslant 10\%$；F 0~2%；TiO_2 0~3%；RO 4%~15%，优选 $RO \geqslant 6\%$ 和/或 $RO \leqslant 10\%$；若干组分≤3%，其中 $\omega(R_2O)=\omega(Na_2O)+\omega(K_2O)+\omega(Li_2O)$ 和 $\omega(RO)=\omega(CaO)+\omega(MgO)$。这样一些玻璃组合物的介电性能在MHz和GHz范围内是特别有用的。

⑲WO 2003087230A1公开了一种热固化性树脂组合物，其中含二取代次膦酸的金属盐及于1 GHz以上的频率相对介电常数2.9 F/m以下的树脂。本发明还涉及使用该组合物的预浸体及层叠板。

⑳WO 2011109463A1公开了一种热固性树脂组合物，其包含两种或更多种苯并嗯嗪单体化合物的苯并嗯嗪组分和至少一种环氧树脂，其特征在于通过固化所述热固性树脂组合物形成的固化产物有耐热性和高频下的低介电损耗。所述热固性树脂组合物特别适用于制作高速印刷线路板和半导体器件。

第3章　5G领域高频覆铜板技术演进路线分析

3.1　树脂演进路线

3.1.1　环氧树脂技术路线

普通环氧树脂极性较高，介电性能较弱。为适应高频覆铜板，有两类技术路线：一种是对环氧树脂本身进行改性，使其形成双环戊二烯型、联苯型、萘型等特种环氧树脂；另一种是加入介电性能较好的树脂进行配伍，如聚苯醚树脂、苯并噁嗪树脂（酚醛树脂的一类）、双马来酰亚胺树脂（聚酰亚胺树脂的一类）、碳氢树脂等。

3.1.1.1　环氧树脂自身改性技术路线

对于环氧树脂本身进行改性的技术路线（图3-1）中，发展脉络为最初的纯环氧树脂逐渐变为改性环氧树脂，涉及多官能团的改性，包括三甲苯基改性、酸改性、双环戊二烯型、联苯型、萘型、TCPD结构等，典型专利如下。

①德国西门子于1982年申请的DE 3243925A1专利公开了一种低介电常数层压材料的生产方法，涉及在纤维织物之间压合由乙烯和环氧共聚物材料制备的膜。

②日本日立于1988年申请的JPH 0234624A专利公开了一种具有低介电常数、优良耐热性、低水吸收率和低水分渗透性的树脂组合物，通过将多官能团环氧树脂与全氟烷基醚取代的苯酚衍生物或全氟烷基醚取代的聚乙烯基苯酚衍生物混合而成。

③日本东都化成于1994年申请的JPH 08165328A专利公开了一种低介电环氧树脂组合物，该组合物由包含苯改性酚醛环氧树脂的环氧树脂与固化剂混合而成。

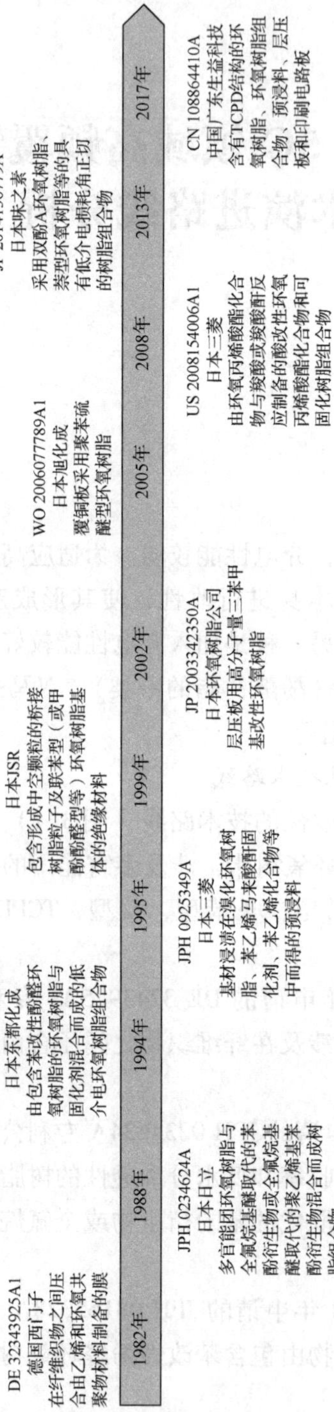

图 3–1　环氧树脂自身改性技术路线

④日本三菱于1995年申请的JPH 0925349A专利公开了一种预浸料和层压板。该预浸料通过将基材浸渍在溴化环氧树脂、苯乙烯马来酸酐固化剂、苯乙烯化合物等中，赋予层压板出色的介电和耐热性能。

⑤日本JSR于1999年申请的JP 2000311518A专利公开了一种具有优良绝缘性能、低介电常数和低介电损耗角正切的有机绝缘材料，包含形成中空颗粒的桥接树脂粒子及联苯型（或甲酚酚醛型等）环氧树脂基体的绝缘材料。

⑥日本环氧树脂公司于2002年申请的JP 2003342350A专利公开了一种层压板用高分子量三苯甲基改性环氧树脂。

⑦日本旭化成于2005年申请的WO 2006077789A1专利公开的覆铜板采用聚苯硫醚型环氧树脂。

⑧日本三菱于2008年申请的US 2008154006A1专利公开了一种具有优异的耐热性且具有低介电常数和低介电损耗角正切的，由环氧丙烯酸酯化合物与羧酸或羧酸酐反应制备的酸改性环氧丙烯酸酯化合物和可固化树脂组合物。

⑨日本味之素于2013年申请的JP 2014136779A专利公开了一种具有低介电损耗角正切的树脂组合物，采用双酚A环氧树脂、萘型环氧树脂等环氧树脂制得。

⑩中国广东生益科技于2017年申请的CN 108864410A专利公开了一种含有TCPD结构的环氧树脂、环氧树脂组合物、预浸料、层压板和印刷电路板。

3.1.1.2　环氧树脂+配伍树脂技术路线

对于在环氧树脂中加入介电性能较好的树脂进行配伍的技术路线中，主要配伍树脂及相关专利数量如图3-2所示，配伍树脂包括酚醛树脂（包括苯并噁嗪树脂）、活性酯、氰酸酯、聚酰亚胺树脂（包括双马来酰亚胺树脂）、聚苯醚树脂、碳氢树脂、苯乙烯马来酸酐、磷腈化合物、丙烯酸酯、聚酯树脂等。

（1）环氧树脂+酚醛树脂技术路线

在环氧树脂+酚醛树脂技术路线（图3-3）中，涉及环氧树脂（包括改性环氧树脂，如双酚A、双酚F、双环戊二烯、苯三酚、联苯、萘酚型等）主树脂的使用，以及酚醛树脂（包括改性酚醛树脂，特别是苯并噁嗪树脂）的配伍，发展趋势涉及苯并噁嗪树脂的进一步改性，如双酚A、双酚

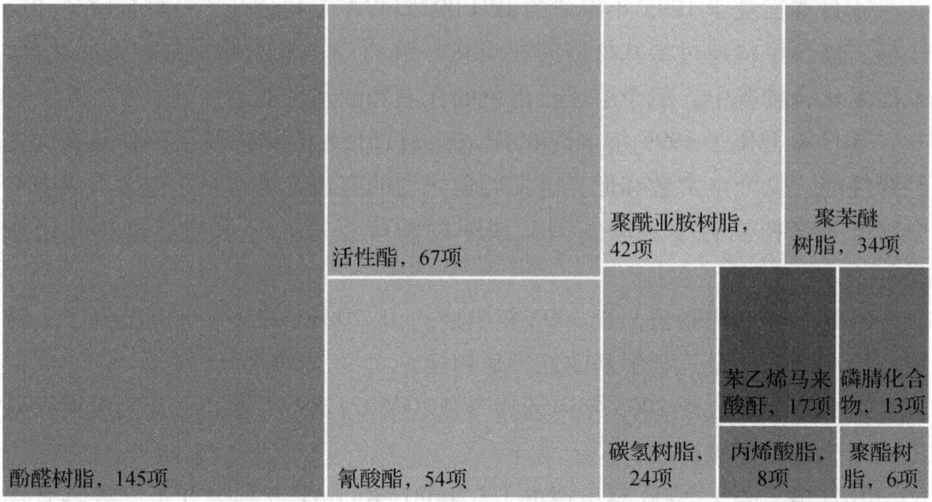

图 3–2　环氧树脂主要配伍树脂及相关专利数

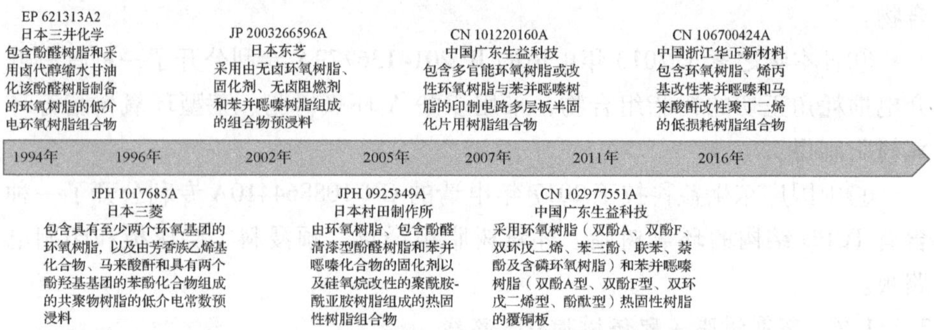

图 3–3　环氧树脂 + 酚醛树脂技术路线

F、双环戊二烯、酚酞型及烯丙基改性，典型专利如下。

①日本三井化学于 1994 年申请的 EP 621313A2 专利公开了一种低介电环氧树脂组合物，包含酚醛树脂和采用卤代醇缩水甘油化该酚醛树脂制得的环氧树脂。

②日本三菱于 1996 年申请的 JPH 1017685A 专利公开了一种具有低介电常数的预浸料，包含具有至少两个环氧基团的环氧树脂，以及由芳香族乙烯基化合物、马来酸酐和具有两个酚羟基基团的苯酚化合物组成的共聚物树脂。

③日本东芝于2002年申请的JP 2003266596A专利公开了一种覆铜板预浸料，采用由无卤环氧树脂、固化剂、无卤阻燃剂和苯并噁嗪树脂组成的组合物。

④日本村田制作所于2005年申请的JPH 0925349A专利公开了一种热固性树脂组合物，由环氧树脂、包含酚醛清漆型酚醛树脂和苯并噁嗪化合物的固化剂及硅氧烷改性的聚酰胺－酰亚胺树脂组成。

⑤中国广东生益科技于2007年申请的CN 101220160A专利公开了一种应用于印制电路多层板的半固化片用树脂组合物，其包括增强材料和树脂组合物，树脂可为环氧树脂与苯并噁嗪树脂的组合，环氧树脂为多官能环氧树脂或改性环氧树脂。

⑥中国广东生益科技于2011年申请的CN 102977551A专利公开了一种无卤树脂组合物以及使用其制作覆铜板的方法，采用的热固性树脂可为环氧树脂（双酚A、双酚F、双环戊二烯、苯三酚、联苯、萘酚及含磷环氧树脂）和苯并噁嗪树脂（双酚A型、双酚F型、双环戊二烯型及酚酞型苯并噁嗪树脂）。

⑦中国浙江华正新材料于2016年申请的CN 106700424A专利公开了一种低损耗树脂组合物，低损耗树脂组合物包含环氧树脂、烯丙基改性苯并噁嗪和马来酸酐改性聚丁二烯。

（2）环氧树脂＋活性酯技术路线

在环氧树脂＋活性酯技术路线中，主导研发机构为日本大日本油墨化学（DIC），围绕活性酯固化剂进行了持续改性研发，改性基团包括间苯二甲酸二（α－萘基）活性酯、α－缩聚物烷基酯化、聚亚芳基氧基等芳香环基等，典型专利如下（图3-4）。

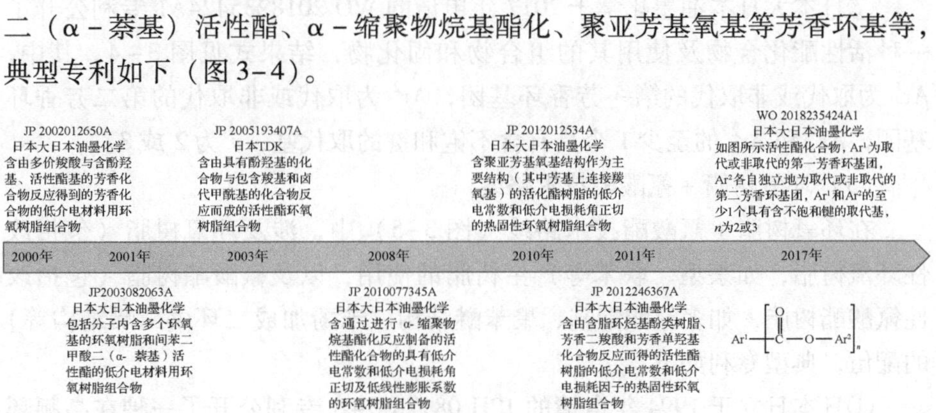

图3-4　环氧树脂＋活性酯技术路线

①日本大日本油墨化学于2000年申请的JP 2002012650A专利公开了一种低介电材料用环氧树脂组合物，该组合物包含一个分子具有至少两个环氧基团的环氧树脂及由多价羧酸与含酚羟基、活性酯基的芳香化合物反应得到的芳香化合物。

②日本大日本油墨化学于2001年申请的JP 2003082063A专利公开了一种低介电材料用环氧树脂组合物，该组合物包含分子内含多个环氧基的环氧树脂及间苯二甲酸二（α-萘基）活性酯。

③日本TDK于2003年申请的JP 2005193407A专利公开了一种电子元件用环氧树脂组合物，所用树脂包括环氧树脂与活性酯化合物固化剂，活性酯由具有酚羟基的化合物与包含羧基和卤代甲酰基的化合物反应而成。

④日本大日本油墨化学于2008年申请的JP 2010077345A专利公开了一种具有低介电常数和低介电损耗角正切及低线性膨胀系数的环氧树脂组合物，包含环氧树脂及通过α-缩聚物烷基酯化反应制备的活性酯化合物。

⑤日本大日本油墨化学于2010年申请的JP 2012012534A专利公开了一种具有优异的耐热性和阻燃性及低介电常数和低介电损耗角正切的热固性树脂组合物，该组合物包含环氧树脂和聚亚芳基结构作为主要结构（其中芳基上连接羰氧基）的活化酯树脂。

⑥日本大日本油墨化学于2011年申请的JP 2012246367A专利公开了一种具有优异的耐热性及低介电常数和低介电损耗因子的热固性树脂组合物，该组合物包含环氧树脂和活化酯树脂，该活性酯树脂由含脂环烃基酚类树脂、芳香二羧酸和芳香单羟基化合物反应而得。

⑦日本大日本油墨化学于2017年申请的WO 2018235424A1专利公开了一种活性酯化合物及使用其的组合物和固化物，结果式见图3-4，其中，Ar^1为取代或非取代的第一芳香环基团，Ar^2为取代或非取代的第二芳香环基团，Ar^1和Ar^2的至少1个具有含不饱和键的取代基，n为2或3。

（3）环氧树脂+氰酸酯技术路线

在环氧树脂+氰酸酯技术路线（图3-5）中，涉及环氧树脂（包括改性环氧树脂，如萘型、联苯等）主树脂的使用，以及氰酸酯树脂（包括改性氰酸酯树脂，如多氰酸酯基、聚苯醚结构、苯酚加成二环戊二烯结构等）的配伍，典型专利如下。

①日本日立于1994年申请的JPH 08176274A专利公开了一种在高频环境下具有低损耗角正切的热固性树脂组合物（图3-6），其包含氰酸酯树脂

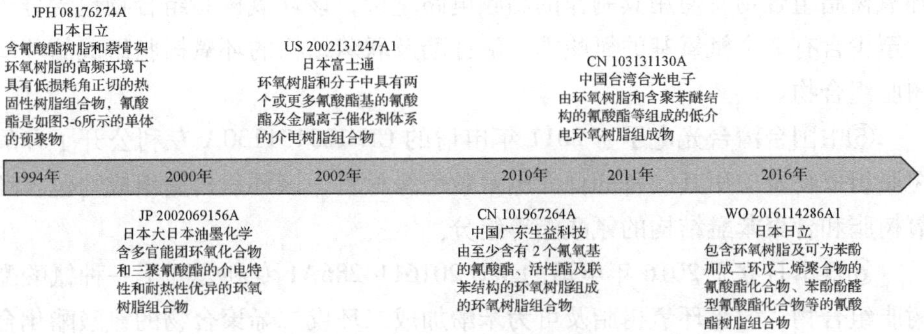

图 3-5　环氧树脂 + 氰酸酯技术路线

和萘骨架环氧树脂，氰酸酯是如图 3-6 所示的单体的预聚物，R_1 为—CH_2—等，R_2 和 R_3 分别为—H、—CH_3 等。

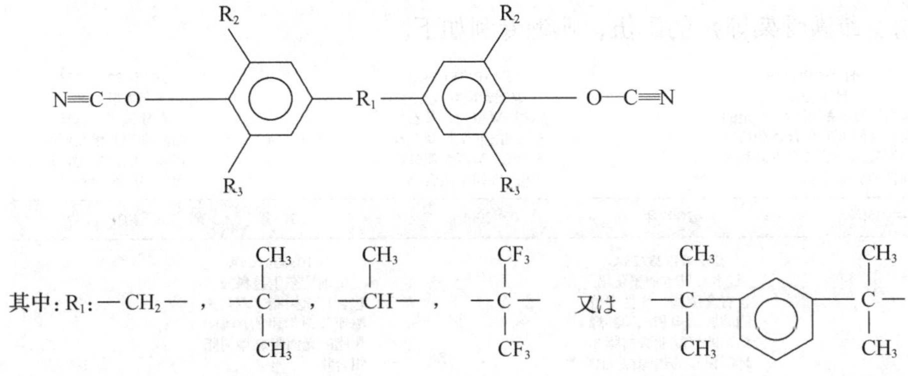

R_2，R_3：—H，—CH_3，—C_2H_5，又は—CF_3

图 3-6　JPH 08176274A 专利图

②日本大日本油墨化学于 2000 年申请的 JP 2002069156A 专利公开了一种介电特性和耐热性优异的环氧树脂组合物，其包含多官能团环氧化合物和三聚氰酸酯。

③日本富士通于 2002 年申请的 US 2002131247A1 专利公开了一种介电树脂组合物和包括由其形成介电层的多层电路板，其包含至少一种类型的环氧树脂和分子中具有两个或更多氰酸酯基的氰酸酯及金属离子催化剂体系。

④中国广东生益科技于 2010 年申请的 CN 101967264A 专利公开了一种

环氧树脂组合物及使用其制作的高频电路基板，该环氧树脂组合物包含分子中至少含有2个氰氧基的氰酸酯、活性酯及联苯结构的环氧树脂组成的环氧树脂组合物。

⑤中国台湾台光电子于2011年申请的CN 103131130A专利公开了环氧树脂组成物及应用其制备的低介电常数绝缘材料，该环氧树脂组成物包含环氧树脂和含聚苯醚结构的氰酸酯等组分。

⑥日本日立于2016年申请的WO 2016114286A1专利公开了一种氰酸酯树脂组合物，包含环氧树脂及可为苯酚加成二环戊二烯聚合物的氰酸酯化合物、苯酚酚醛型氰酸酯化合物等的氰酸酯树脂。

（4）环氧树脂+聚酰亚胺技术路线

在环氧树脂+聚酰亚胺技术路线（图3-7）中，涉及环氧树脂（包括改性环氧树脂，如溴化等）主树脂的使用，以及聚酰亚胺树脂（包括改性聚酰亚胺树脂，如双马来酰亚胺、含羰基、线性多价脂肪族和末端环烃结构、茚满骨架等）的配伍，典型专利如下。

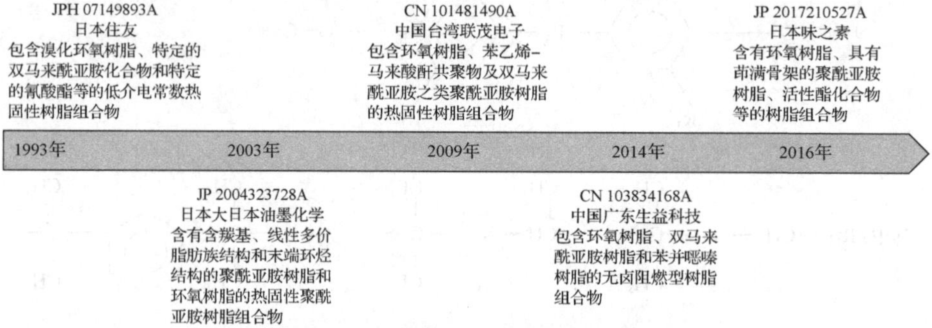

图3-7 环氧树脂+聚酰亚胺技术路线

①日本住友于1993年申请的JPH 07149893A专利公开了一种低介电常数热固性树脂组合物，包含溴化环氧树脂、特定的双马来酰亚胺化合物和特定的氰酸酯等。

②日本大日本油墨化学于2003年申请的JP 2004323728A专利公开了一种热固性聚酰亚胺树脂组合物及其制备方法，该热固性聚酰亚胺树脂组合物是含有羰基、线性多价脂肪族结构（分子量为300~6000）和末端环烃结构（分子量为90~1000）的聚酰亚胺树脂和环氧树脂。

③中国台湾联茂电子于2009年申请的CN 101481490A专利公开了一种

热固性树脂组合物，包括环氧树脂（双官能基或多官能基）、苯乙烯-马来酸酐共聚物（SMA，作固化剂）及双马来酰亚胺之类聚酰亚胺树脂。

④中国广东生益科技于2014年申请的CN 103834168A专利公开了一种无卤阻燃型树脂组合物，包含环氧树脂、双马来酰亚胺树脂和苯并噁嗪树脂。

⑤日本味之素于2016年申请的JP 2017210527A专利公开了一种树脂组合物，其含有环氧树脂、具有茚满骨架的聚酰亚胺树脂、活性酯化合物等。

（5）环氧树脂+聚苯醚技术路线

在环氧树脂+聚苯醚技术路线（图3-8）中，涉及环氧树脂（包括改性环氧树脂，如多官能团等）主树脂的使用，以及聚苯醚树脂（包括改性聚苯醚树脂，如苯酚改性、环氧化改性、氰酸酯改性、乙烯基改性等）的配伍，典型专利如下。

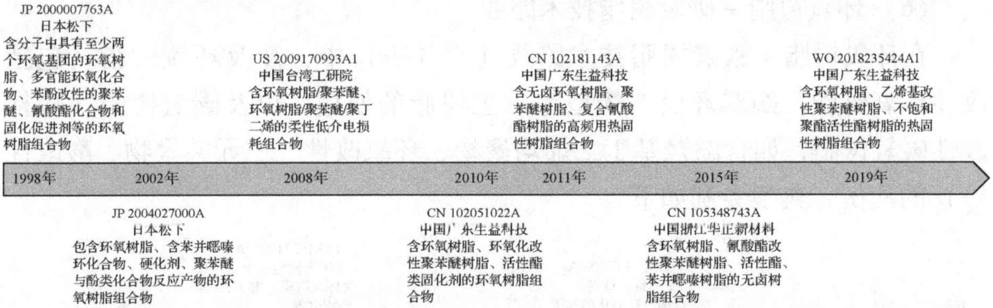

图3-8　环氧树脂+聚苯醚技术路线

①日本松下于1998年申请的JP 2000007763A专利公开了一种环氧树脂组合物和使用该组合物的绝缘基板，该环氧树脂组合物包含分子中具有至少两个环氧基团的环氧树脂、多官能环氧化合物、苯酚改性的聚苯醚、氰酸酯化合物和固化促进剂等。

②日本松下于2002年申请的JP 2004027000A专利公开了一种环氧树脂组合物，预浸料坯和层状片材，该环氧树脂组合物包含环氧树脂、含苯并噁嗪环化合物、硬化剂及聚苯醚与酚类化合物反应产物。

③中国台湾工研院于2008年申请的US 2009170993A1专利公开了一种柔性低介电损耗组合物及其制备方法，该组合物中热固性树脂包括环氧树脂/聚苯醚、环氧树脂/聚苯醚/聚丁二烯。

④中国广东生益科技于2010年申请的CN 102051022A专利公开了一种

环氧树脂组合物及使用其制作的半固化片与层压板，该环氧树脂组合物包含环氧树脂、环氧化改性聚苯醚树脂、活性酯类固化剂等，优选经过环氧化改性的聚苯醚树脂。

⑤中国广东生益科技于 2011 年申请的 CN 102181143A 专利公开了一种高频用热固性树脂组合物，该组合物包含无卤环氧树脂、聚苯醚树脂、复合氰酸酯树脂。

⑥中国浙江华正新材料于 2015 年申请的 CN 105348743A 专利公开了无卤树脂组合物，该组合物包含环氧树脂、氰酸酯改性聚苯醚树脂、活性酯（固化剂）、苯并噁嗪树脂；

⑦中国广东生益科技于 2019 年申请的 WO 2018235424A1 专利公开了一种热固性树脂组合物，该组合物包含环氧树脂、乙烯基改性聚苯醚树脂、不饱和聚酯活性酯树脂。

（6）环氧树脂 + 碳氢树脂技术路线

在环氧树脂 + 碳氢树脂技术路线（图 3-9）中，涉及环氧树脂（包括改性环氧树脂，如双环戊二烯型等）主树脂的使用，以及碳氢树脂（包括改性碳氢树脂，如含酚羟基丁二烯均聚物、环氧改性、三元共聚物、酸改性等）的配伍，典型专利如下。

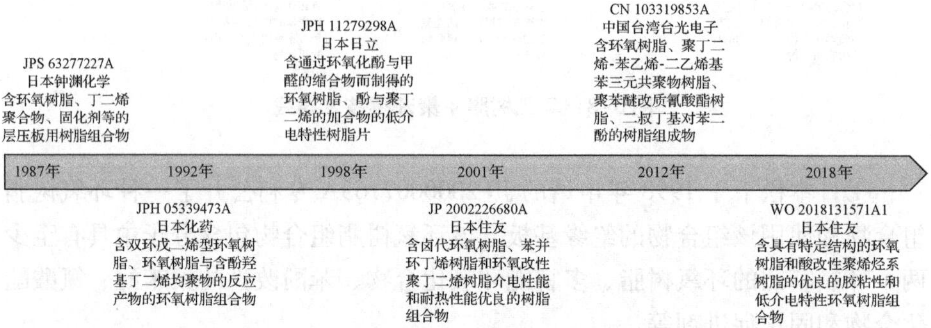

图 3-9 环氧树脂 + 碳氢树脂技术路线

①日本钟渊化学于 1987 年申请的 JPS 63277227A 专利公开了一种用于层压板用树脂组合物，该组合物包含环氧树脂、丁二烯聚合物、固化剂等。

②日本化药于 1992 年申请的 JPH 05339473A 专利公开了一种环氧树脂组合物，该组合物包含双环戊二烯型环氧树脂、环氧树脂与含酚羟基丁二烯均聚物的反应产物。

③日本日立于1998年申请的JPH 11279298A专利公开了一种低介电特性树脂片，树脂片包含通过环氧化酚与甲醛的缩合物而制得的环氧树脂、酚与聚丁二烯的加合物。

④日本住友于2001年申请的JP 2002226680A专利公开了一种介电性能和耐热性能优良的组合物，该组合物含有卤代环氧树脂、苯并环丁烯树脂和环氧改性聚丁二烯树脂。

⑤中国台湾台光电子于2012年申请的CN 103319853A专利公开了一种绝缘膜用树脂组成物，该树脂组成物包含环氧树脂、聚丁二烯－苯乙烯－二乙烯基苯的三元共聚物树脂、聚苯醚改质氰酸酯树脂、二叔丁基对苯二酚等。

⑥日本住友于2018年申请的WO 2018131571A1专利公开了一种具有优良的胶粘性和低介电特性的环氧树脂组合物，该组合物含有具有特定结构的环氧树脂和酸改性聚烯烃系树脂。

3.1.2　聚酰亚胺树脂技术路线

高频覆铜板中，为了进一步降低介电常数和介电损耗角正切，聚酰亚胺树脂技术路线（图3-10）为自身改性（如双马来酰亚胺及聚甲亚胺基、亚烷基、醚基、磺酰基改性、烯丙基改性、长链烷基改性的双马来酰亚胺等）、与其他低介电树脂（三嗪树脂、苯并噁嗪树脂等）配伍，或者多孔化成型，典型专利如下。

①日本东芝于1985年申请的JPS 61182296A专利公开了一种电路板，该电路板采用的低介电常数材料为多孔聚酰亚胺。

②日本日立于1987年申请的JPH 01159242A专利公开了一种低介电层压板，采用的热塑性树脂可为双马来酰亚胺/三嗪树脂。

③日本电报电话于1989年申请的JPH 02251564A专利公开了一种具有低介电常数和低水吸收比的含氟聚酰亚胺组合物，该组合物的制备方法为：将均苯四甲酸二酐和2，2′－双（三氟甲基）－4，4′－二氨基联苯反应而得的聚酰胺酸A与2，2′－双（3，4－二羧基苯基）－六氟丙烷二酐和2，2′－双（三氟甲基）－4，4′－二氨基联苯反应而得的聚酰胺酸B混合，然后加热或脱水。

④美国联合信号于1992年申请的US 5334696A专利公开了一种聚酰亚胺树脂层压板用热固性树脂，采用的热固性树脂包括双马来酰亚胺、反应性

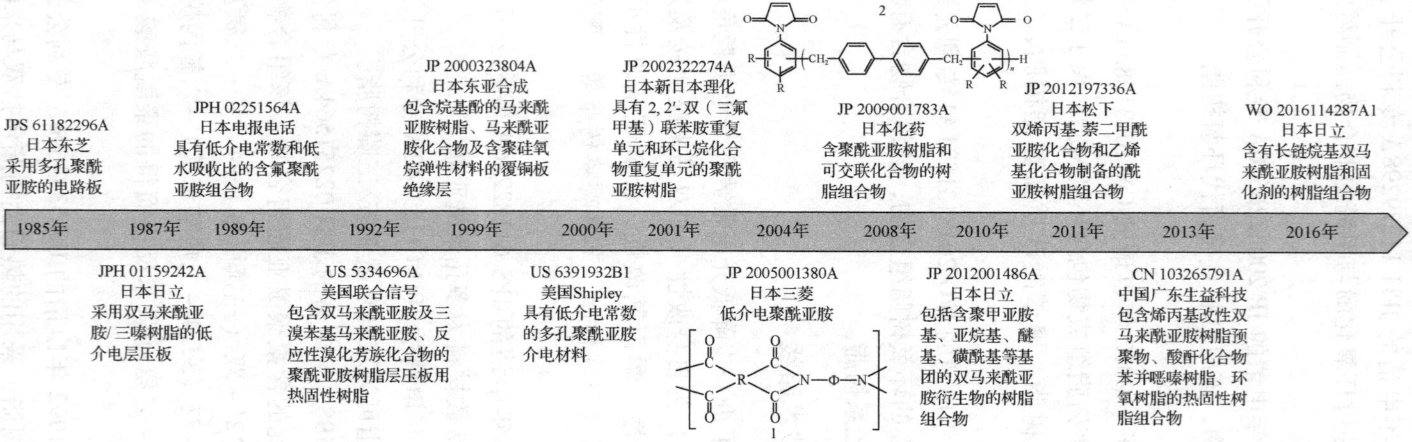

图 3-10　聚酰亚胺技术路线

溴化芳族化合物，特别是由三溴苯基马来酰亚胺、三溴苯乙烯和丙烯酸五溴苄基酯中的一种、多官能氮化合物（特别是双氰胺）和可选的乙烯双四溴邻苯二甲酰亚胺。

⑤日本东亚合成于1999年申请的JP 2000323804A专利公开了一种覆铜板绝缘层，采用含烷基酚的马来酰亚胺树脂、马来酰亚胺（*N*-甲基马来酰亚胺、*N*-乙基马来酰亚胺、*N*-丙基马来酰亚胺或*N*-丁基马来酰亚胺等）化合物及分散的含聚硅氧烷弹性材料。

⑥美国Shipley于2000年申请的US 6391932B1专利公开了用于电子元件制造的具有低介电常数的多孔聚酰亚胺介电材料，以及制备该多孔聚酰亚胺介电材料的方法。

⑦日本新日本理化于2001年申请的JP 2002322274A专利公开了聚酰亚胺、聚酰亚胺前体及其制备方法，涉及具有2，2′-双（三氟甲基）联苯胺重复单元和环己烷化合物重复单元的聚酰亚胺树脂。

⑧日本三菱于2004年申请的JP 2005001380A专利公开了一种覆金属板，采用的低介电聚酰亚胺结构如图3-10中的结构式1所示，式中R是由环己烷衍生出来的四价基团；Φ是选自碳原子数2~39的二价脂肪族基团、脂环族基团、芳香族基团或其组合形成的基团，Φ的主链上任选至少一个—O—、$—SO_2—$、—CO—、$—CH_2—$、$—C(CH_3)_2—$、$—OSi(CH_3)_2—$、$—C_2H_4O—$和—S—。

⑨日本化药于2008年申请的JP 2009001783A专利公开了一种用于层压材料的树脂组合物，具有高耐热性、低吸湿性、低介电特性和优异的阻燃性。该树脂组合物含有如图3-10所示的结构式2，式中R为氢原子、1~5碳原子的烷基或苯基。

⑩日本日立于2010年申请的JP 2012001486A专利公开了一种具有低热膨胀性、高玻璃化转变温度和低介电性能的热固性树脂组合物，该组合物包括含聚甲亚胺基、亚烷基、醚基、磺酰基等基团的双马来酰亚胺衍生物。

⑪日本松下于2011年申请的JP 2012197336A专利公开了酰亚胺树脂组合物和生产该酰亚胺树脂组合物的方法、预浸料坯、金属包覆叠层及印刷布线板，涉及双烯丙基-萘二甲酰亚胺化合物和乙烯基化合物制备的酰亚胺树脂组合物。

⑫中国广东生益科技于2013年申请的CN 103265791A专利公开了一种

用于集成电路的热固性树脂组合物，包含烯丙基改性双马来酰亚胺树脂预聚物、酸酐化合物、苯并噁嗪树脂和环氧树脂。

⑬日本日立于2016年申请的WO 2016114287A1专利公开了一种挠性印刷布线板用树脂组合物，其由含长链烷基的双马来酰亚胺树脂和固化剂的树脂组合物构成，所述含长链烷基的双马来酰亚胺树脂具有含碳数10以上的亚烷基链主链和键合在亚烷基链上的烷基侧链。

3.1.3 氟树脂技术路线

高频覆铜板中，为了进一步降低介电常数和介电损耗角正切，氟树脂技术路线（图3-11）为多孔化成型、与其他低介电树脂（如聚酰亚胺等）配伍，典型专利如下。

①美国海军部于1974年申请的US 3972755A专利公开了一种介电电路板，基板为加载有纤维的聚四氟乙烯片。

②日本润工社于1985年申请的EP 160439A2专利公开了一种改进的印制电路板，其一面是与电信号传输金属层紧密结合的膨胀多孔聚四氟乙烯层；另一面优选与聚酰亚胺、聚酰胺或聚酯等固体塑料层结合。

③美国杜邦于1989年申请的US 4948851A专利公开了一种由全氟-2，2-二甲基-1，3-二氧杂环戊烯与四氟乙烯的无定形二聚物制成的物品。该物品具有不低于140 ℃的玻璃化转变温度、良好的物理性能和低介电常数。

④美国通用电气于1995年申请的US 5576517A专利公开了高速电子设备用低介电常数材料，包含低介电常数多孔聚合物层，多孔聚合物层为聚四氟乙烯层。

⑤日本住友于1999年申请的JP 2001007466A专利公开了一种高频电路板及其制造方法，该电路板是在金属材料粗糙面或阳极氧化涂层膜表面直接形成的全氟聚合物层。

⑥美国杜邦于2003年申请的US 2005096429A1专利公开了可用作电子基材的树脂组合物，该组合物包含衍生自微粉的含氟聚合物组分和聚酰亚胺组分。

⑦美国Endicott Interconnect于2006年申请的US 2006180936A1专利公开了用于电路基板的含氟聚合物介电组合物和包括该组合物的电路基板，该组合物包括至少两种含氟聚合物，采用熔点300~350 ℃和200~280 ℃的两种含氟聚合物制备介电层。

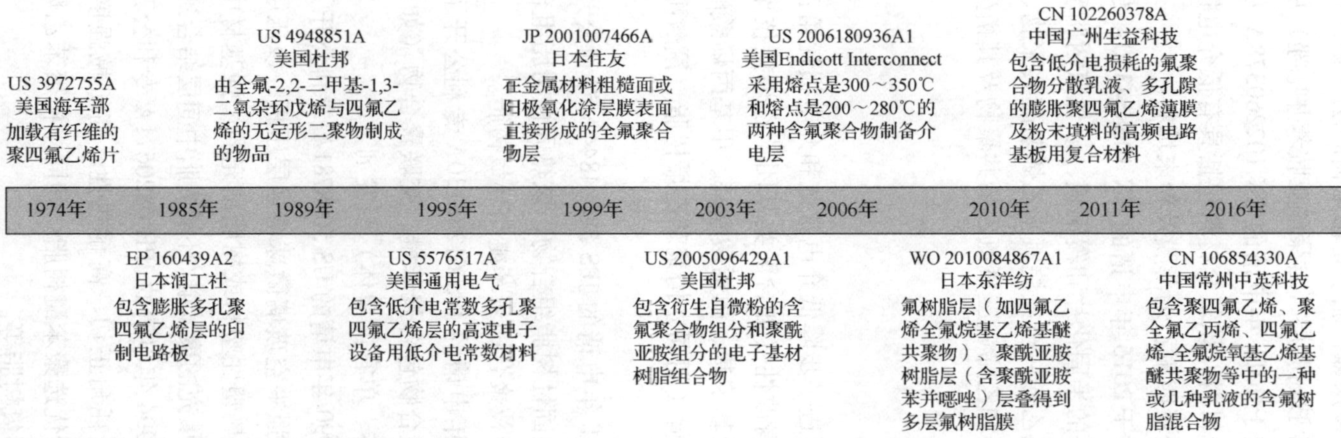

图 3–11　氟树脂技术路线

⑧日本东洋纺于2010年申请的WO 2010084867A1专利公开了一种多层氟树脂膜和印制电路板，多层氟树脂膜是由氟树脂层（如四氟乙烯全氟烷基乙烯基醚共聚物）、聚酰亚胺树脂层（含聚酰亚胺苯并噁唑）层叠得到的。

⑨中国广东生益科技于2011年申请的CN 102260378A专利公开了一种用于高频电路基板用复合材料，该复合材料包括具有低介电损耗的氟聚合物分散乳液、多孔隙的膨胀聚四氟乙烯薄膜及粉末填料。

⑩中国常州中英科技于2016年申请的CN 106854330A专利公开了一种含氟树脂混合物及其制备的半固化片和覆铜板，该含氟树脂乳液为聚四氟乙烯、聚全氟乙丙烯、四氟乙烯-全氟烷氧基乙烯基醚共聚物、乙烯-四氟乙烯共聚物、聚三氟氯乙烯和乙烯-三氟氯乙烯共聚物及其衍生物中的一种或几种混合物的乳液。

3.1.4 聚苯醚技术路线

高频覆铜板中，为了进一步降低介电常数和介电损耗角正切，聚苯醚技术路线（图3-12）为自身改性（如含酚类基团苯乙烯接枝聚合，分子末端带不饱和双键，采用乙烯基苄基、丙烯酸酯基、甲基丙烯酸酯基进行末端改性等）、与其他低介电树脂（间同立构聚苯乙烯树脂、氰酸酯等）配伍，典型专利如下。

①日本旭化成于1981年申请的JPS 58084844A专利公开了一种具有良好耐热性和耐化学性的热固性树脂组合物，该热固性树脂组合物包含共混的用含酚类基团的苯乙烯接枝聚合的聚苯醚与环氧树脂。

②日本松下于1985年申请的JPS 61286130A专利公开了一种层压板用树脂组合物，所用树脂组合物包含聚苯醚、交联聚合物（如聚苯乙烯）和/或交联单体（多官能单体、单官能单体）引发剂。

③美国通用电气于1990年申请的US 5098781A专利公开了一种低介电常数基板用热塑性薄膜、增强中空玻璃微球增强层压板，该压层板包括聚醚酰亚胺热塑性塑料、聚苯醚热塑性塑料或树脂填充的增强基材中的一种或多种料芯，一对中空玻璃微球填充的聚苯醚/环氧树脂中间层结合到芯的任一侧。

④日本大塚化学于1994年申请的JPH 0820671A专利公开了一种具有低相对介电常数、低介电损耗角正切、高耐热性、高机械强度的高频电路基材，该基材中热塑性树脂优选聚苯醚树脂、间同立构聚苯乙烯树脂等，热固性树脂优选三嗪树脂、环氧树脂等。

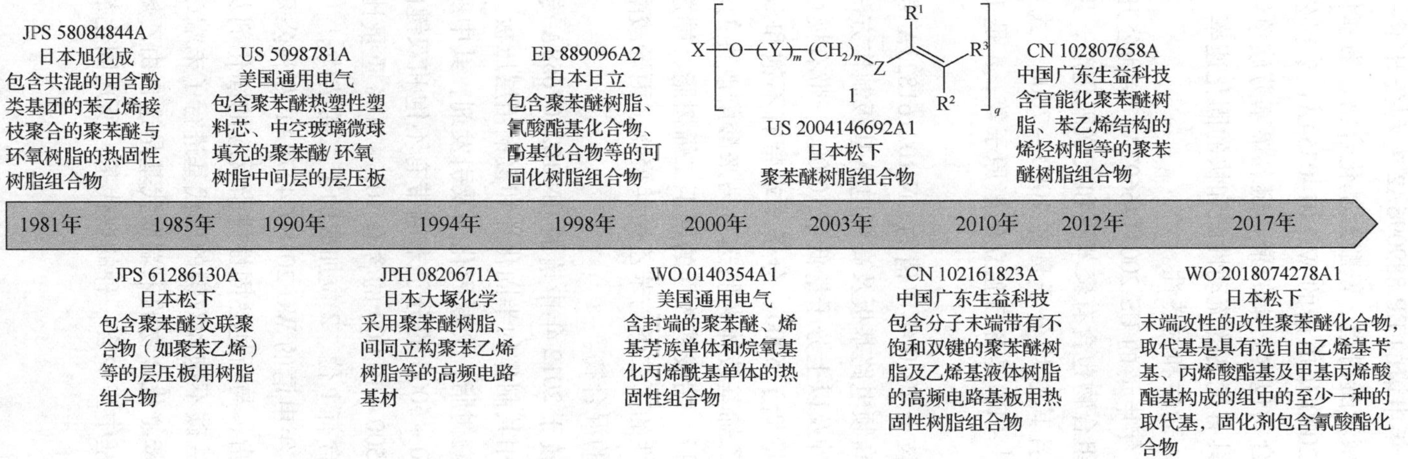

图3–12 聚苯醚技术路线

⑤日本日立于1998年申请的EP 889096A2专利公开了一种可固化树脂组合物，该组合物包含聚苯醚树脂、氰酸酯基化合物、酚基化合物等。

⑥美国通用电气于2000年申请的WO 0140354A1专利公开了含聚苯醚的热固性组合物，该组合物包含封端的聚苯醚、烯基芳族单体和烷氧基化丙烯酰基单体。该组合物具有优良的流动性能和快的固化速率。固化后，该组合物显示出优良的硬度、韧性和耐热性。

⑦日本松下于2003年申请的US 2004146692A1专利公开了聚苯醚树脂组合物，该聚苯醚树脂组合物包含有聚苯醚和交联固化剂，聚苯醚结构式如图3-12中的1所示，且其数均分子量在1000~7000。式中，X是芳基；$(Y)_m$是聚苯醚部分；R^1~R^3是各自独立的氢原子等；n是1~6的整数；q是1~4的整数。

⑧中国广东生益科技于2010年申请的CN 102161823A专利公开了一种复合材料、用其制作的高频电路基板及高频电路基板制作方法，该复合材料中热固性混合物包含一种及以上分子量低于10 000、带有极性官能团的乙烯基液体树脂及一种分子量低于5000、分子末端带有不饱和双键的聚苯醚树脂。带有极性官能团的乙烯基液体树脂选自马来酸酐改性的聚丁二烯树脂、氨基改性的聚丁二烯树脂、端羧基改性的聚丁二烯树脂、端羟基改性的聚丁二烯树脂、马来酸酐改性的丁二烯与苯乙烯共聚物、丙烯酸酯改性的丁二烯与苯乙烯共聚物或它们的混合物。

⑨中国广东生益科技于2012年申请的CN 102807658A专利公开了一种聚苯醚树脂组合物及使用其制作的半固化片和覆铜箔层压板。该聚苯醚树脂组合物包含官能化聚苯醚树脂、交联固化剂及引发剂，其中所述的官能化聚苯醚树脂是分子量为500~5000的分子末端带有不饱和双键的聚苯醚树脂；交联固化剂是分子量为500~10 000的含有10%~50%重量比的苯乙烯结构烯烃树脂，且其分子中含有1位、2位加成的丁二烯结构。

⑩日本松下于2017年申请的WO 2018074278A1专利公开了一种树脂组合物，其含有热固性树脂、与所述热固性树脂反应的固化剂及阻燃剂，所述热固性树脂是用具有碳-碳不饱和双键的取代基进行了末端改性的改性聚苯醚化合物；所述改性聚苯醚化合物的末端取代基是选自由乙烯基苄基、丙烯酸酯基及甲基丙烯酸酯基中至少含一种的取代基；所述固化剂包含氰酸酯化合物。

3.1.5 碳氢树脂技术路线

高频覆铜板中，为了进一步降低介电常数和介电损耗正切，碳氢树脂技术路线（图 3–13）为低介电碳氢树脂的选用如顺式 1，4 – 聚丁二烯、聚降冰片烯、环戊烯、超高分子量聚乙烯、聚苯乙烯 – 聚（乙烯/丁烯）共聚物等与其他低介电树脂（如烯丙基线性酚醛树脂、双马来酰亚胺等）配伍，典型专利如下。

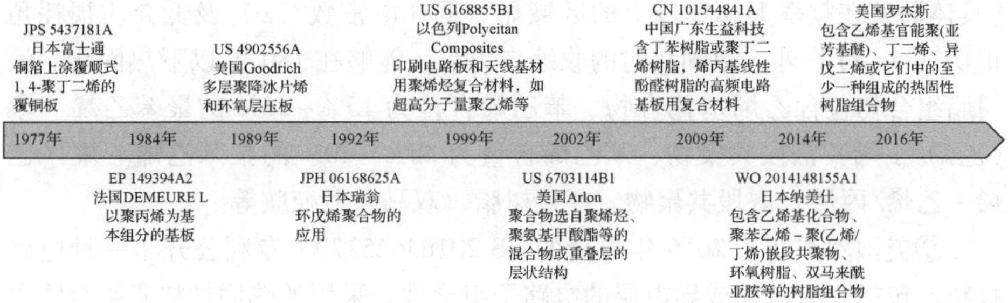

图 3–13 碳氢树脂技术路线

①日本富士通于 1977 年申请的 JPS 5437181A 专利公开了一种覆铜板的制备方法，其制法为铜箔上涂覆顺式 1，4 – 聚丁二烯。

②法国 DEMEURE L 于 1984 年申请的 EP 149394A2 专利公开了一种以聚丙烯为基本组分的基板的制备工艺。

③美国 Goodrich 于 1989 年申请的 US 4902556A 专利公开了多层聚降冰片烯和环氧层压板及其制备方法。

④日本瑞翁于 1992 年申请的 JPH 06168625A 专利公开了环戊烯聚合物的应用，环戊烯单体为茚与 α – 烯烃（乙烯、丙烯、1 – 己烯、4 – 甲基 – 1 – 戊烯或 3 – 甲基 – 1 – 丁烯等）共聚合形成的。

⑤以色列 Polyeitan Composites 于 1999 年申请的 US 6168855B1 专利公开了印刷电路板和天线基材用聚烯烃复合材料，所述聚烯烃组合物选自超高分子量聚乙烯、高密度聚乙烯、低密度聚乙烯及它们的组合。

⑥美国 Arlon 于 2002 年申请的 US 6703114B1 专利公开了层状结构、其制造方法及其应用，所用聚合物选用聚烯烃、聚氨基甲酸酯、聚甲基酰亚胺、海绵状橡胶，以及这些物质中任何两种或多种的混合物或重叠层。

⑦中国广东生益科技于2009年申请的CN 101544841A专利公开了一种复合材料，该复合材料含高乙烯基由碳氢元素组成的树脂、低分子量的烯丙基线性酚醛树脂做固化剂。该材料能够提供高频电路基板所需要的高频介电性能、耐高温性能和良好的工艺成型性能。高乙烯基由碳氢元素组成的树脂优选丁苯树脂或聚丁二烯树脂。

⑧日本纳美仕于2014年申请的WO 2014148155A1专利公开了一种树脂组合物及使用该树脂组合物制成的黏结膜及覆盖膜，所述树脂组合物对基板材料具有优异的黏结强度，且除显示在频率1 GHz以上的高频区域的电特性[具体而言在频率1 GHz以上的区域显示低介电常数（ε）及低介质损耗角正切（$\tan\delta$）]外，热固化时的收缩应力小，能够在180 ℃以下热固化。该树脂组合物包含乙烯基化合物、苯乙烯含量为15%～35%的聚苯乙烯－聚（乙烯/丁烯）嵌段共聚物、苯乙烯含量为25%～40%的聚苯乙烯－聚（乙烯－乙烯/丙烯）嵌段共聚物、环氧树脂、双马来酰亚胺等。

⑨美国罗杰斯于2016年申请的US 2016362527A1专利公开了一种电路材料，包括介电基底或导电层的电路子组合件，采用的热固性树脂组合物含乙烯基官能聚（亚芳基醚）、丁二烯、异戊二烯或它们中的至少一种及任选的交联剂。

3.1.6 氰酸酯技术路线

高频覆铜板中，为了进一步降低介电常数和介电损耗角正切，氰酸酯技术路线（图3-14）为自身改性（如多官能团、硅氧烷改性、烷基、亚苯基、亚萘基、亚联苯基改性等）、与其他低介电树脂（如丁二烯基共聚物、苯并噁嗪树脂、双马来酰亚胺树脂、联苯芳烷基酚醛清漆树脂等）配伍，

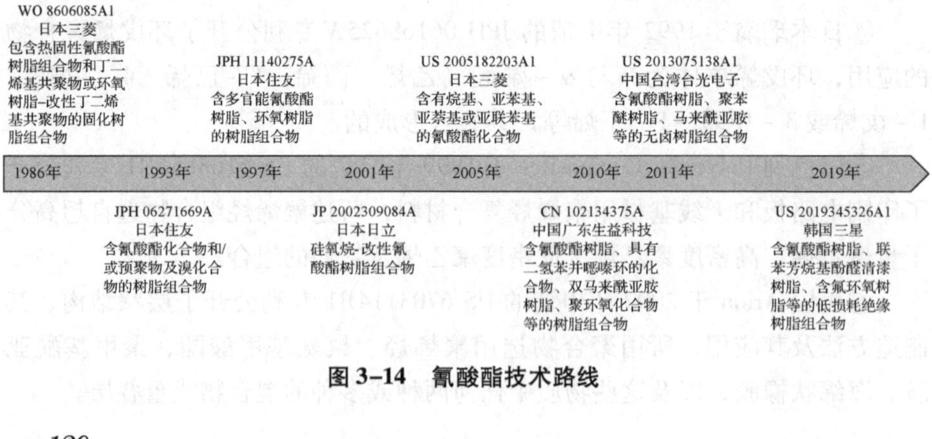

图3-14 氰酸酯技术路线

典型专利如下。

①日本三菱于 1986 年申请的 WO 8606085A1 专利公开了一种可固化树脂组合物，该组合物包含热固性氰酸酯树脂组合物和丁二烯基共聚物或环氧树脂 - 改性丁二烯基共聚物。

②日本住友于 1993 年申请的 JPH 06271669A 专利公开了一种低介电常数的阻燃热固性树脂组合物，该组合物包含由图 3-15 中式（1）表征的氰酸酯化合物和/或由图 3-15 中式（2）表征的氰酸酯化合物预聚物及溴化合物。

$$R_1 \leftarrow\!\!(OCN)_n \qquad (1)$$

（R_1：二価以上の芳香族残基、ツアネートエテル基おR_1の芳香族環に直接結合，n：2 以上の整数）

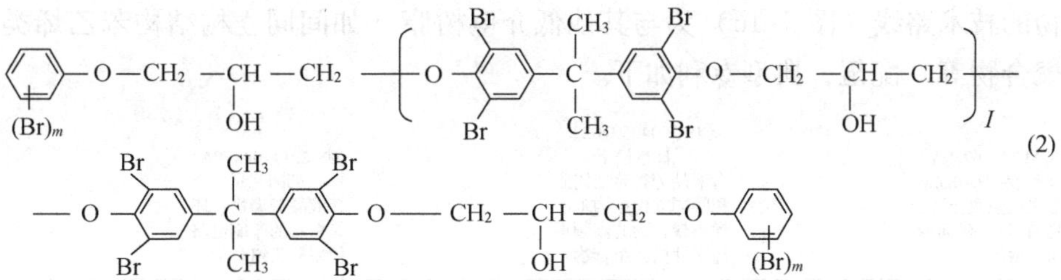

（m：1 ~5の整数、I：0 又ほ1 以上の整数）

图 3-15　JPH 06271669A 专利公开的固化树脂组合物

③日本住友于 1997 年申请的 JPH 11140275A 专利公开了一种多官能团氰酸酯树脂组合物和印制电路板，该组合物由与固化催化剂反应的环氧树脂、多官能氰酸酯树脂（如一种氰酸酯树脂衍生自双酚 A）和固化催化剂组成。

④日本日立于 2001 年申请的 JP 2002309084A 专利公开了硅氧烷 - 改性氰酸酯树脂组合物，使用该组合物的黏合剂膜、树脂涂覆的金属箔和多层印制电路板。

⑤日本三菱于 2005 年申请的 US 2005182203A1 专利公开了新型氰酸酯化合物、阻燃性树脂组合物及其固化物，其中氰酸酯化合物涉及烷基、亚苯基、亚萘基或亚联苯基等。

⑥中国广东生益科技于 2010 年申请的 CN 102134375A 专利公开了一种无卤高 T_g 树脂组合物及用其制作的预浸料与层压板，该无卤高 T_g 树脂组合物包含氰酸酯树脂、具有二氢苯并嗯嗪环的化合物、双马来酰亚胺树脂、聚

环氧化合物等。

⑦中国台湾台光电子于2011年申请的US 2013075138A1专利公开了无卤树脂组合物及使用该组合物的覆铜箔层压板和印刷电路板，该无卤树脂组合物包含氰酸酯树脂、聚苯醚树脂、马来酰亚胺等。

⑧韩国三星于2019年申请的US 2019345326A1专利公开了低损耗绝缘树脂组合物及绝缘膜和产品，该低损耗绝缘树脂组合物含氰酸酯树脂、联苯芳烷基酚醛清漆树脂、含氟环氧树脂等。

3.1.7 液晶聚合物技术路线

高频覆铜板中，为了进一步降低介电常数和介电损耗角正切，液晶聚合物的技术路线（图3-16）为与其他低介电树脂（如间同立构结构苯乙烯类聚合物等）配伍，典型专利如下。

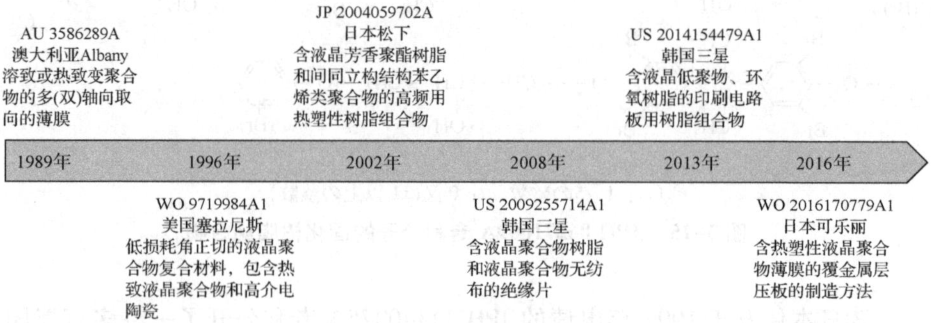

图3-16 液晶聚合物技术路线

①澳大利亚Albany于1989年申请的AU 3586289A专利公开了高分子量的溶致或热致变聚合物的多（双）轴向取向的薄膜。

②美国塞拉尼斯于1996年申请的WO 9719984A1专利公开了一种低损耗角正切的液晶聚合物复合材料，包含热致液晶聚合物和高介电陶瓷。

③日本松下于2002年申请的JP 2004059702A专利公开了一种高频用热塑性树脂组合物，该组合物包含液晶芳香聚酯树脂和间同立构结构苯乙烯类聚合物。

④韩国三星于2008年申请的US 2009255714A1专利公开了绝缘片、覆铜板和印刷电路板的制造方法。绝缘片的制造方法包括形成热塑性增强材料，所述热塑性增强材料包括由热塑性聚合物黏合剂固定的纤维（其中有

孔)、形成热塑性树脂层（使得热塑性增强材料被热塑性树脂浸渍），以及热压热塑性增强材料和热塑性树脂层。热塑性增强材料包括液晶聚合物无纺布，热塑性树脂层包括液晶聚合物树脂。

⑤韩国三星于2013年申请的US 2014154479A1专利公开了一种印刷电路板用树脂组合物、绝缘薄膜、半固化片和印刷电路板，所述树脂组合物含有液晶低聚物、环氧树脂和无机填料，液晶聚合物的结构式如图3-17所示。

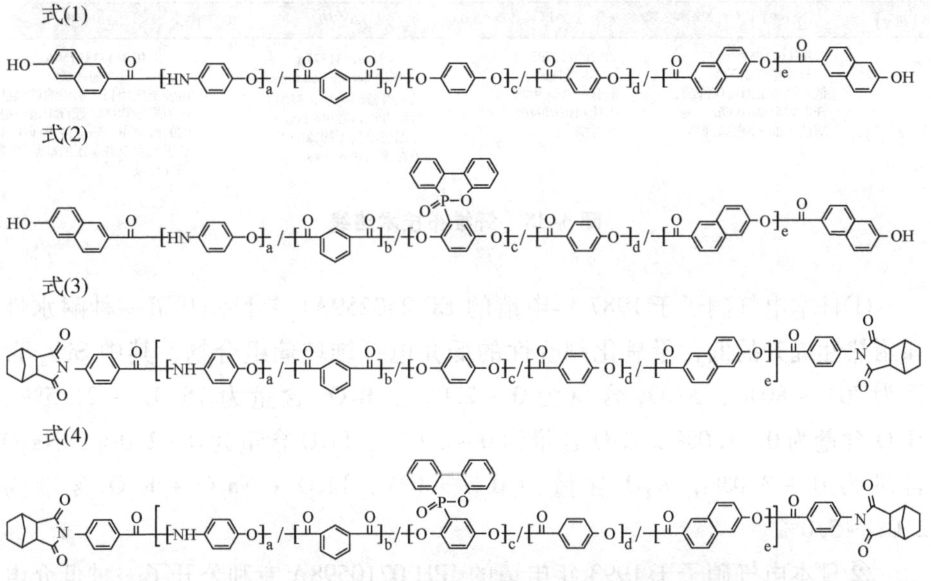

图3-17　US 2014154479A1专利公开树脂中液晶聚合物的结构式

⑥日本可乐丽于2016年申请的WO2016170779A1专利公开了覆金属层压板的制造方法及用该制造方法制造的覆金属层压板，将热塑性液晶聚合物薄膜与金属箔接合而形成层压板，对层压板进行满足以下条件1和条件2的热处理。条件1：热处理温度比所述热塑性液晶聚合物薄膜的熔点高出1~50 ℃。条件2：所述热处理的时间为1~600 s。

3.2　纤维布演进路线

3.2.1　纤维布技术路线

高频覆铜板中，为了进一步降低介电常数和介电损耗角正切，纤维布技术路线（图 3-18）为玻璃纤维配方的调整（SiO_2、B_2O_3、Al_2O_3、CaO、MgO、Na_2O、K_2O、Li_2O、TiO_2 等），以及采用硅烷偶联剂或者胶液对纤维布进行预处理，典型专利如下。

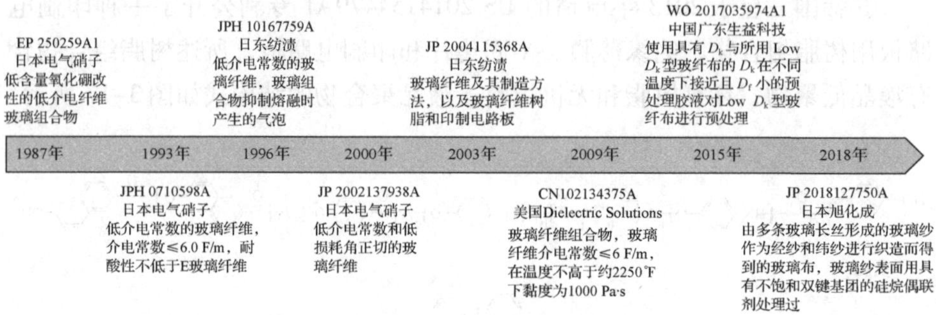

图 3-18　纤维布技术路线

①日本电气硝子于 1987 年申请的 EP 250259A1 专利公开了一种耐水性和耐热性提升的低含量氧化硼改性的低介电纤维玻璃组合物，其中 SiO_2 含量为 70%～80%，Al_2O_3 含量为 0～2.0%，B_2O_3 含量为 15.0%～21.5%，MgO 含量为 0～1.0%，CaO 含量为 0～2.0%，Li_2O 含量为 0～2.0%，Na_2O 含量为 0～3.0%，K_2O 含量为 0～3.0%，Li_2O + Na_2O + K_2O 含量为 2.0%～5.0%。

②日本电气硝子于 1993 年申请的 JPH 0710598A 专利公开了一种低介电常数的玻璃纤维，介电常数≤6.0 F/m，耐酸性不低于 E 玻璃纤维，其中 SiO_2 含量为 50.0%～65.0%，Al_2O_3 含量为 10.0%～18.0%，B_2O_3 含量为 11.0%～25.0%，以及总含量 1.0%～15.0% 的其他组分（MgO 含量为 0～10.0%，CaO 含量为 0～10.0%，ZnO 含量为 0～10.0%，SrO 含量为 0～10.0% 和 BaO 含量为 1.0%～10.0%）。

③日东纺渍于 1996 年申请的 JPH 10167759A 专利公开了一种低介电常数的玻璃纤维，其中 SiO_2 用量为 52%～57%，以降低玻璃纤维的介电常数和保持良好的耐水和酸抗性。Al_2O_3 用量为 12%～15%，可减少相位分离，保持耐水，抑制液相温度的升高，从而防止可纺性的劣化。B_2O_3 作助熔剂，用量为 20%～24%，其可降低黏度，促进玻璃组合物的熔融。CaO 与 MgO 作助熔剂，用量为 2%～8%。Li_2O、Na_2O 和 K_2O 作助熔剂，用量分别为 0～0.3%、0～0.3%、0～0.4%。Fe_2O_3 用量为 0.2%～0.6%，可有效抑制

熔融时气泡的产生，赋予材料一种低介电常数。

④日本电气硝子于2000年申请的JP 2002137938A专利公开了一种低介电常数和低损耗角正切的玻璃纤维，其中含47.0%~67.0%的SiO_2、6.0%~15.9%的Al_2O_3、10.0%~30.0%的B_2O_3、12.5%~22.0%的MgO和0~1.5%的CaO。

⑤日东纺绩于2003年申请的JP 2004115368A专利公开了玻璃纤维及其制造方法，以及玻璃纤维增强树脂和印制电路板。制造玻璃纤维的步骤：在熔融温度或更高温度加热玻璃组合物，然后冷却所得到的玻璃组合物至熔融温度之下，最后将玻璃纤维组合物加工为纤维。玻璃组合物基本组成包括SiO_2、Al_2O_3和MgO，$m(SiO_2):m(Al_2O_3)=(2.35\sim3.40):1.00$，$m(Al_2O_3):m(MgO)=(1.25\sim2.30):1.00$，$SiO_2$、$Al_2O_3$和MgO总含量在98%以上。

⑥美国Dielectric Solutions于2009年申请的CN 102134375A专利公开了一种玻璃纤维组合物和印刷电路板。该玻璃纤维介电常数≤6 F/m，在温度不高于2250 ℉（1232.2 ℃）下玻璃黏度为100 Pa·s。玻璃纤维中含45%~65%的SiO_2，15%~25%的B_2O_3，8%~16%的Al_2O_3、CaO、MgO大于等于10%，Na_2O小于等于3%、K_2O小于等于2%，Li_2O小于等于2%、TiO_2小于等于5%、F_2小于等于2%、Fe_2O_3小于等于1%。

⑦中国广东生益科技于2015年申请的WO 2017035974A1专利公开了一种用于构成电路基板的预处理Low D_k型玻纤布的制备方法，所述方法包括使用具有D_k与Low D_k型玻纤布的D_k在不同温度下接近且D_f小的预处理胶液对Low D_k型玻纤布进行预处理。还提供通过所述方法制备得到的黏结片及电路基板。制备得到的电路基板的D_k在经向和纬向上差别小，能够有效地解决信号时延问题；电路基板的D_f较小，使其信号损耗也较小。同时，预处理胶液烘干溶剂后所得固化、部分固化或未固化的干胶与所用Low D_k型玻纤布在不同温度下的介电特性相近，使得电路基板在不同温度下的信号时延非常小。所述预处理胶液为树脂组合物溶于有机溶剂得到的胶液；所述树脂组合物包含树脂和适量固化剂、第一组分和第二组分填料；其中，第一组分填料选用二氧化钛、钛酸钙、钛酸锶中的一种或其中至少两种的混合物；第二组分填料选用氧化铝、氧化镁、钛酸镁中的一种或其中至少两种的混合物；第一组分填料和第二组分填料的质量比为1.0:(0.5~2.0)。

⑧日本旭化成于2018年申请的JP 2018127750A专利公开了玻璃布、预

浸料及印刷电路板，所述玻璃布能够制造介电常数低且绝缘可靠性优异的预浸料及印刷电路板或它们的层叠板等基板。玻璃布由多条玻璃长丝形成的玻璃纱作为经纱和纬纱进行织造而得，经纱和纬纱至少一种含玻璃长丝（98%～100% SiO_2）。玻璃长丝的平均长丝直径为 3～10 μm，长丝数为 20～300 条，构成玻璃布的经纱和纬纱的排列密度各自独立，为 20～140 条/英寸①，玻璃布的厚度为 5～100 μm，玻璃布的灼烧失重值大于 0.12% 且含水量大于 1.0%，玻璃布的介电常数在 4.4 F/m 以下。另外，玻璃纱的表面用具有不饱和双键基团的硅烷偶联剂处理过。

3.2.2 其他纤维技术路线

为了进一步降低介电常数和介电损耗角正切，除玻纤布外，高频覆铜板还可采用其他低介电常数的纤维布，如氟树脂纤维、聚醚酰亚胺纤维、芳纶纤维、聚苯并二噁唑纤维、液晶聚合物纤维、聚酮纤维等，并采用硅烷偶联剂对相关纤维进行改性（图 3–19），典型专利如下。

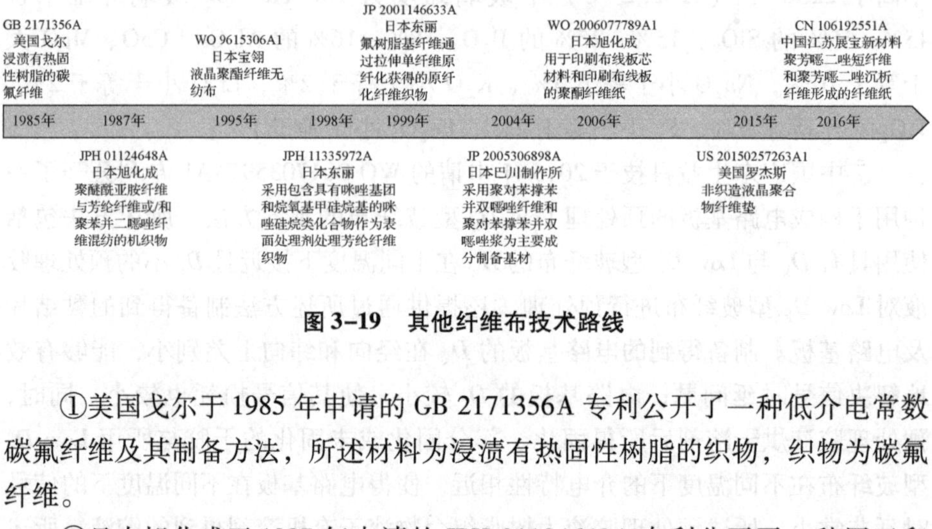

图 3–19　其他纤维布技术路线

①美国戈尔于 1985 年申请的 GB 2171356A 专利公开了一种低介电常数碳氟纤维及其制备方法，所述材料为浸渍有热固性树脂的织物，织物为碳氟纤维。

②日本旭化成于 1987 年申请的 JPH 01124648A 专利公开了一种用于印刷布线板的机织物，涉及聚醚酰亚胺纤维与芳纶纤维或/和聚苯并二噁唑纤维混纺的机织物。

---

① 1 英寸 = 2.54 厘米。

③日本宝翎于1995年申请的WO 9615306A1专利公开了一种用于印制电路层压板的片材，其主材为液晶聚酯纤维无纺布。

④日本东丽于1998年申请的JPH 11335972A专利公开了芳族聚酰胺纤维的表面处理剂、表面处理过的芳族聚酰胺纤维及纤维增强复合材料，涉及用同一分子中包含具有咪唑基团和烷氧基甲硅烷基的咪唑硅烷类化合物作为表面处理剂处理芳纶纤维织物。

⑤日本东丽于1999年申请的JP 2001146633A专利公开了氟树脂纤维、片材及其生产，涉及氟树脂基纤维通过拉伸单纤维原纤化获得的原纤化纤维织物。

⑥日本巴川制作所于2004年申请的JP 2005306898A专利公开了一种电绝缘基板及其生产方法，采用聚对苯撑苯并双噁唑纤维和聚对苯撑苯并双噁唑浆为主要成分制备基材。

⑦日本旭化成于2006年申请的WO 2006077789A1专利公开了用于印刷布线板芯材料和印刷布线板的聚酮纤维纸。

⑧美国罗杰斯于2015年申请的US 20150257263A1专利公开了一种电介质基材，包括用厚度为5 mil（127 μm）的非织造纤维垫材料浸渍的树脂组合物，其中所述纤维垫材料包括直径为1 nm至10 μm的纤维，所述纤维包含液晶聚合物。

⑨中国江苏展宝新材料于2016年申请的CN 106192551A专利公开了一种聚芳噁二唑纤维材料制备的高频电路板基材。使用耐高温性能优异的聚芳噁二唑短纤维和聚芳噁二唑沉析纤维，通过湿法（抄纸法）和一定的工艺，制备出线性热膨胀系数小、介电常数均匀、力学性能优异的纤维纸，将纤维纸通过浸胶、叠合、热压等加工工艺，得到一种低热膨胀系数、高热尺寸稳定性、加工性能优异的高频电路板基材。

3.3　填料演进路线

高频覆铜板中，为了进一步降低介电常数和介电损耗角正切，填料技术路线（图3-20）采用多孔、中空、立方孔、微球形状的填料，如多孔气凝胶、中空玻璃微球、硼硅酸盐微球、立方孔结构的多孔二氧化硅、钙钛矿型复合氧化物，还涉及填料的表面改性，如采用硅烷偶联剂处理、表面乙烯基聚苯醚树脂化学修饰等，典型专利如下。

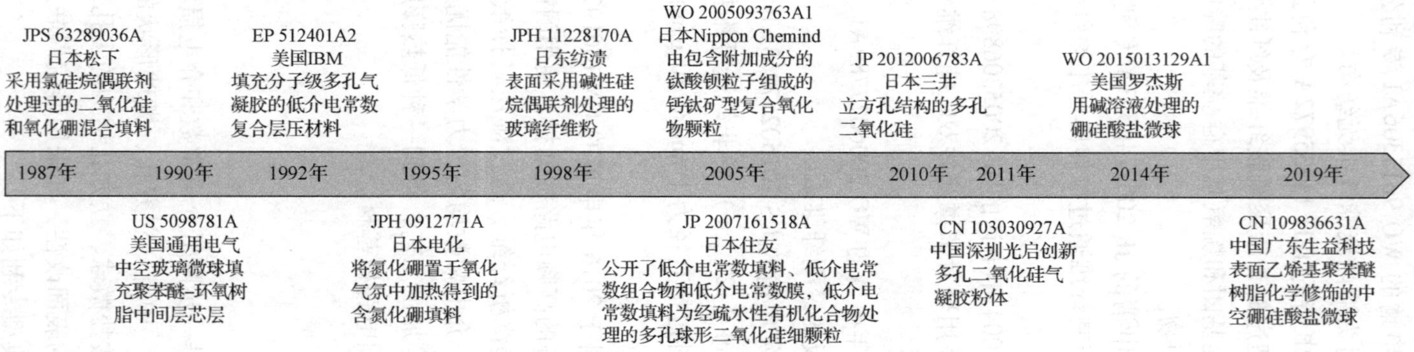
JPS 63289036A
日本松下
采用氯硅烷偶联剂处理过的二氧化硅和氧化硼混合填料
US 5098781A
美国通用电气
中空玻璃微球填充聚苯醚–环氧树脂中间层芯层
EP 512401A2
美国IBM
填充分子级多孔气凝胶的低介电常数复合层压材料
JPH 0912771A
日本电化
将氮化硼置于氧化气氛中加热得到的含氮化硼填料
JPH 11228170A
日东纺渍
表面采用碱性硅烷偶联剂处理的玻璃纤维粉
WO 2005093763A1
日本Nippon Chemind
由包含附加成分的钛酸钡粒子组成的钙钛矿型复合氧化物颗粒
JP 2007161518A
日本住友
公开了低介电常数填料、低介电常数组合物和低介电常数膜，低介电常数填料为经疏水性有机化合物处理的多孔球形二氧化硅细颗粒
JP 2012006783A
日本三井
立方孔结构的多孔二氧化硅
CN 103030927A
中国深圳光启创新
多孔二氧化硅气凝胶粉体
WO 2015013129A1
美国罗杰斯
用碱溶液处理的硼硅酸盐微球
CN 109836631A
中国广东生益科技
表面乙烯基聚苯醚树脂化学修饰的中空硼硅酸盐微球
1987年
1990年
1992年
1995年
1998年
2005年
2010年
2011年
2014年
2019年

图 3–20　填料技术路线

①日本松下于1987年申请的JPS 63289036A专利公开了一种预浸料和覆铜板，该覆铜板采用氯硅烷偶联剂处理过的二氧化硅和氧化硼混合填料。

②美国通用电气于1990年申请的US 5098781A专利公开了低介电常数衬底用热塑性薄膜、增强中空玻璃微球增强层压板，采用中空玻璃微球填充聚苯醚-环氧树脂中间层芯层。

③美国IBM于1992年申请的EP 512401A2专利公开了填充分子级多孔气凝胶的低介电常数复合层压材料，其中，气凝胶微球（如二氧化硅气凝胶）是通过溶胶-凝胶技术和超临界干燥制备的溶胶-凝胶颗粒。

④日本电化于1995年申请的JPH 0912771A专利公开了一种填料和黏结片，该填料含氮化硼，是将氮化硼置于氧化气氛中加热得到的含氮化硼填料，填充得到的黏结片具有低介电常数和高导热性。

⑤日东纺渍于1998年申请的JPH 11228170A专利公开了一种印刷布线板用玻璃纤维粉，该玻璃纤维粉具有低介电常数、低介电损耗角正切和优良耐水性。玻璃纤维粉含二氧化硅、氧化铝、氧化硼、氧化镁、氧化钙，其表面采用碱性硅烷偶联剂处理。

⑥日本Nippon Chemind于2005年申请的WO 2005093763A1专利公开了用于复合介电材料的钙钛矿型复合氧化物颗粒，该颗粒由包含附加成分的钛酸钡粒子组成。

⑦日本住友于2005年申请的JP 2007161518A专利公开了低介电常数填料、低介电常数组合物和低介电常数膜，低介电常数填料为经疏水性有机化合物处理的多孔球形二氧化硅细颗粒。

⑧日本三井于2010年申请的JP 2012006783A专利公开了多孔无机氧化物及其制备方法，其中多孔无机氧化物为立方孔结构的多孔二氧化硅。

⑨中国深圳光启创新于2011年申请的CN 103030927A专利公开了一种介质基板的制备方法及超材料，其中介质基板为有机树脂基板，且有机树脂基板中均匀分布有多孔二氧化硅气凝胶粉体。

⑩美国罗杰斯于2014年申请的WO 2015013129A1专利公开了一种电路组件，包括导电金属层和介电基板层，其中介电基板层的组合物包括用碱溶液处理的体积分数为5%~70%的硼硅酸盐微球。

⑪中国广东生益科技于2019年申请的CN 109836631A专利公开了一种乙烯基热固性树脂组合物、预浸料、层压板和印制电路板，其中乙烯基热固性树脂组合物中包含表面乙烯基聚苯醚树脂化学修饰的中空硼硅酸盐微球。

3.4 铜箔演进路线

高频覆铜板中，为了进一步降低介电常数和介电损耗角正切，同时兼顾铜箔与树脂基材的密合性，铜箔技术路线（图 3-21）为微细粗糙化处理，如超细铜粒沉淀在球化处理层上、多次粗化处理、含由针状晶体和/或板状晶体构成的微细凹凸等，典型专利如下。

①美国 Goodrich 于 1989 年申请的 US 4902556A 专利公开了多层聚降冰片烯和环氧层压板及其制造方法，光致抗蚀剂成像和蚀刻至少一部分导电膜，以在衬底形成导电膜图案化表面，用硅烷溶液预处理基材层的铜图案化表面，硅烷溶液有效增加铜图案化表面和聚降冰片烯层之间的结合强度。

②日本三井于 1992 年申请的 JPH 05279896A 专利公开了铜箔的表面处理，处理方法为粗糙化处理电解铜箔或压延铜箔的表面，然后在包含至少一种稀土元素离子的铬酸盐溶液中进行细化处理。铜箔优选通过先在表面电沉积含 As 铜层，随后电沉积含 Zn、Sn 或合金层。

③日本三井于 1997 年申请的 EP 785295A1 专利公开了印刷布线板用电解铜箔及其制造方法。电解铜箔亚光表面的原始轮廓已经完全消失，并且在其上新形成了具有抛光条纹的精细图案，在形成结节层前，亚光表面的表面粗糙度（R_z）为 1.5 μm 或更小；形成所述结节层后，亚光表面的表面粗糙度为 1.5~2.0 μm。结节层上设有防腐层。防腐层由锌层和锌层上的铬酸盐处理层组成，并在铬酸盐处理层上形成硅烷偶联层。

④日本三井于 2003 年申请的 WO 03102277A1 专利公开了用于低介电基片的表面处理铜箔、包铜层压板和使用这些材料的印刷电路板。在铜箔表面形成由块状铜粒构成的球化处理层，并且超细铜粒被促使沉淀在整个球化处理层的表面和黏合在其上，表面粗糙度为 1.0~6.5 μm。表面处理铜箔的表面颜色具有不大于 50 的 L^* 、不大于 20 的 a^* 和不大于 15 的 b^*（JISZ 8729 标准定义的色彩系统）。超细铜粒表面含从由锌和镍构成的组中选出的至少一种成分的钝化层，而超细铜粒被促使沉淀在球化处理层的块状铜粒的整个表面并黏合在其上。

⑤日本古河电气于 2004 年申请的 US 2004157080A1 专利公开了一种精密图形印刷布线用铜箔及其制造方法。该铜箔在与树脂基板之间具有较好的粘接强度，形成精密图形时没有残留铜和布线线路的缺陷等问题，耐热性和

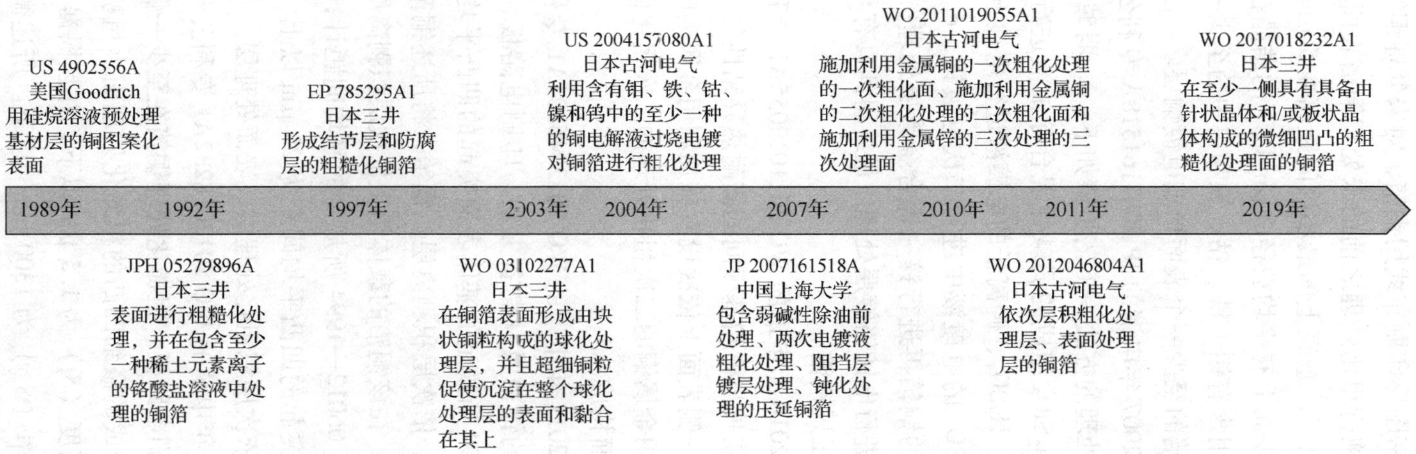
US 4902556A
美国Goodrich
用硅烷溶液预处理基材层的铜图案化表面
JPH 05279896A
日本三井
表面进行粗糙化处理，并在包含至少一种稀土元素离子的铬酸盐溶液中处理的铜箔
EP 785295A1
日本三井
形成结节层和防腐层的粗糙化铜箔
WO 03102277A1
日本三井
在铜箔表面形成由块状铜粒构成的球化处理层，并且超细铜粒促使沉淀在整个球化处理层的表面和黏合在其上
US 2004157080A1
日本古河电气
利用含有钼、铁、钴、镍和钨中的至少一种的铜电解液过烧电镀对铜箔进行粗化处理
JP 2007161518A
中国上海大学
包含弱碱性除油前处理、两次电镀液粗化处理、阻挡层镀层处理、钝化处理的压延铜箔
WO 2011019055A1
日本古河电气
施加利用金属铜的一次粗化处理的一次粗化面、施加利用金属铜的二次粗化处理的二次粗化面和施加利用金属锌的三次处理的三次处理面
WO 2012046804A1
日本古河电气
依次层积粗化处理层、表面处理层的铜箔
WO 2017018232A1
日本三井
在至少一侧具有具备由针状晶体和/或板状晶体构成的微细凹凸的粗糙化处理面的铜箔
1989年
1992年
1997年
2003年
2004年
2007年
2010年
2011年
2019年

图 3–21　铜箔技术路线

电气特性也良好。该精密图形印刷布线用铜箔，对未处理铜箔的表面施行了粗化处理，其粗糙度是施行粗化处理之前的未处理铜箔表面粗糙度的10点平均粗糙度为2.5 μm以下，基底上的最小峰间距离在5 μm以上的电解铜箔，或者在未处理铜箔表面上有平均粒径2 μm以下的结晶粒显出的电解铜箔。作为粗化处理，利用含有钼、铁、钴、镍和钨中的至少一种的铜电解液电镀，在上述未处理铜箔的至少一个表面形成电镀铜层。

⑥中国上海大学于2007年申请的JP 2007161518A专利公开了一种印制电路板用压延铜箔表面处理的方法，工艺步骤如下：a. 弱碱性除油前处理，用Na_2CO_3、Na_3PO_4、Na_2SiO_3组成的弱碱性混合除油液进行处理；b. 初次粗化处理，用含铜离子、H_2SO_4、砷离子的电镀液进行电镀铜；c. 二次粗化处理，在含铜离子、H_2SO_4的电镀液中进行二次电镀铜；d. 阻挡层镀层处理，将上述经粗化处理的铜箔再进行锌-镍合金镀层处理；e. 钝化处理即防氧化处理，将铜箔再进行电镀铬镀层处理。最终得到具有与印制板基板结合力强、耐腐蚀性高的压延铜箔。

⑦日本古河电气于2010年申请的WO 2011019055A1专利公开了一种高频特性和耐热性优异且兼具与树脂基板间的高耐热黏结性的铜箔。该耐热性铜箔，在未处理铜箔的一侧表面上依次设有施加利用金属铜的一次粗化处理的一次粗化面、施加利用金属铜的二次粗化处理的二次粗化面和施加利用金属锌的三次处理的处理面构成。

⑧日本古河电气于2011年申请的WO 2012046804A1专利公开了铜箔及其制备方法、带有载体的铜箔及其制备方法、印刷电路板、多层印刷电路板。在JIS B 06012—1994所规定的基体表面突起的凹凸平均间距（S_m）为25 μm以上的载体箔上，依次层积剥离层、铜箔，将所述铜箔从载体箔上剥离，形成铜箔的载体箔，在该铜箔的载体箔上依次层积剥离层、铜箔形成带有载体的铜箔，以JIS B 06012—1994所规定的平均间距计，使层积铜箔的所述载体箔其基体表面突起的凹凸平均间距为25 μm以上。此外，根据需要，在所述铜箔的表面依次层积粗化处理层、表面处理层。

⑨日本三井于2019年申请的WO 2017018232A1专利公开了粗糙化处理铜箔、覆铜层叠板及印刷电路板。粗糙化处理铜箔在至少一侧具有具备由针状晶体和/或板状晶体构成的微细凹凸的粗糙化处理面。粗糙化处理面根据ISO 25178测定的最大高度（S_z）为1.5 μm以下，并且根据ISO 25178测定的峰顶点的算术平均曲率（S_{pc}）为1300 mm^{-1}以下。所述微细凹凸是经氧

化还原处理而形成的。

3.5 高频覆铜板制备工艺演进路线

高频覆铜板制备工艺演进路线（图3-22）伴随着高频覆铜板采用树脂、铜箔、纤维布、填料等的演进，如包含压合排气等工序的多孔膨胀烧结聚四氟乙烯基覆铜板的制备工艺等，典型专利如下。

①美国海军部于1974年申请的US 3972755A专利公开了电介质板的压合方法和设备。将多个电路板键合在一起以形成子组件，并将子组件键合在一起。成品电路接合在一起的铜线、布等的接地板及通板孔。该技术包括形成薄膜以提供强度、韧性和尺寸精度。定向应力正交定位和加压冷却具有稳定作用。铜或其他导电片或箔与衬底的结合不使用氧化铜或其他涂层，而仅使用热和压力。例如，铜片或铜箔中的蚀刻电路在该工艺中与板的完成表面齐平。一种正常的接合循环包括将待接合的部件装入限制模具中；将符合要求的模板放置在模具内并在压力机中闭合部件；在预定升高的温度下按压预定时间；在从模具中移除压力之前对材料进行冲击冷却。

②日本松下于1985年申请的JPS 61286130A专利公开了一种层压板及其制造方法。通过固化树脂组合物而获得层压板，其中所述树脂组合物含有聚苯醚、可交联聚合物和/或可交联单体。一种用于生产层压板的方法包括热层压和模压一种树脂浸渍基材。

③日本戈尔于1987年申请的EP 248617A2专利公开了用于印刷电路板基板的制造方法。一种制造介电材料复合片材的方法具体为：至少一种其他树脂的溶液浸渍多孔膨胀烧结聚四氟乙烯（PTFE）片材，加热浸渍的片材以蒸发和除去所述溶剂，由此提供包含至少一种其他树脂等所述片材孔内空气膨胀的多孔PTFE复合片材，然后压缩片材从片材排出部分空气。

④美国通用电气于1994年申请的US 5449427A专利公开了高速电子设备用低介电常数材料的加工——一种用于处理低介电常数材料的方法，包括将添加剂材料分散在多孔低介电常数层中，制造期望的电子结构，然后从低介电常数层的孔中去除添加剂材料。可以通过升华、蒸发和扩散来实现孔中添加剂的去除。低介电常数层的应用包括用作互连由衬底支撑的电路芯片的覆盖层和印刷电路板材料。

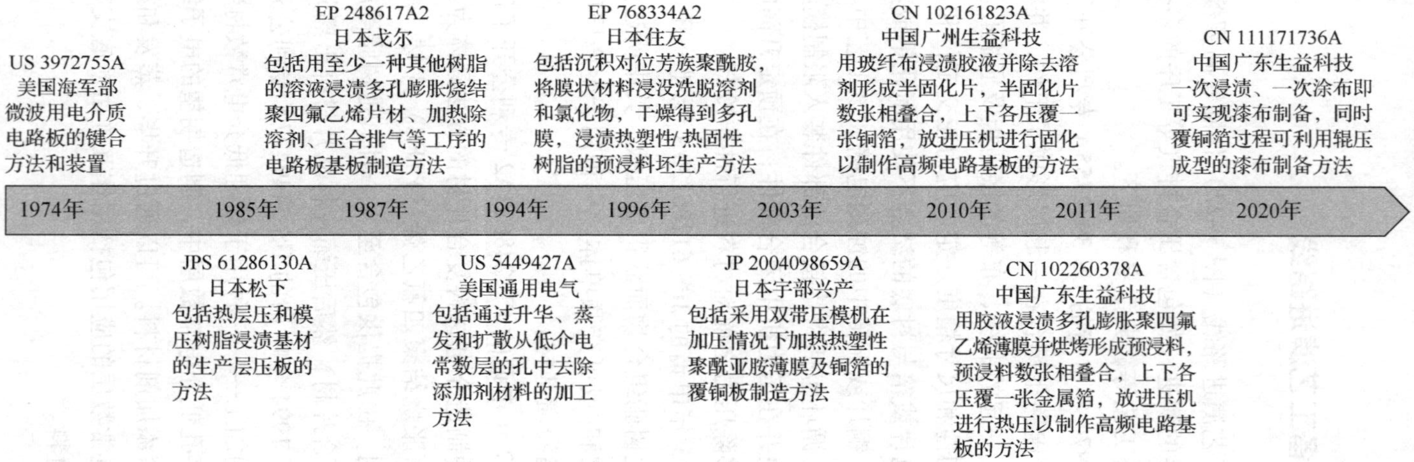

图 3–22　高频覆铜板制备工艺演进路线

⑤日本住友于1996年申请的EP 768334A2专利公开了预浸料坯及其生产方法，以及和使用该预浸料坯的印刷电路基板。这是一种用于制造生产预浸料坯的方法，包括一种多孔对位芳族聚酰胺薄膜和一种热塑性树脂和/或一种热固性树脂，该多孔对位芳族聚酰胺薄膜被浸渍于该热塑性树脂和/或热固性树脂，包括以下步骤：a. 含有1%～10%的对位芳族聚酰胺和1%～10%的碱性金属或碱土金属的氯化物、极性酰胺溶剂或极性脲溶剂的溶液形成一种薄膜状材料；b. 将该薄膜状材料保持在不低于20 ℃或不超过－5 ℃的温度下，沉积该对位芳族聚酰胺；c. 将b中得到的膜状材料浸没在水性溶液或醇溶液洗脱溶剂和碱金属或碱土金属的氯化物，然后通过干燥以得到一种对位芳族聚酰胺的多孔膜；d. 将c中得到的该多孔膜作为基板，浸渍所述热塑性树脂和/或热固性树脂，以产生一种预浸料坯。

⑥日本宇部兴产于2003年申请的JP 2004098659A专利公开了覆铜板的制造方法，如制备铜箔及芳族聚酰亚胺薄膜，其中铜箔的表面粗糙度（R_z）为1 μm或更低，并具有一胶黏面。芳族聚酰亚胺薄膜包括在低于340 ℃的温度下没有玻璃转移温度的聚酰亚胺基板薄膜及至少形成于聚酰亚胺基板薄膜上的热塑性聚酰亚胺薄膜，其中热塑性聚酰亚胺薄膜具有200～275 ℃的玻璃转移温度；将芳族聚酰亚胺薄膜的热塑性聚酰亚胺薄膜放在铜箔的胶黏表面上，在加压的情况下，在高于热塑性聚酰亚胺薄膜之玻璃转移温度但是在不高于400 ℃的温度下加热热塑性聚酰亚胺薄膜及铜箔。加热热塑性聚酰亚胺薄膜及铜箔在双带压模机进行。铜箔的胶黏面通过将耦合剂放在铜箔上产生。

⑦中国广东生益科技于2010年申请的CN 102161823A专利公开了复合材料、用其制作的高频电路基板及其制作方法。所述的高频电路基板的方法其特征在于包括下述步骤：a. 称取复合材料的组成物［热固性混合物20～70重量份，其包含一种以上分子量为10 000以下带有极性官能团的乙烯基液体树脂，一种分子量小于5000的分子末端带有不饱和双键的聚苯醚树脂；玻璃纤维布10～60重量份；粉末填料0～55重量份；固化引发剂1～3重量份；阻燃剂0～35重量份］；b. 将称取的热固性混合物、粉末填料、阻燃剂和固化引发剂混合，用溶剂稀释至适当的黏度，搅拌混合均匀，使填料均一地分散在树脂中，制得胶液，用玻璃纤维布浸渍上述胶液，并控制到合适的厚度，然后除去溶剂形成半固化片；c. 将上述的半固化片数张相叠合，上下各压覆一张铜箔，放进压机进行固化制得所述高频电路基板，固化温度为

150～300 ℃，固化压力为 25～70 kg/cm^2。

⑧中国广东生益科技于 2011 年申请的 CN 102260378A 专利公开了高频电路基板的制作方法。包括下述步骤：a. 称取复合材料的组成物（具有低介电损耗的氟聚合物分散乳液、多孔隙的膨胀聚四氟乙烯薄膜、粉末填料）；b. 将具有低介电损耗的氟聚合物分散乳液，用水稀释至适当的黏度，然后用氨水调节 pH 值至 8～12，将粉末填料和助剂混合，加入上述调节好的分散乳液中，搅拌混合，使粉末填料均一地分散在其中，制得胶液；c. 用上述胶液浸渍多孔隙的膨胀聚四氟乙烯薄膜，并控制到合适的厚度，然后于 80～300 ℃烘烤去除水分及助剂，形成预浸料；d. 将上述的预浸料数张相叠合，上下各压覆一张金属箔，放进压机进行热压制得所述高频电路基板，热压温度为 350～400 ℃，热压压力为 25～100 kg/cm^2。

⑨中国广东生益科技于 2020 年申请的 CN 111171736A 专利公开了一种漆布及其制备方法、包含其的覆铜板和应用，包括 PTFE 黏结片及覆于 PTFE 黏结片两侧的 PFA 胶膜层；其中，所述 PTFE 黏结片的组分包括有机增强材料。本专利提供的漆布具有优异的介电性能，并且耐折性较好，有利于将其应用于挠性覆铜板。本专利提供的制备方法可以用于连续卷状辊压生产，生产工艺简单可行，仅包括一次浸渍、一次涂布即可实现漆布的制备，同时后续覆铜箔的过程可以利用辊压成型，可降低工艺成本。

第4章　5G领域高频覆铜板专利优势企业

本章选择高频覆铜板专利申请量数量、质量领先的7家企业作为专利优势企业，开展包括技术发展路线在内的相关分析。

4.1　中国广东生益科技

从图4-1可以看出，中国广东生益科技高频覆铜板专利申请始于2004年，从2009年开始专利申请量快速增加，到2014年达到峰值（55项），随后专利申请量出现回落，但申请量仍保持在每年20项左右，说明该公司一直重视高频覆铜板领域的研发工作。

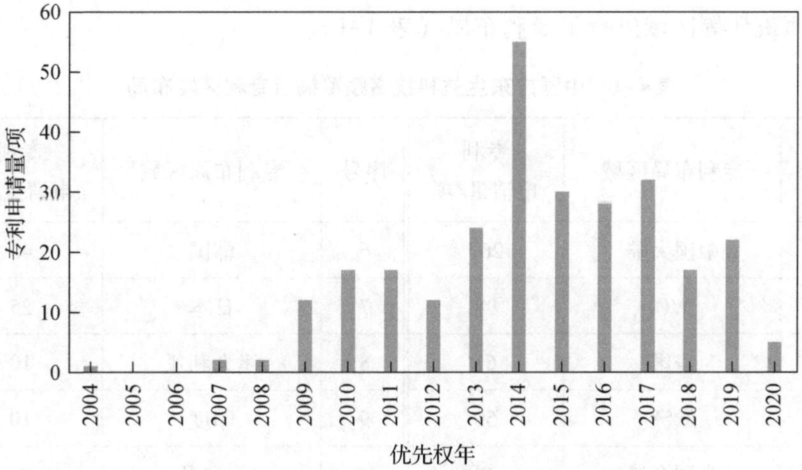

图4-1　中国广东生益科技高频覆铜板专利申请量年度分布

如图4-2所示，从中国广东生益科技高频覆铜板技术专利申请法律状态分布可以看出，在276项专利中，目前仍处于有效状态的专利有250项，占比达91%。

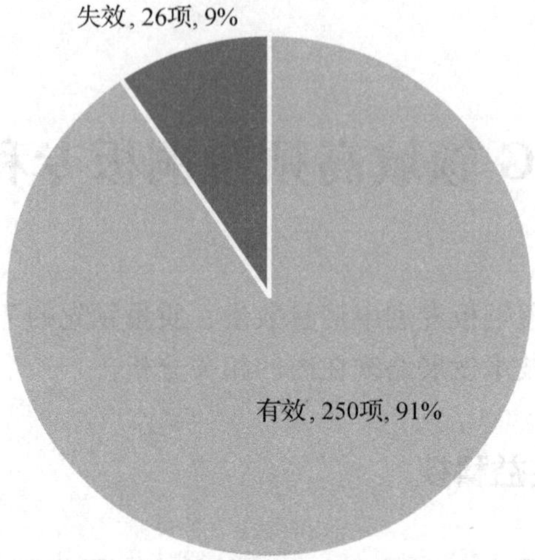

图 4-2　中国广东生益科技高频覆铜板技术专利申请法律状态分布

中国广东生益科技为生产、销售相关高频覆铜板产品，除在中国大陆和中国台湾布局专利外，还在WO、美国、欧洲、韩国、日本、澳大利亚、印度和西班牙等区域进行了专利布局（表4-1）。

表 4-1　中国广东生益科技高频覆铜板专利区域布局

序号	专利布局区域	专利申请量/项	序号	专利布局区域	专利申请量/项
1	中国大陆	267	6	韩国	45
2	WO	98	7	日本	25
3	美国	61	8	澳大利亚	10
4	欧洲	50	9	印度	10
5	中国台湾	48	10	西班牙	6

在高频覆铜板领域，中国广东生益科技主要开展树脂和制备工艺的技术研发和专利申请，专利申请量占比分别为99.3%和79.7%，在填料或纤维布环节分别仅申请1项专利（图4-3）。

根据中国广东生益科技274项涉及高频覆铜板树脂研发或配伍的专利公

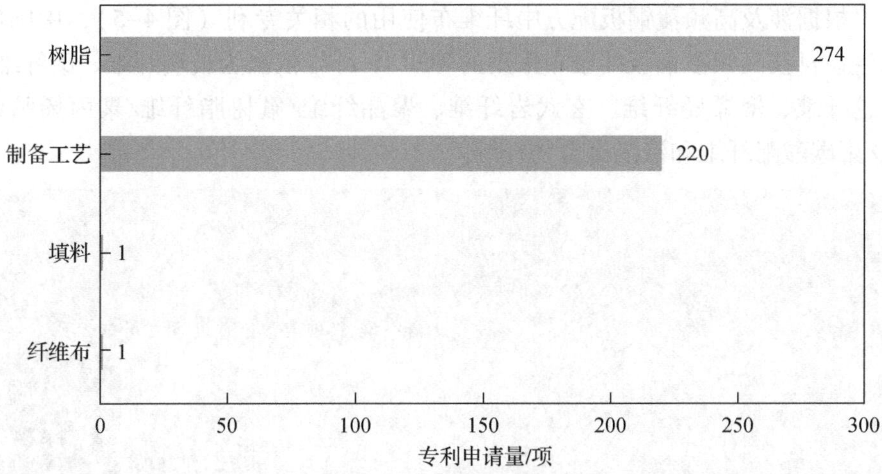

图 4-3 中国广东生益科技高频覆铜板专利相关技术分布

开技术方案（图 4-4），高频覆铜板采用频次 TOP 10 的主树脂依次为环氧树脂、聚苯醚树脂、聚酰亚胺树脂、碳氢树脂、氟树脂、硅树脂、氰酸酯、酚醛树脂、液晶聚合物等，其中，环氧树脂和聚苯醚树脂是中国广东生益科技高频覆铜板技术方案最常使用的树脂，专利合计占比近六成。

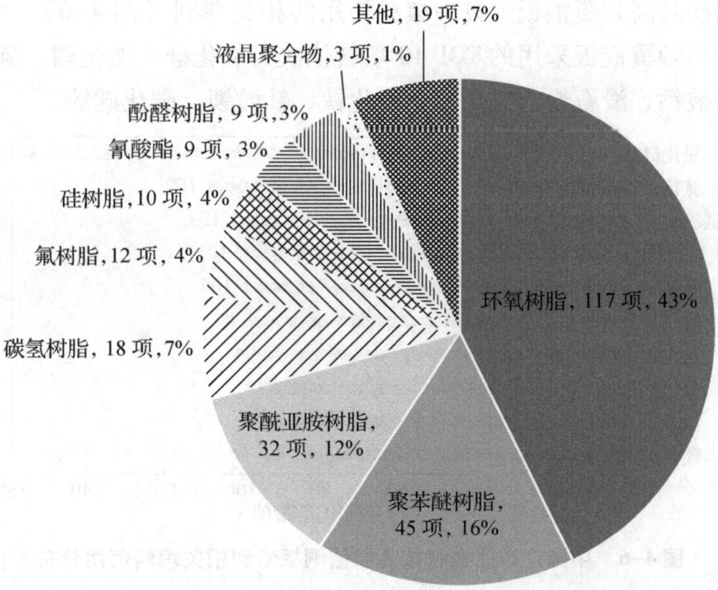

图 4-4 中国广东生益科技高频覆铜板专利相关主树脂分布

根据涉及高频覆铜板配方中纤维布使用的相关专利（图 4-5），中国广东生益科技高频覆铜板纤维布采用的 TOP 10 纤维依次为玻璃纤维、碳纤维、芳纶纤维、聚烯烃纤维、玄武岩纤维、聚酯纤维/氟树脂纤维/聚丙烯腈纤维/聚碳酸酯纤维和液晶聚合物纤维。

图 4-5　中国广东生益科技高频覆铜板专利相关纤维布使用分布

根据涉及高频覆铜板配方中填料使用的相关专利（图 4-6），中国广东生益科技高频覆铜板采用的 TOP 10 填料依次为氧化硅、氮化硼、氢氧化铝、云母、碳酸钙、滑石粉、氮化铝、氧化钛、钛酸钡、碳化硅等。

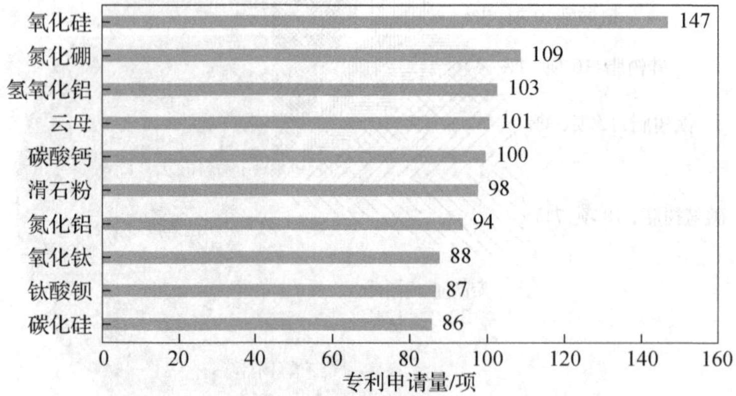

图 4-6　中国广东生益科技高频覆铜板专利相关填料使用分布

中国广东生益科技高频覆铜板专利技术发展路线如图 4-7 所示。

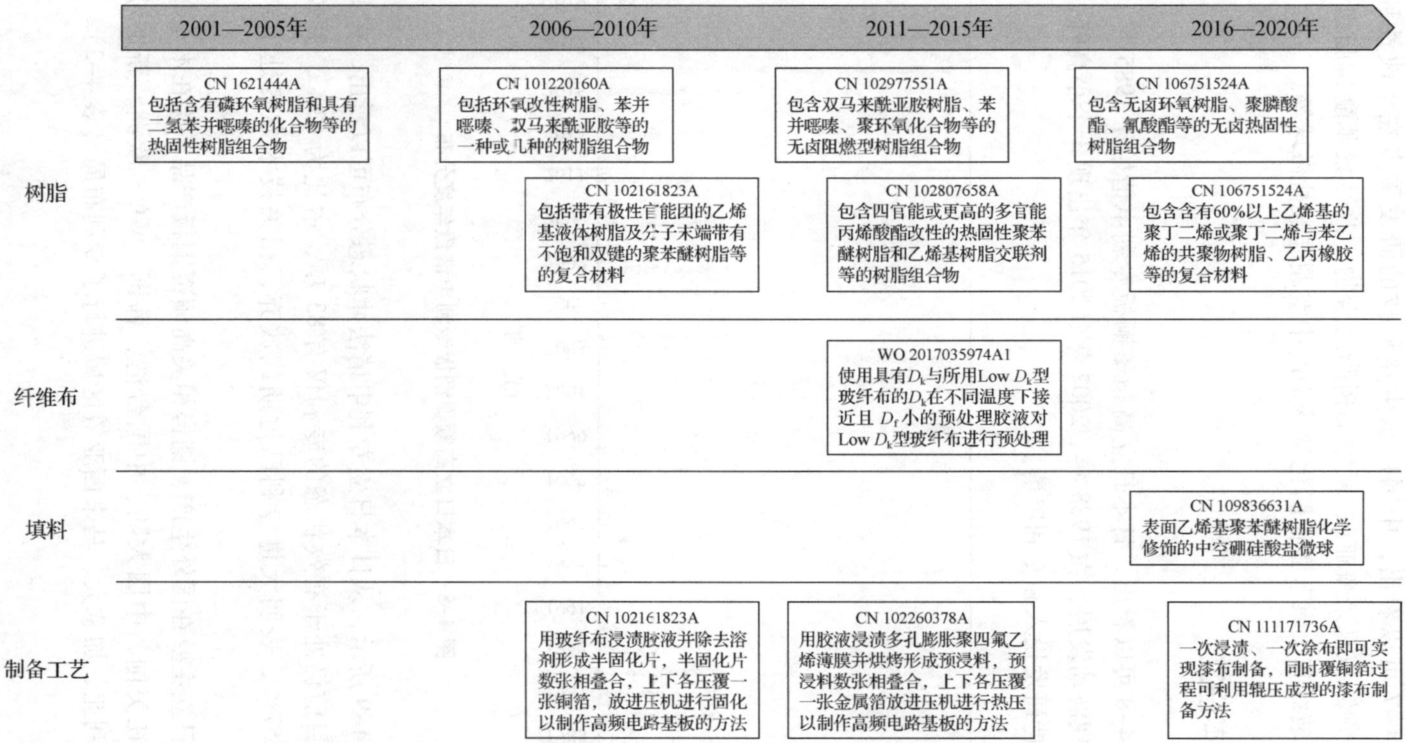

图4-7 中国广东生益科技高频覆铜板专利技术发展路线

由图4-7可以看出，中国广东生益科技的研发重点在于改性环氧树脂+苯并噁嗪/双马来酰亚胺/氰酸酯树脂组合物、改性聚苯醚树脂组合物、Low D_k 型玻纤布、聚苯醚树脂化学修饰的中空硼硅酸盐微球等。

4.2 日本日立

从图4-8可以看出，日本日立高频覆铜板专利申请始于1985年，专利申请量呈现波动发展，在1988年、2002年、2015年出现3个小高峰，总体上长期保持研发投入和专利申请。

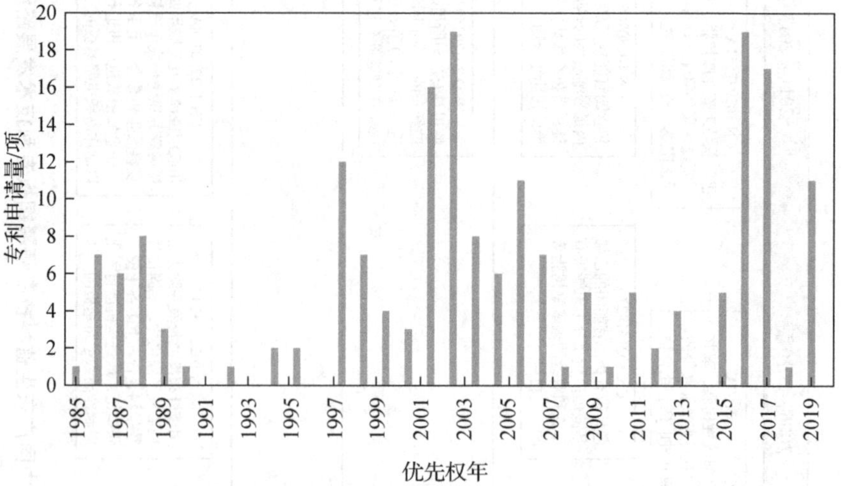

图4-8 日本日立高频覆铜板专利申请量年度分布

如图4-9所示，从日本日立专利申请法律状态分布可以看出，在195项专利中，目前仍处于有效状态的专利仅有83项，占比为43%，失效专利占比高达57%，表明大量专利已过期或放弃，相关技术方案处于未保护状态。

日本日立主要在国外生产、销售相关高频覆铜板产品，除在本土布局专利外，还在美国、中国大陆、中国台湾、韩国、WO、欧洲、新加坡、德国、澳大利亚、加拿大、马来西亚等区域进行了专利布局（表4-2）。

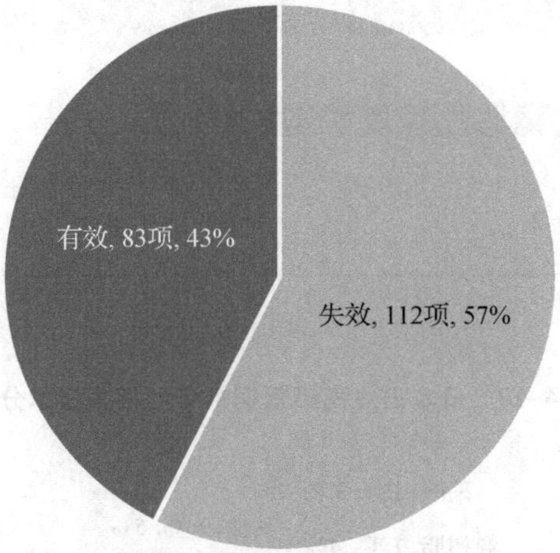

图 4-9 日本日立高频覆铜板技术专利申请法律状态分布

表 4-2 日本日立高频覆铜板专利区域布局

序号	专利布局区域	专利申请量/项	序号	专利布局区域	专利申请量/项
1	日本	191	7	欧洲	25
2	美国	38	8	新加坡	11
3	中国大陆	33	9	德国	10
4	中国台湾	34	10	澳大利亚	4
5	韩国	32	11	加拿大	2
6	WO	28	12	马来西亚	1

在高频覆铜板领域，日本日立主要开展树脂和制备工艺的技术研发和专利申请，专利申请量占比分别为 98.5% 和 57.9%，在填料环节仅有 2 项专利申请（图 4-10）。

根据日本日立 195 项涉及高频覆铜板树脂研发或配伍的专利公开的技术方案（图 4-11），高频覆铜板采用频次较高的主树脂依次为环氧树脂、聚酰亚胺、聚苯醚、碳氢树脂、氰酸酯、硅树脂、氟树脂、酚醛树脂等。其中，环氧树脂、聚酰亚胺和聚苯醚是日本日立高频覆铜板技术方案最常使用的树脂，专利合计占比达六成。

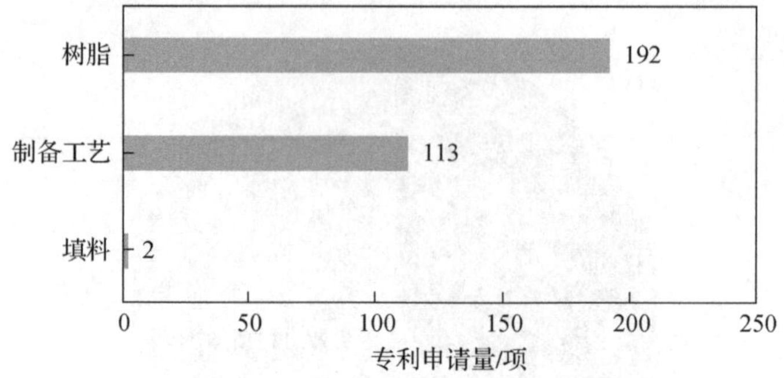

图 4–10　日本日立高频覆铜板专利相关技术分布

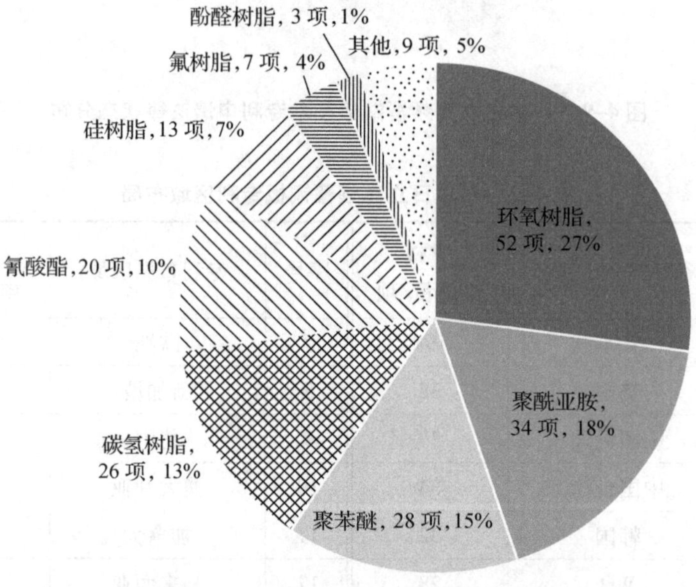

图 4–11　日本日立高频覆铜板专利相关主树脂分布

根据涉及高频覆铜板配方中纤维布使用的相关专利（图 4–12），日本日立高频覆铜板纤维布采用的 TOP 10 纤维依次为玻璃纤维、氟树脂纤维、聚酯纤维/聚酰亚胺纤维、芳纶纤维、液晶聚合物纤维、碳纤维/聚烯烃纤维/聚醚醚酮纤维/聚苯硫醚纤维。

根据涉及高频覆铜板配方中填料使用的相关专利（图 4–13），日本日立高频覆铜板采用的 TOP 10 填料依次为氧化硅、氧化铝、氧化钛、中空玻璃球、云母/钛酸锶/钛酸钙/钛酸钡、氢氧化铝/滑石等。

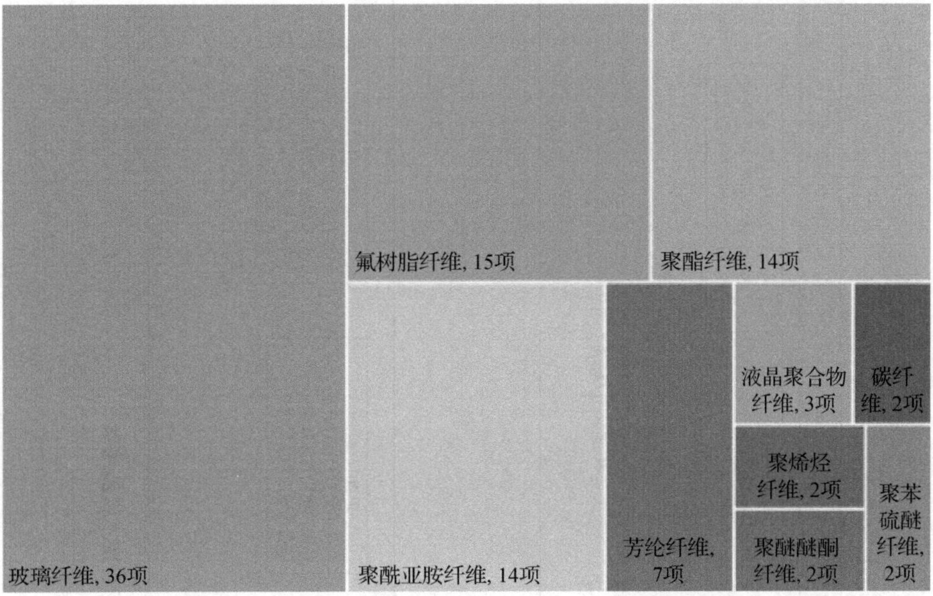

图 4-12　日本日立高频覆铜板专利相关纤维布使用分布

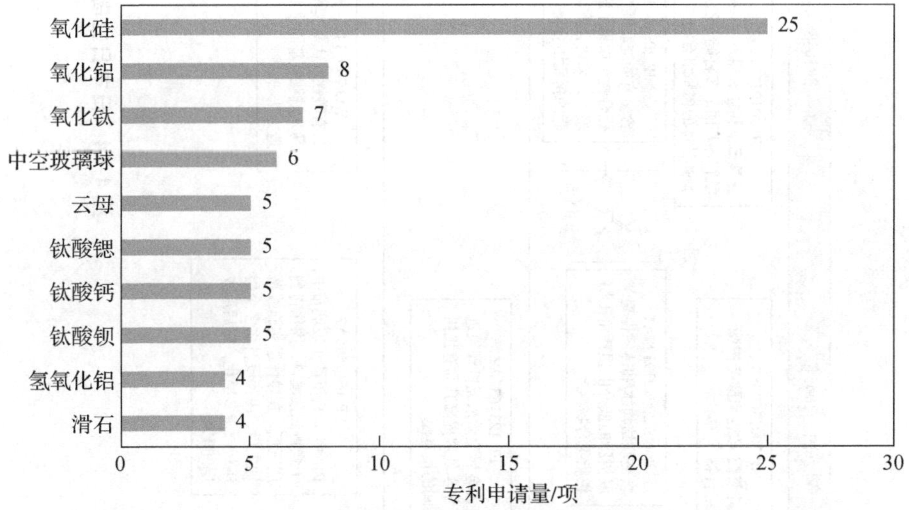

图 4-13　日本日立高频覆铜板专利相关填料使用分布

日本日立高频覆铜板专利技术发展路线如图 4-14 所示。

	2001—2005年	2006—2010年	2011—2015年	2016—2020年
树脂	JP 2002309084A 硅氧烷-改性氰酸酯树脂组合物 US 2004039127A1 含交联结构体/和热固性聚苯醚树脂的低介电损耗角正切树脂组合物	JP 2010111758A 含聚苯醚树脂和带双马来亚酰胺等基团的多官能苯乙烯型弹性体的树脂组合物 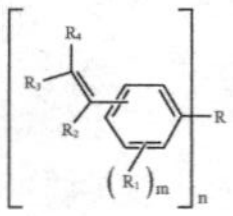 1 JP 2011001473A 含多官能交联助剂和热固性化合物（如聚苯醚化合物，聚丁二烯化合物）的交联树脂的树脂组合物	WO 2015152427A1 分子中具有至少1个*N*-取代马来酰亚胺基的聚苯醚衍生物及使用其的热固化性树脂组合物 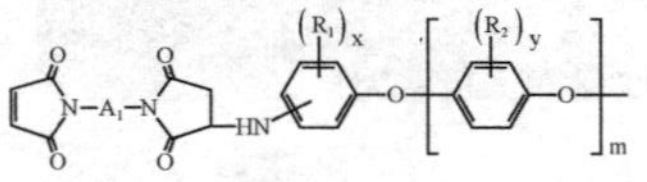 2	WO 2016114287A1 含有长链烷基双马来酰亚胺树脂和固化剂的树脂组合物
填料	EP 1231637A2 将含金属亚微米无机颗粒进行化学处理提高其与有机树脂间的相容性			
制备工艺	EP 1517595A2 树脂组合物浸渍于玻璃布中，干燥得到预浸料，固化得到层压板，在导体层实施线路加工后，由预浸料将多个层压板一步多层化，然后形成层间配线	WO 2007142140A1 具有酸性取代基和不饱和马来酰亚胺基固化剂的制造方法	JP 2014122339A 分子中具有羟基和环氧基的热固性树脂与氰酸酯化合物制备热固性树脂的方法	JP 2018012775A 将具有来自含至少2个*N*-取代马来酰亚胺基的马来酰亚胺和二胺化合物的聚酰亚胺的层间绝缘用树脂膜层压在基材的一面或两面

图 4–14　日本日立高频覆铜板专利技术发展路线

由图4–14 可知，日本日立的研发重点在于聚苯醚 + 双马来酰亚胺/碳氢树脂的树脂组合物、长链烷基双马来酰亚胺树脂、无机填料的相容性提升改性等。

4.3　日本住友

从图4–15 可以看出，日本住友高频覆铜板专利申请始于1985 年，自此几乎每年均有相关专利申请，专利申请量在1993 年达到小高峰（24 项），2005 年后专利申请有所减少，每年申请数为5 项左右。

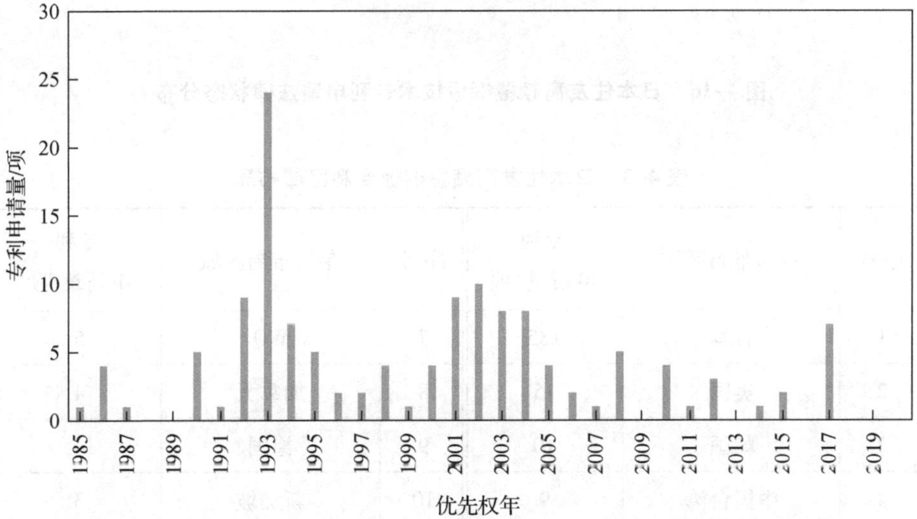

图 4–15　日本住友高频覆铜板专利申请量年度分布

如图4–16 所示，从日本住友高频覆铜板技术专利申请法律状态分布可以看出，在135 项专利中，目前仍处于有效状态的专利仅有16 项，占比为12%；失效专利119 项，占比高达88%，表明大量专利已过期或放弃，相关技术方案处于未保护状态。

日本住友主要在国外生产、销售相关高频覆铜板产品，除在本土布局专利外，还在美国、韩国、中国台湾、中国大陆、欧洲、WO、加拿大、德国、新加坡、西班牙、马来西亚等区域进行了专利布局（表4–3）。

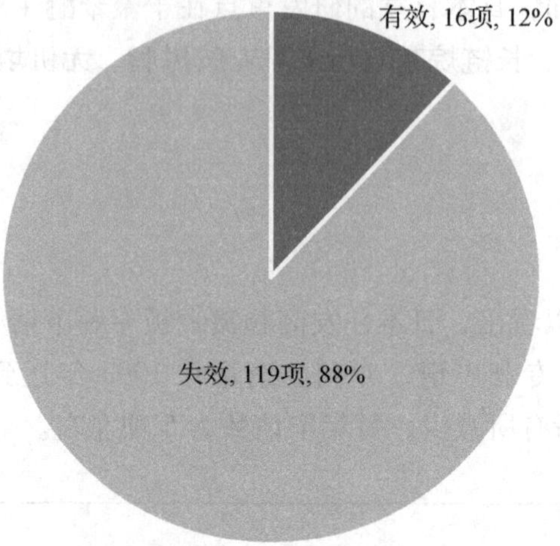

图 4–16　日本住友高频覆铜板技术专利申请法律状态分布

表 4–3　日本住友高频覆铜板专利区域布局

序号	专利布局区域	专利申请量/项	序号	专利布局区域	专利申请量/项
1	日本	135	7	WO	5
2	美国	15	8	加拿大	4
3	韩国	10	9	德国	4
4	中国台湾	9	10	新加坡	3
5	中国大陆	8	11	西班牙	1
6	欧洲	8	12	马来西亚	1

在高频覆铜板领域，日本住友主要开展树脂和制备工艺的技术研发和专利申请，专利申请量占比分别为 98.5% 和 48.1%，在纤维布和填料环节分别仅有 2 项和 1 项专利申请（图 4–17）。

根据日本住友 135 项涉及高频覆铜板树脂研发或配伍的专利公开的技术方案（图 4–18），高频覆铜板采用频次靠前的主树脂依次为环氧树脂、氰酸酯、氟树脂、聚酰亚胺、碳氢树脂、液晶聚合物、聚苯醚等，其中，环氧树脂、氰酸酯和氟树脂是日本住友高频覆铜板技术方案最常使用的树脂，专利

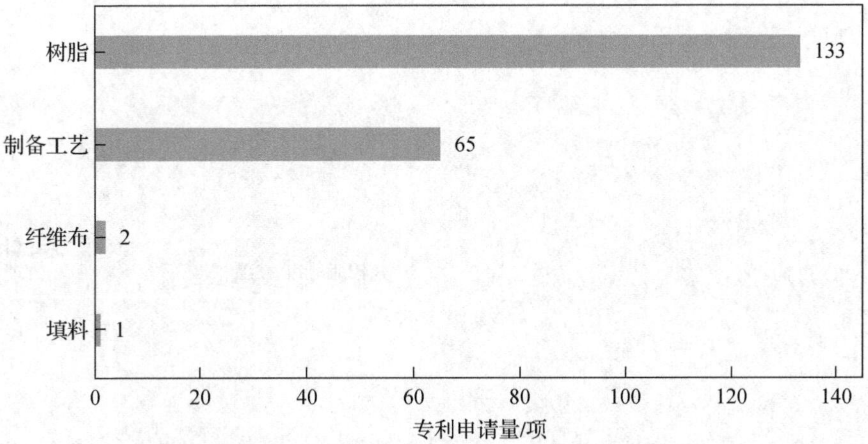

图 4-17　日本住友高频覆铜板专利相关技术领域分布

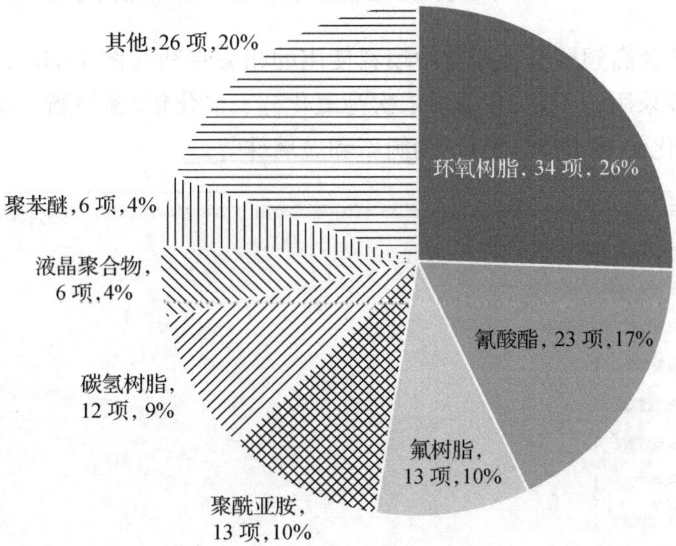

图 4-18　日本住友高频覆铜板专利相关主树脂分布

合计占比超五成。

根据涉及高频覆铜板配方中纤维布使用的相关专利（图 4-19），日本住友高频覆铜板纤维布采用的纤维主要为玻璃纤维、氟树脂纤维、芳纶纤维/液晶聚合物纤维/聚对苯撑苯并二噁唑纤维/纤维素纤维。

图 4-19　日本住友高频覆铜板专利相关纤维布使用分布

根据涉及高频覆铜板配方中填料使用的相关专利（图 4-20），日本住友高频覆铜板采用的 TOP 10 填料依次为氧化硅、氧化铝/氟树脂、碳酸钙、钛酸锶/氢氧化铝/钛酸钡/滑石/勃姆石和玻璃珠等。

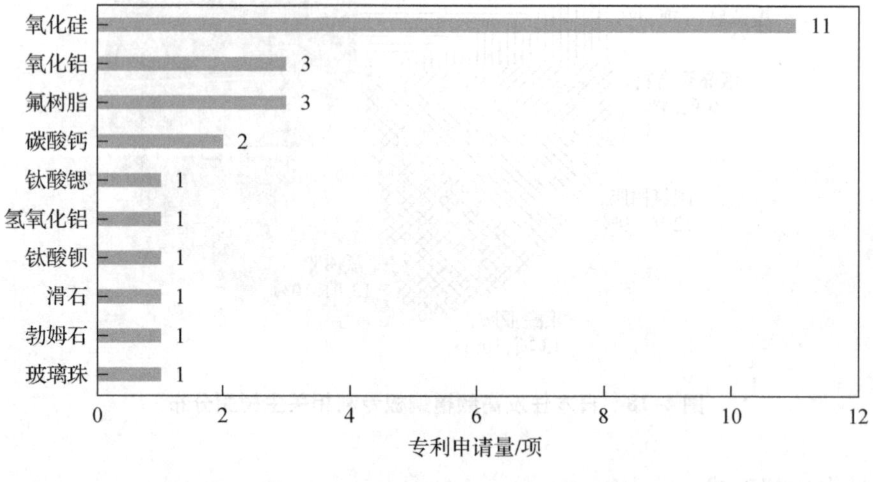

图 4-20　日本住友高频覆铜板专利相关填料使用分布

日本住友高频覆铜板专利技术发展路线如图 4-21 所示。由图可知，日本住友的研发重点在于聚酰亚胺（双马来酰亚胺）基树脂、环氧树脂 + 双

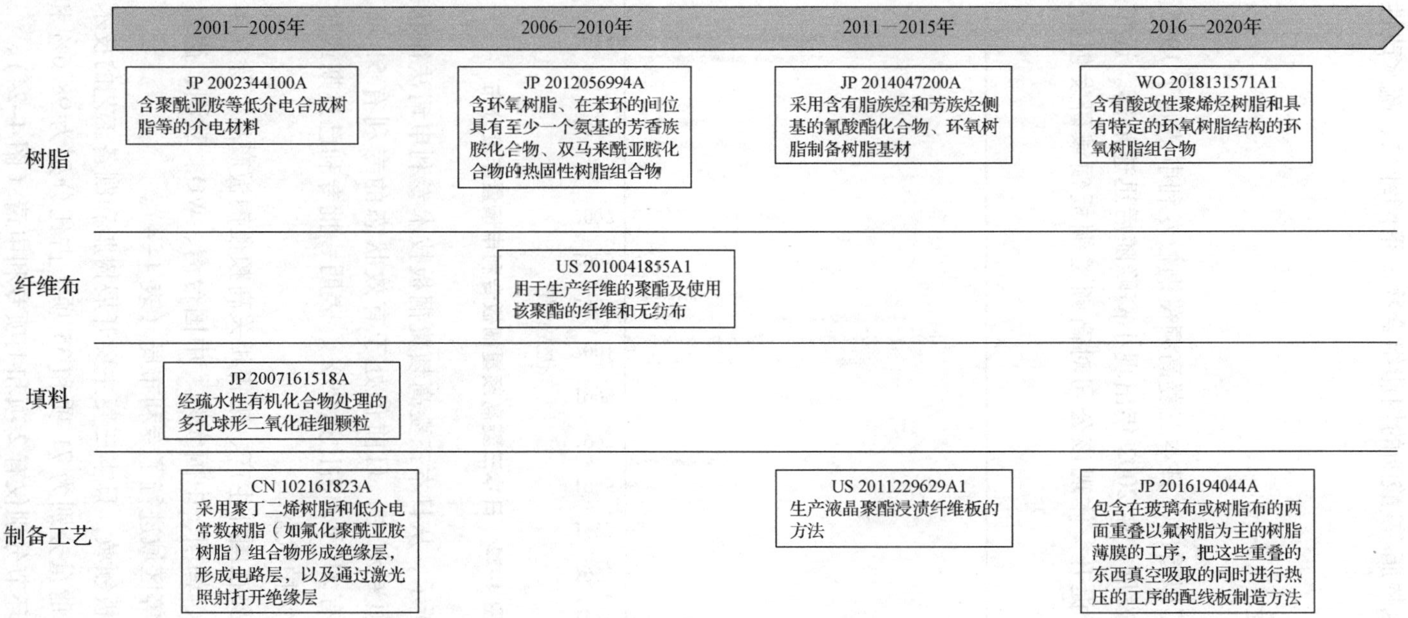

图 4–21　日本住友高频覆铜板专利技术发展路线

马来酰亚胺/碳氢树脂/氰酸酯的树脂组合物、聚酯纤维、疏水改性的多孔球形二氧化硅等。

4.4 日本三菱

从图 4-22 可以看出，日本三菱高频覆铜板专利申请始于 1985 年，专利申请量呈现波动发展，在 2002 年出现小高峰随后迅速滑落。近年来专利申请量总体上有所提升，体现该公司对高频覆铜板领域研发创新开始有所重视。

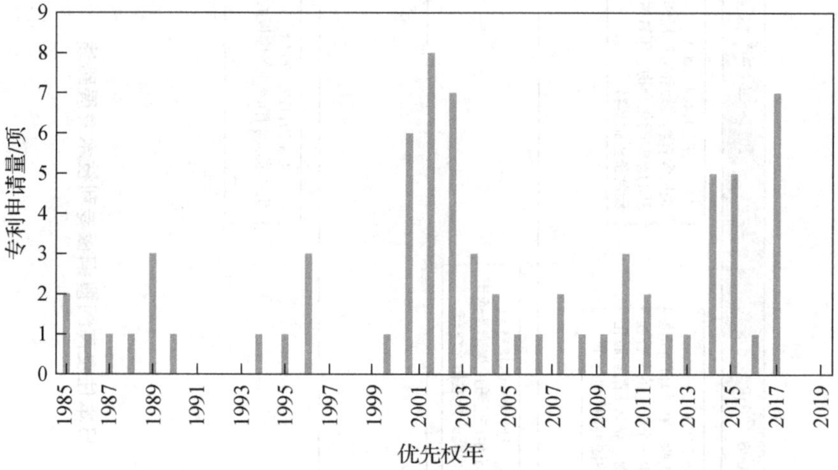

图 4-22 日本三菱高频覆铜板专利申请量年度分布

如图 4-23 所示，从日本三菱高频覆铜板技术专利申请法律状态分布可以看出，在 72 项专利中，目前仍处于有效状态的专利有 51 项，占比为 71%；失效专利有 21 项，占比达 29%，表明一批专利已过期或放弃，相关技术方案处于未保护状态。

日本三菱主要在国外生产、销售相关高频覆铜板产品，除在本土布局专利外，还在美国、韩国、中国大陆、中国台湾、WO、欧洲、德国、马来西亚、泰国、越南等区域进行了专利布局（表 4-4）。

在高频覆铜板领域，日本三菱主要开展树脂和制备工艺的技术研发和专利申请，专利申请量分别为 71 项和 35 项，占比分别为 98.6% 和 48.6%；在纤维布和填料环节分别仅有 2 项和 1 项专利申请（图 4-24）。

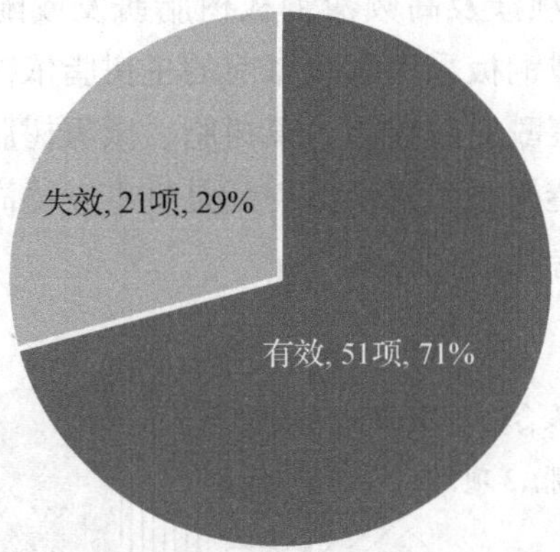

图 4-23　日本三菱高频覆铜板技术专利申请法律状态分布

表 4-4　日本三菱高频覆铜板专利区域布局

序号	专利布局区域	专利申请量/项	序号	专利布局区域	专利申请量/项
1	日本	58	7	欧洲	18
2	美国	32	8	德国	4
3	韩国	24	9	马来西亚	2
4	中国大陆	22	10	泰国	1
5	中国台湾	21	11	越南	1
6	WO	20			

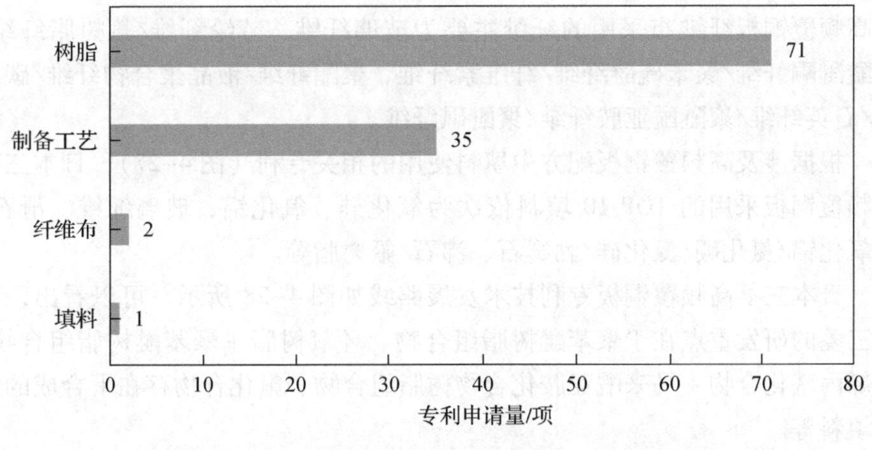

图 4-24　日本三菱高频覆铜板专利相关技术领域分布

根据日本三菱72项涉及高频覆铜板树脂研发或配伍的专利公开技术方案（图4-25），高频覆铜板采用频次靠前的主树脂依次为环氧树脂、聚苯醚树脂、氰酸酯树脂、聚酰亚胺树脂、氟树脂、碳氢树脂、液晶聚合物等，其中，环氧树脂、聚苯醚树脂和氰酸酯树脂是日本三菱高频覆铜板技术方案最常使用的树脂，专利合计占比达65%。

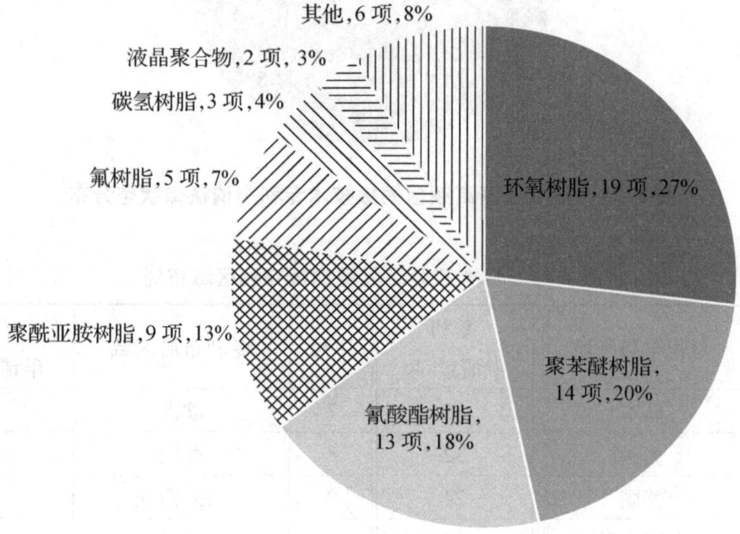

图4-25　日本三菱高频覆铜板专利相关主树脂分布

根据涉及高频覆铜板配方中纤维布使用的相关专利（图4-26），日本三菱高频覆铜板纤维布采用的纤维主要为玻璃纤维、芳纶纤维/氟树脂纤维、聚醚醚酮纤维/聚苯硫醚纤维/纤维素纤维、聚酯纤维/液晶聚合物纤维/碳纤维/石英纤维/聚醚酰亚胺纤维/聚醚砜纤维。

根据涉及高频覆铜板配方中填料使用的相关专利（图4-27），日本三菱高频覆铜板采用的TOP 10填料依次为氧化硅、氧化铝、玻璃纤维、滑石、氢氧化铝/氮化硼/氮化硅/勃姆石、沸石/氟树脂等。

日本三菱高频覆铜板专利技术发展路线如图4-28所示。可以看出，日本三菱的研发重点在于聚苯醚树脂组合物、环氧树脂+聚苯醚树脂组合物、含烯丙基化合物+马来酰亚胺化合物树脂组合物、氟化合物存在下合成的沸石填料等。

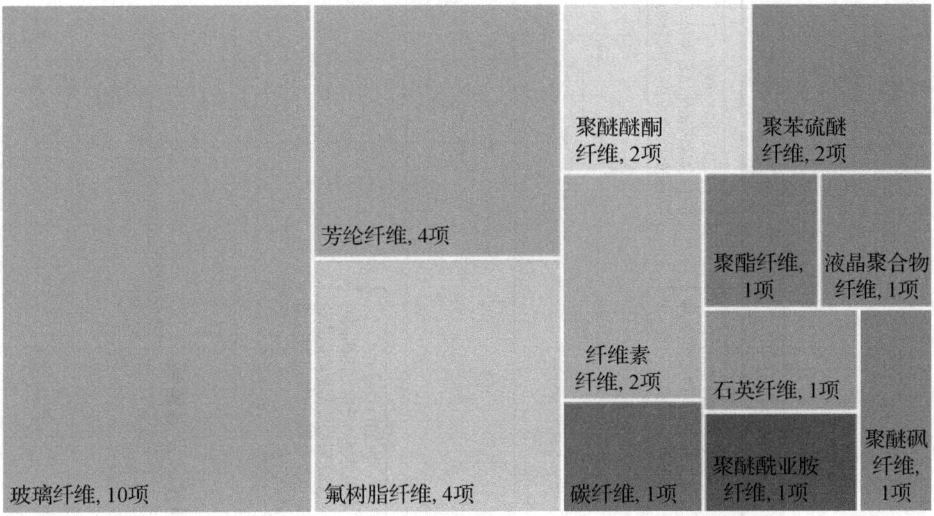

图 4-26　日本三菱高频覆铜板专利相关纤维布使用分布

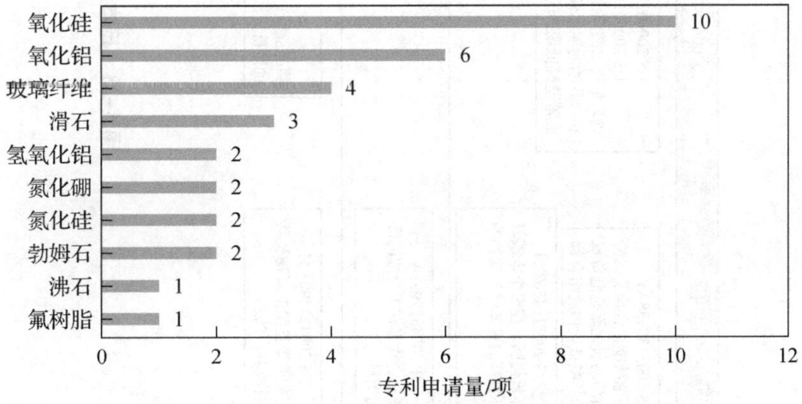

图 4-27　日本三菱高频覆铜板专利相关填料使用分布

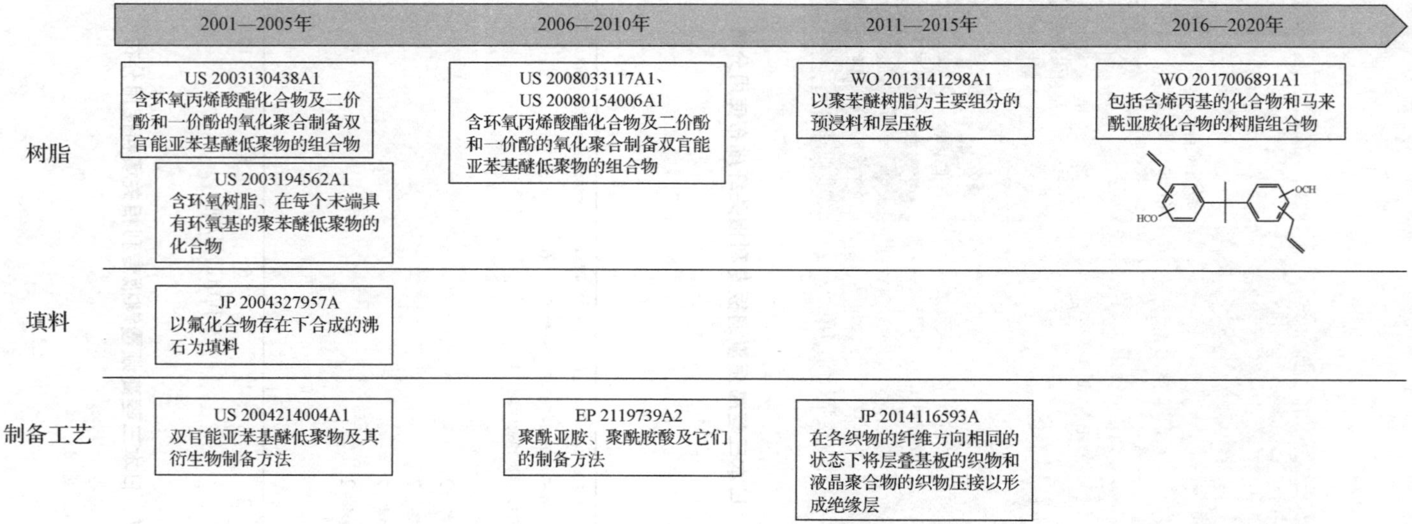

图 4–28　日本三菱高频覆铜板专利技术发展路线

4.5　日本松下

从图4-29可以看出，日本松下高频覆铜板专利申请始于1983年，几乎每年均有相关专利申请，专利申请量在2018年达到小高峰（8项），说明近年来日本松下对高频覆铜板领域的研发创新较为重视。

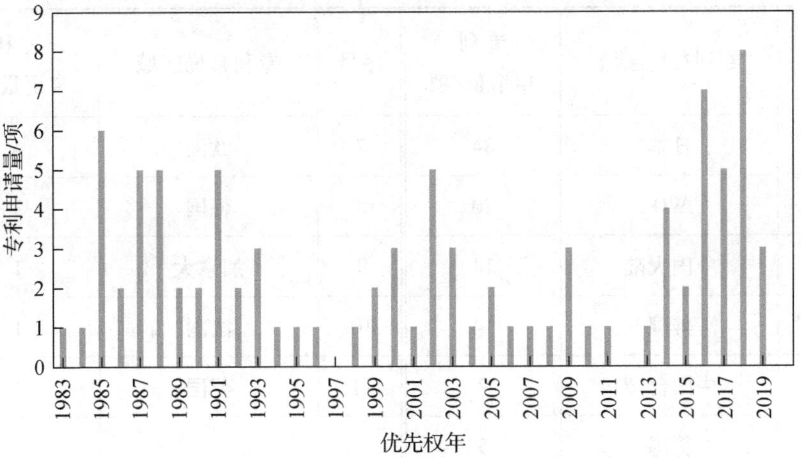

图4-29　日本松下高频覆铜板专利申请量年度分布

如图4-30所示，从日本松下专利申请法律状态分布可以看出，在93项专利中，目前仍处于有效状态的专利有41项，占比为44%；失效专利有52

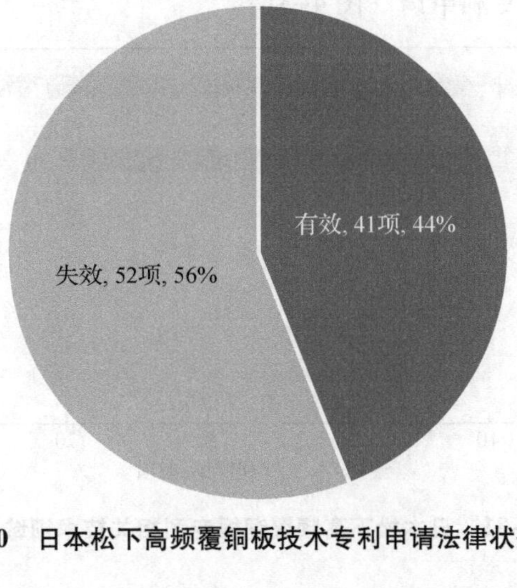

图4-30　日本松下高频覆铜板技术专利申请法律状态分布

项，占比达56%，表明一大批专利已过期或放弃，相关技术方案处于未保护状态。

日本松下主要在国外生产、销售相关高频覆铜板产品，除在本土布局专利外，还在WO、中国大陆、美国、中国台湾、德国、欧洲、韩国、加拿大、法国和英国等区域进行了专利布局（表4–5）。

表4–5　日本松下高频覆铜板专利区域布局

序号	专利布局区域	专利申请量/项	序号	专利布局区域	专利申请量/项
1	日本	84	7	欧洲	4
2	WO	20	8	韩国	3
3	中国大陆	14	9	加拿大	1
4	美国	14	10	法国	1
5	中国台湾	9	11	英国	1
6	德国	5			

在高频覆铜板领域，日本松下主要开展树脂和制备工艺的技术研发和专利申请，专利申请量占比分别为96. 8%和75. 3%，并在铜箔、纤维布和填料环节分别有2项专利申请（图4–31）。

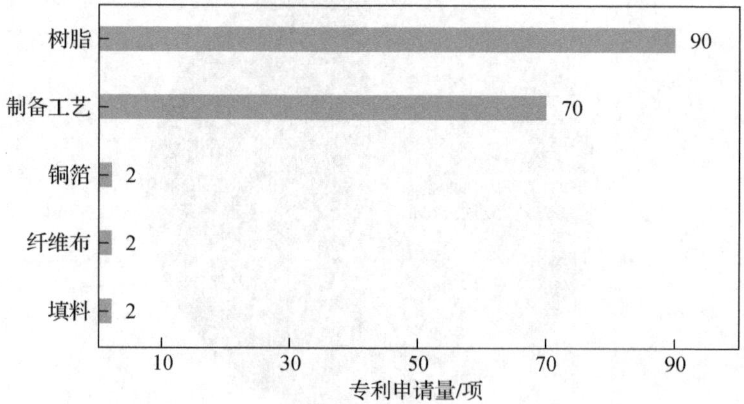

图4–31　日本松下高频覆铜板专利相关技术领域分布

根据日本松下93项涉及高频覆铜板树脂研发或配伍的专利公开技术方案（图4-32），高频覆铜板采用频次靠前的主树脂依次为聚苯醚树脂、环氧树脂、氟树脂、聚酰亚胺树脂、碳氢树脂、氰酸酯树脂、液晶聚合物、硅树脂等，其中，聚苯醚、环氧树脂和氟树脂是日本松下高频覆铜板技术方案最常使用的树脂，专利合计占比近七成。

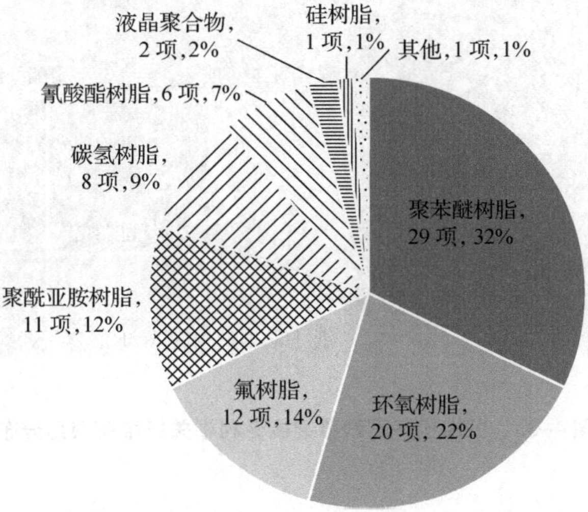

图4-32　日本松下高频覆铜板专利相关主树脂分布

根据涉及高频覆铜板配方中纤维布使用的相关专利（图4-33），日本松下高频覆铜板纤维布采用的纤维主要为玻璃纤维、芳纶纤维/聚酯纤维、纸纤维、石棉纤维、氟树脂纤维/聚酰亚胺纤维/陶瓷纤维/聚苯硫醚纤维、液晶聚合物纤维。

根据涉及高频覆铜板配方中填料使用的相关专利（图4-34），日本松下高频覆铜板采用的TOP 10填料依次为氧化硅、空心微球、氧化硼/钛酸钡、氧化钛/氧化铝/氟树脂、云母/氢氧化镁/滑石等。

日本松下高频覆铜板专利技术发展路线如图4-35所示。由图可知，日本松下的研发重点在于改性聚苯醚树脂组合物、改性聚酰亚胺树脂组合物、液晶聚合物树脂组合物、聚酮纤维纸、表面疏水化中空粒子、粗糙化表面处理铜箔等。

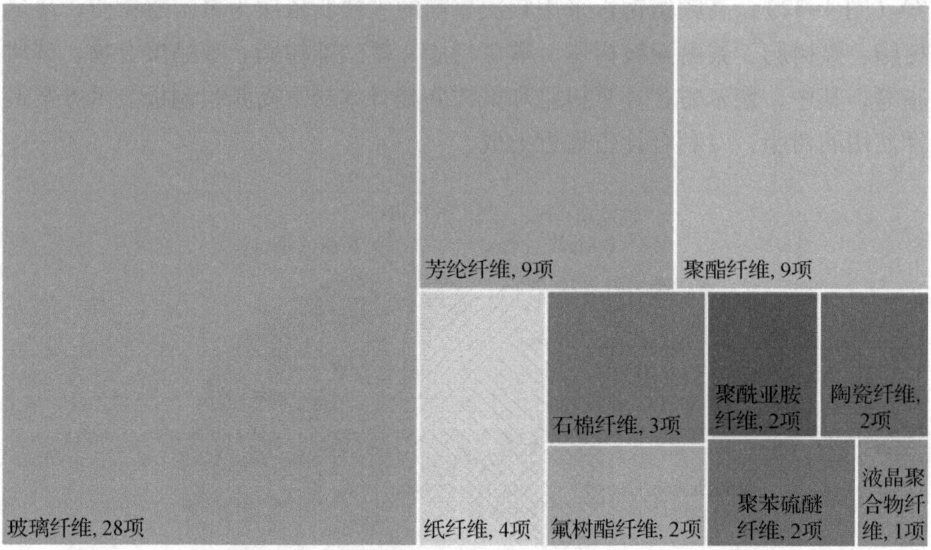

图 4-33　日本松下高频覆铜板专利相关纤维布使用分布

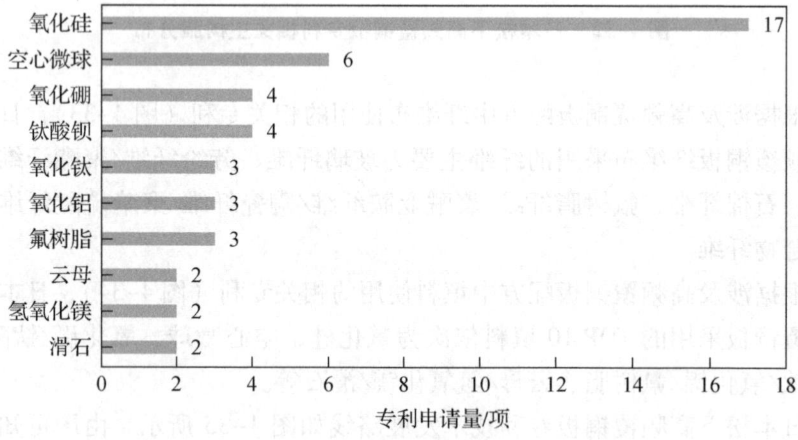

图 4-34　日本松下高频覆铜板专利相关填料使用分布

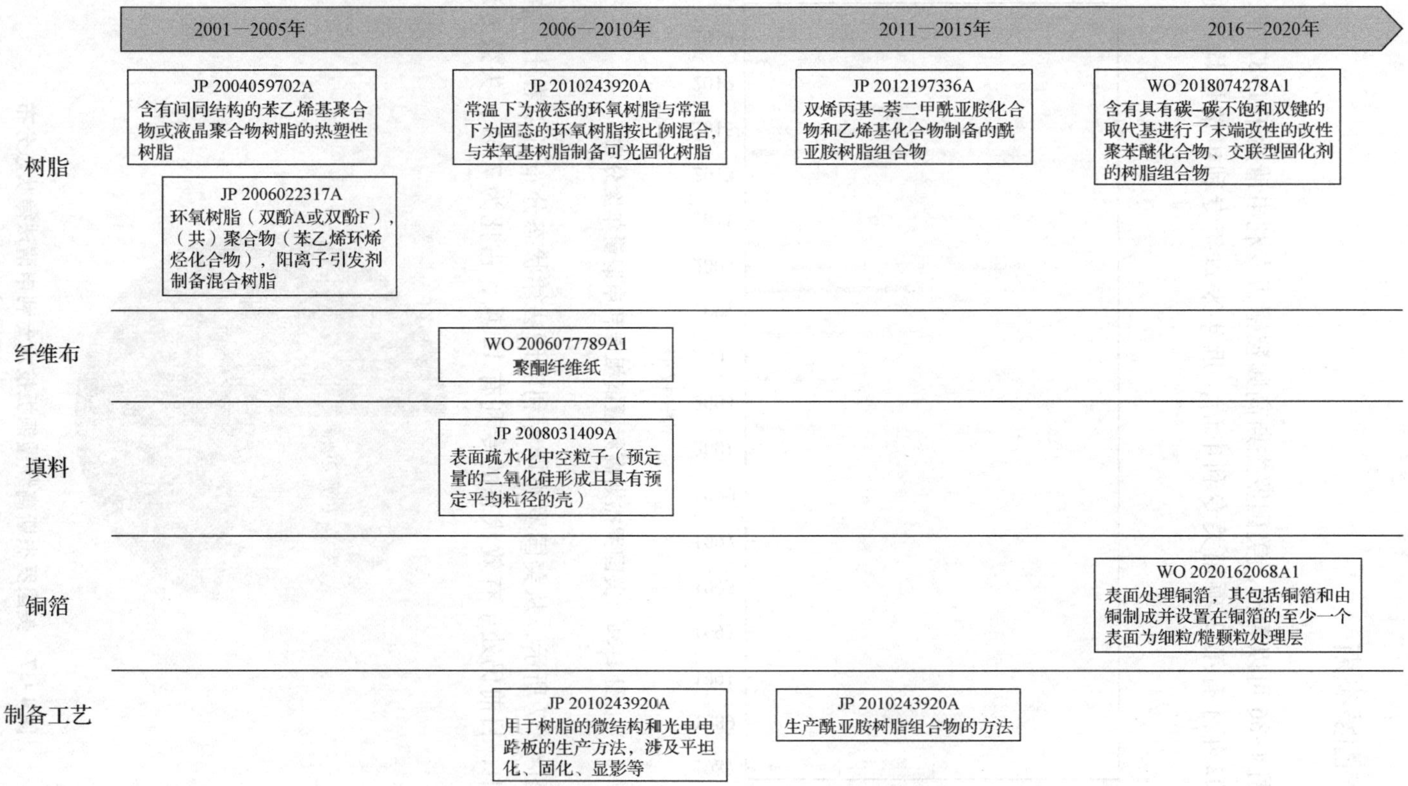

图4-35　日本松下高频覆铜板专利技术发展路线

4.6 美国罗杰斯

从图 4-36 可以看出，美国罗杰斯高频覆铜板专利申请始于 1987 年，但直到 2002 年才有第 2 项相关专利申请，近年来每年专利申请量均不超过 3 项。

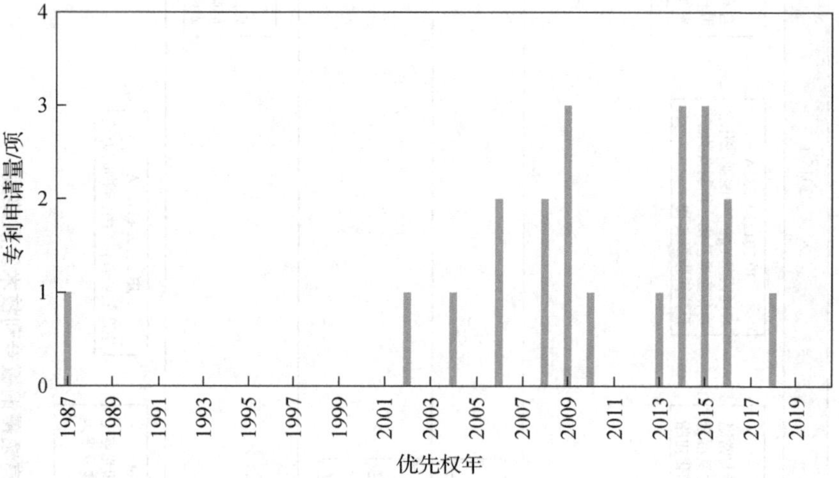

图 4-36　美国罗杰斯高频覆铜板专利申请量年度分布

如图 4-37 所示，从美国罗杰斯专利申请法律状态分布可以看出，在 21 项专利中，目前仍处于有效状态的专利有 15 项，占比为 71%；失效专利 6

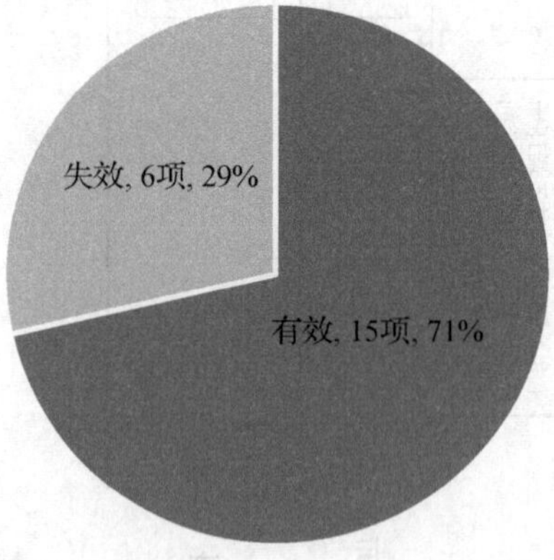

图 4-37　美国罗杰斯高频覆铜板技术专利申请法律状态分布

项，占比达29%，表明一批专利已过期或放弃，相关技术方案处于未保护状态。

美国罗杰斯主要在国外生产、销售相关高频覆铜板产品，除在本土布局专利外，还在WO、中国大陆、欧洲、韩国、日本、德国、中国台湾、英国、印度、澳大利亚和俄罗斯等区域进行了专利布局（表4-6）。

表4-6 美国罗杰斯高频覆铜板专利区域布局

序号	专利布局区域	专利申请量/项	序号	专利布局区域	专利申请量/项
1	美国	20	7	德国	3
2	WO	14	8	中国台湾	2
3	中国大陆	10	9	英国	2
4	欧洲	7	10	印度	2
5	韩国	6	11	澳大利亚	1
6	日本	5	12	俄罗斯	1

在高频覆铜板领域，美国罗杰斯主要开展树脂和制备工艺的技术研发和专利申请，专利申请量占比分别为100%和52.4%，并在纤维布和填料环节分别有1项专利申请（图4-38）。

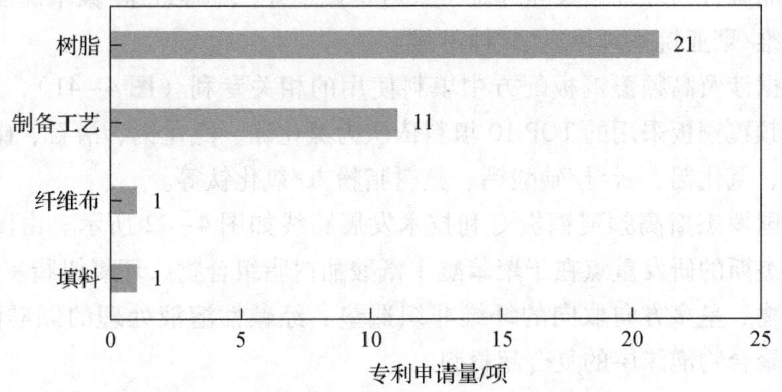

图4-38 美国罗杰斯高频覆铜板专利相关技术领域分布

根据美国罗杰斯 21 项涉及高频覆铜板树脂研发或配伍的专利公开技术方案（图 4-39），高频覆铜板采用频次靠前的主树脂依次为碳氢树脂、氟树脂、环氧树脂、聚苯醚树脂等，其中，碳氢树脂是美国罗杰斯高频覆铜板技术方案最常使用的树脂，专利占比近五成。

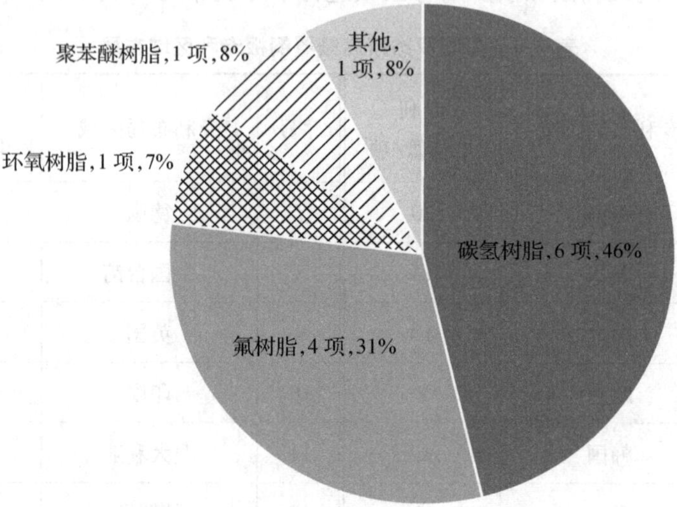

图 4-39　美国罗杰斯高频覆铜板专利相关主树脂分布

根据涉及高频覆铜板配方中纤维布使用的相关专利（图 4-40），美国罗杰斯高频覆铜板纤维布采用的纤维主要为玻璃纤维、石英纤维、芳纶纤维、液晶聚合物纤维、聚酯纤维、聚对苯撑苯并二噁唑纤维/聚苯硫醚纤维/尼龙纤维/聚亚烷基纤维/铁氧体纤维。

根据涉及高频覆铜板配方中填料使用的相关专利（图 4-41），美国罗杰斯高频覆铜板采用的 TOP 10 填料依次为氮化硼、氮化铝、滑石、碳化硅/氧化硅、氧化铝、云母/碳酸钙、氟树脂粉末/氧化钛等。

美国罗杰斯高频覆铜板专利技术发展路线如图 4-42 所示。由图可知，美国罗杰斯的研发重点在于聚苯醚 + 氰酸酯树脂组合物、环氧树脂 + 碳氢树脂组合物、呈多方向取向的纤维非织造垫、经碱性溶液处理的硼硅酸盐微球、含聚合物泡沫层的复合超材料。

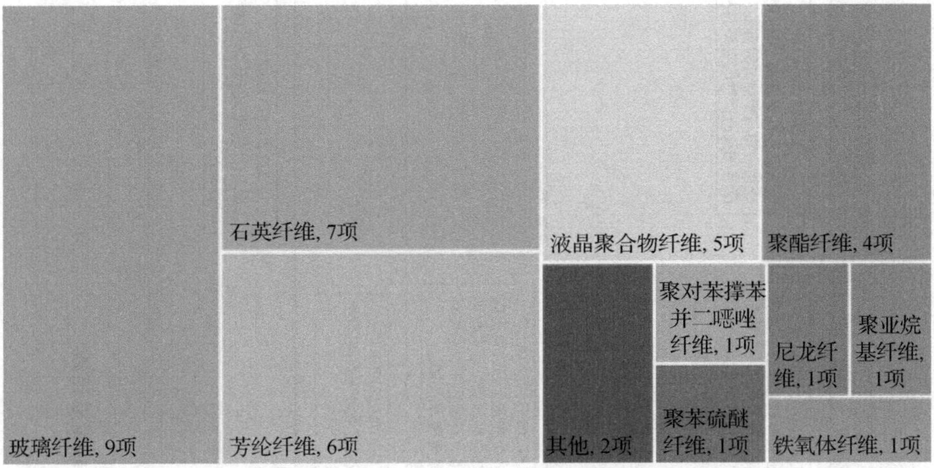

图 4-40　美国罗杰斯高频覆铜板专利相关纤维布使用分布

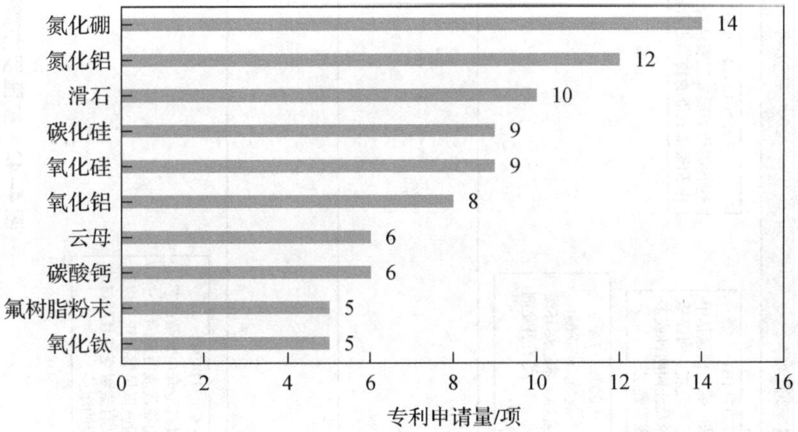

图 4-41　美国罗杰斯高频覆铜板专利相关填料使用分布

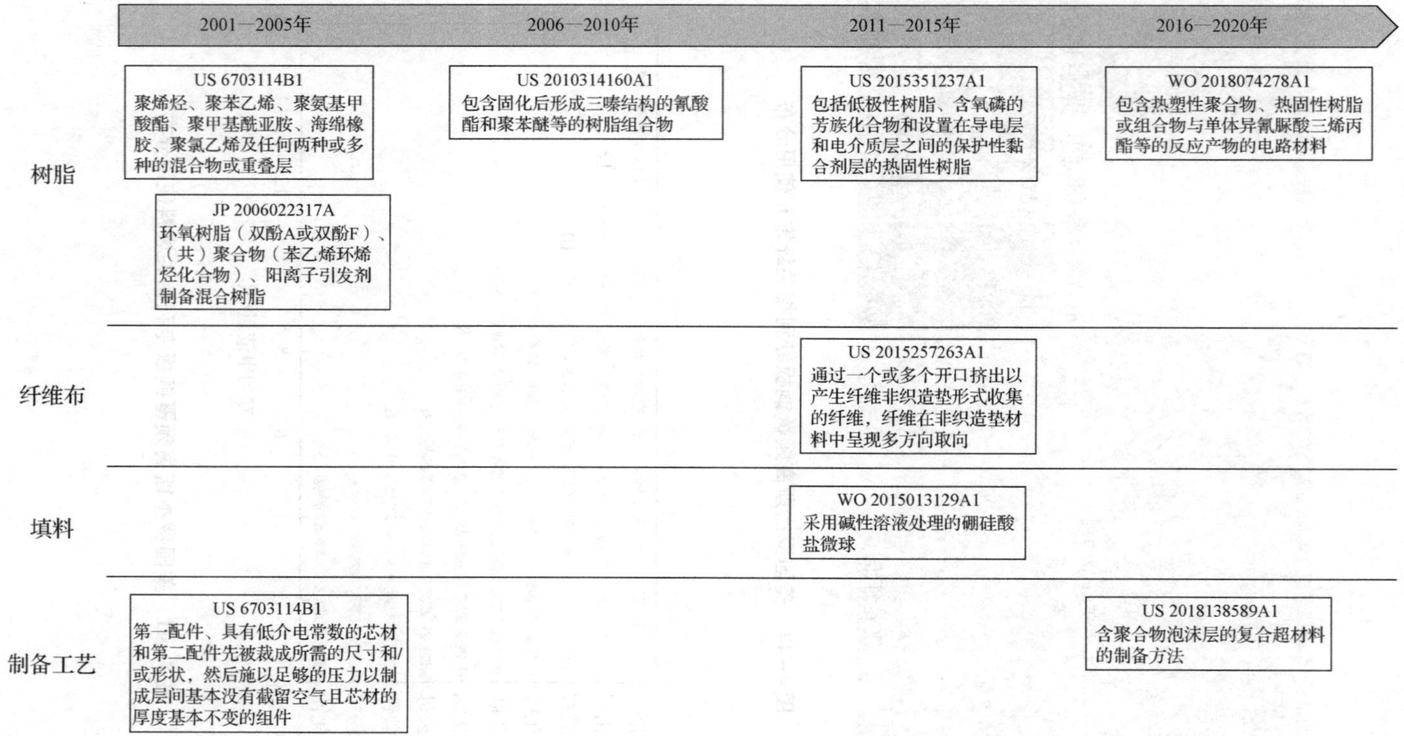

图 4-42 美国罗杰斯高频覆铜板专利技术发展路线

4.7　美国 Isola

从图 4-43 可以看出，美国 Isola 高频覆铜板专利申请始于 1998 年，相关专利申请量较少，仅 5 项。

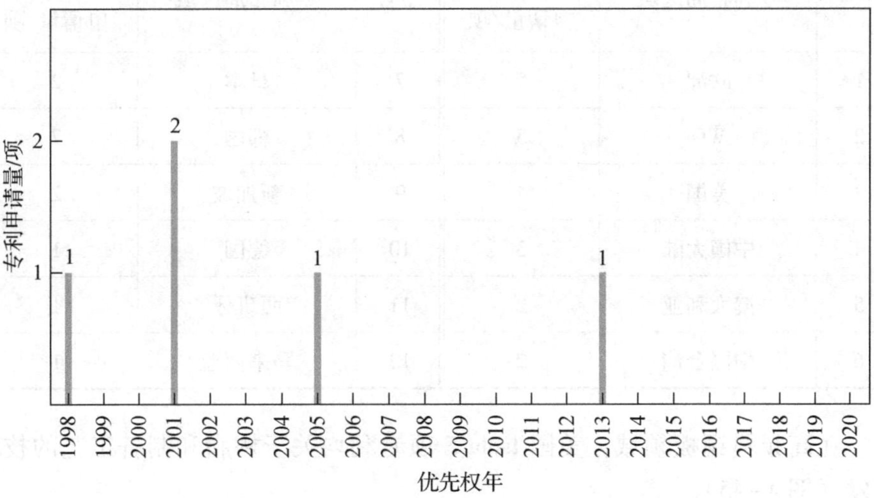

图 4-43　美国 Isola 高频覆铜板专利申请量年度分布

如图 4-44 所示，从美国 Isola 专利申请法律状态分布可以看出，在 5 项专利中，目前仍处于有效状态的专利有 4 项，另有 1 项已失效。

图 4-44　美国 Isola 高频覆铜板技术专利申请法律状态分布

美国 Isola 主要在国外生产、销售相关高频覆铜板产品，除在本土布局专利外，还在欧洲、WO、中国大陆、澳大利亚、中国台湾、日本、韩国、新加坡、德国、西班牙和马来西亚等区域进行了专利布局（表 4-7）。

表 4-7 美国 Isola 高频覆铜板专利区域布局

序号	专利布局区域	专利申请量/项	序号	专利布局区域	专利申请量/项
1	欧洲	5	7	日本	2
2	WO	5	8	韩国	2
3	美国	4	9	新加坡	2
4	中国大陆	3	10	德国	1
5	澳大利亚	2	11	西班牙	1
6	中国台湾	2	12	马来西亚	1

在高频覆铜板领域，美国 Isola 5 项专利均关于树脂和制备工艺的技术研发（图 4-45）。

图 4-45 美国 Isola 高频覆铜板专利相关技术领域分布

根据美国 Isola 5 项涉及高频覆铜板树脂研发或配伍的专利公开技术方案（图 4-46），高频覆铜板采用的主树脂依次为环氧树脂、碳氢树脂、聚

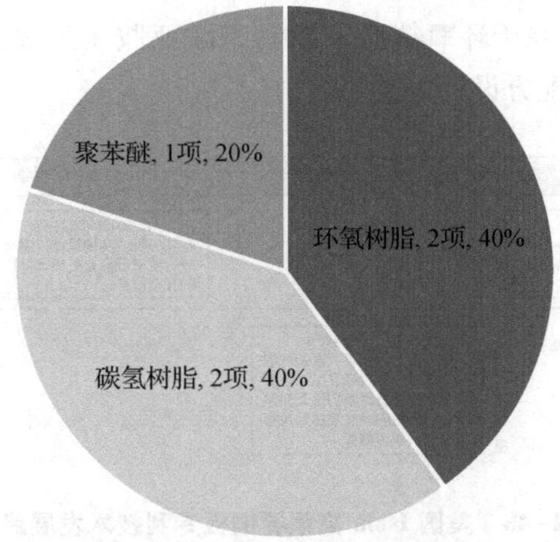

图 4-46　美国 Isola 高频覆铜板专利相关主树脂分布

苯醚等。

根据涉及高频覆铜板配方中纤维布使用的相关专利，美国 Isola 高频覆铜板纤维布采用的纤维均为玻璃纤维。

根据涉及高频覆铜板配方中填料使用的相关专利（图 4-47），美国 Isola 高频覆铜板采用的 TOP 10 填料依次为黏土/氧化铝/陶瓷/石英/滑石/氧化钛/氧化铈/氮化硼、硅灰石/氧化硅。

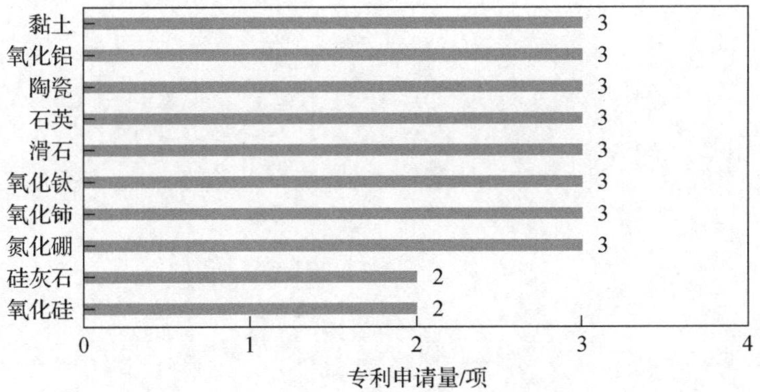

图 4-47　美国 Isola 高频覆铜板专利相关填料使用分布

美国Isola高频覆铜板专利技术发展路线如图4-48所示。由图可知，美国Isola的研发重点在于环氧树脂+双马来酰亚胺+三嗪树脂组合物等、不同介电常数材料的配方设计等。

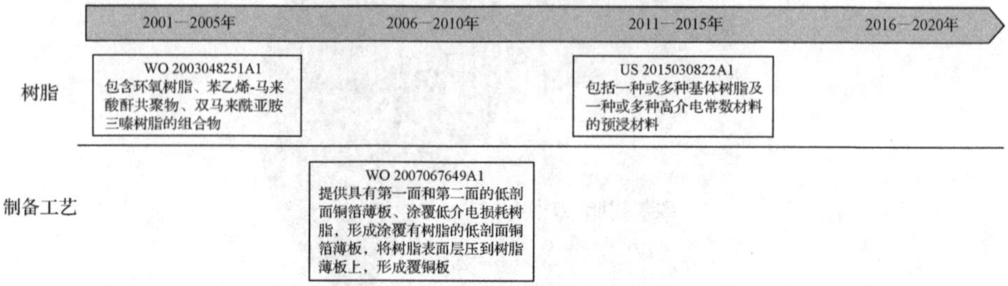

图4-48 美国Isola高频覆铜板专利技术发展路线

第5章 结论与建议

5.1 结论

从产业发展现状和趋势看，高频覆铜板相关技术并不是伴随着5G而出现的，其发展最早可以追溯到20世纪70年代，50多年来，提高覆铜板高频适用性的技术也在不断探索过程中，包括降低介电常数、降低介电损耗、实现稳定的介电常数及低介电损耗等。高频覆铜板技术第一项专利出现于1970年，早期专利申请量较少，技术主要来源于日本和美国，伴随着移动通信技术的快速发展，特别是2013年2月5G移动通信技术的提出，作为关键零部件，高频覆铜板相关技术也出现快速发展，专利申请量呈现飞速增长趋势。中国高频覆铜板技术起步较晚，但发展较快，同期专利申请量远远超出其他国家，涌现出以广东生益科技为代表的创新机构。

从技术研发情况看，高频覆铜板领域技术研发热点依次为树脂、制备工艺、纤维布、铜箔、填料和制造设备，其中，主树脂研发与选用热点为环氧树脂、聚酰亚胺、氟树脂、聚苯醚、碳氢树脂、氰酸酯、液晶聚合物、硅树脂、酚醛树脂；纤维布研发热点为玻璃纤维、芳纶纤维、氟树脂纤维、聚对苯撑苯并二噁唑纤维、聚烯烃纤维、聚酯纤维、液晶聚合物纤维、石英纤维聚醚醚酮纤维、聚苯并咪唑纤维，选用热点为玻璃纤维、芳纶纤维、碳纤维、聚酯纤维、氟树脂纤维、液晶聚合物纤维、聚酰亚胺纤维、聚烯烃纤维、石英纤维、纸纤维；填料研发热点为不同填料的组配、填料物理性质的改进、有机物对无机填料的改性、有机无机填料的复合，选用热点为氧化硅、氧化钛、氢氧化铝、氮化硼、滑石粉、氧化镁、氮化铝、氧化铝、云母、碳酸钙；铜箔涉及兼顾铜箔与树脂基材的密合性及高频环境下良好的高频特性。

从区域分布角度看，日本处于绝对的领先地位，占据产业技术所有优先权专利的50.1%，表明日本在高频覆铜板领域走在全球前列。中国大陆排在第2位，占产业技术所有优先权专利的33.1%。接下来是美国、韩国、中国台湾等区域。国外主要国家和地区均把中国作为主要市场进行较大力度的专利布局，形成较强专利壁垒。我国除在本国市场布局外，还在美国、欧洲、韩国、日本、印度等国家和地区进行布局，但总体对外布局力度不大，相对专利申请量较少，这说明国内创新主体核心专利还较少，研发水平有待进一步加强。国内省份，广东、江苏、上海、台湾、浙江、安徽等专利申请量较多，其中，广东和江苏是国内高频覆铜板的两大研发高地。

从专利质量看，美国虽然优先权专利数量仅排第3位，但专利质量最高，总被引次数、平均被引次数、专利被引率、被引H指数等指标都高于其他国家，说明美国在高频覆铜板领域具有较强的技术实力。日本优先权专利数量遥遥领先，且专利质量仅次于美国，在高频覆铜板领域表现出较强的控制力。我国优先权专利数量排在第2位，但在专利质量指标方面与美国和日本还有一定距离，这说明我国在高频覆铜板领域的技术实力还有待加强。

从优势机构看，在全球专利申请排名居前30位的申请人中，日本企业占据15席，中国大陆企业占据6席，中国台湾企业和院所占据5席，美国企业占据2席，韩国企业占据2席。日本日立、松下、三菱、大日本油墨化学、旭化成、日东电工等专利申请活动年期较长，且近五年专利申请量占比不低，对高频覆铜板领域较为重视，这些日企起步较早，且一直保持对该领域的研发投入。日本日立、三菱、日矿金属、味之素，韩国三星等企业注重开拓中国市场，并采用专利来保护自身的技术和产品。中国大陆机构中，广东生益科技起步较早，且一直保持对该领域的研发投入，活动年期达15年，专利申请量遥遥领先；广东广山新材料、昆山雅森电子、浙江华正新材料、常州中英科技平均专利年龄小于5年，表明这些公司近期关注该领域的研发创新。

从主要人才及其团队看，技术研发人才主要来自国内广东生益科技、昆山雅森电子、广东广山新材料、常州中英科技及日本日立、住友、瑞翁、荒川化学；基础研究人才主要来自国内的苏州大学、河海大学、大连理工大学等及韩国成均馆大学、韩国技术教育大学、韩国化学技术研究所和日本埼玉大学。

从专利运用看，专利转让或许可热点涉及碳氢树脂（丁二烯、苯乙烯、丁二烯苯乙烯共聚物或苯乙烯丁二烯苯乙烯共聚物）基、聚酰亚胺基、氟树脂基、聚苯醚基、芳香族聚酯酰胺树脂组合物、粗糙化铜箔、低介电常数玻璃纤维等关键技术。

从高质量专利看，绝大多数高被引专利、高年均被引专利、高维持时间专利、高同族规模专利来自美国和日本企业，说明这些企业研发能力较强，专利有着很强的基础性，专利受到更多的关注，我国仅广东生益科技和台湾工研院具有少量高质量专利。

技术演进路线如下。

（1）高频覆铜板用主树脂方面

①环氧树脂的技术路线包括对环氧树脂本身进行改性，形成双环戊二烯型、联苯型、萘型等特种环氧树脂，以及加入介电性能较好的树脂［如聚苯醚树脂、苯并噁嗪树脂（酚醛树脂的一类）、双马来酰亚胺树脂（聚酰亚胺树脂的一类）、碳氢树脂等］配伍；②聚酰亚胺树脂的技术发展方向为自身改性（如双马来酰亚胺及聚甲亚胺基、亚烷基、醚基、磺酰基改性的双马来酰胺树脂，烯丙基改性，长链烷基改性的双马来酰亚胺等）、与其他低介电树脂（三嗪树脂、苯并噁嗪树脂等）配伍，或者多孔化成型；③氟树脂的技术发展方向为多孔化成型、与其他低介电树脂（如聚酰亚胺等）配伍；④聚苯醚的技术发展方向为自身改性（如含酚类基团苯乙烯接枝聚合、分子末端带不饱和双键，采用乙烯基苄基、丙烯酸酯基、甲基丙烯酸酯基进行末端改性等）、与其他低介电树脂（间同立构聚苯乙烯树脂、氰酸酯等）配伍；⑤碳氢树脂的技术发展方向为低介电碳氢树脂的选用［如顺式1，4-聚丁二烯、聚降冰片烯、环戊烯、超高分子量聚乙烯、聚苯乙烯-聚（乙烯/丁烯）共聚物等］、与其他低介电树脂（如烯丙基线性酚醛树脂、双马来酰亚胺等）配伍；⑥氰酸酯的技术发展方向为自身改性（如多官能团、硅氧烷改性、烷基、亚苯基、亚萘基、亚联苯基改性等）、与其他低介电树脂（如丁二烯基共聚物、苯并噁嗪树脂、双马来酰亚胺树脂、联苯芳烷基酚醛清漆树脂等）配伍；⑦液晶聚合物的技术发展方向为与其他低介电树脂（如间同立构结构苯乙烯类聚合物等）配伍。

（2）高频覆铜板用纤维布方面

玻纤布的技术发展方向为玻璃纤维配方的调整（SiO_2、B_2O_3、Al_2O_3、CaO、MgO、Na_2O、K_2O、Li_2O、TiO_2 等）及采用硅烷偶联剂或者预处理胶液对玻璃纤维进行处理；高频覆铜板还可采用其他低介电常数的纤维布，包括氟树脂纤维、聚醚酰亚胺纤维、芳纶纤维、聚苯并二噁唑纤维、液晶聚合物纤维、聚酮纤维等，并采用硅烷偶联剂对相关纤维进行改性。

（3）高频覆铜板用填料的技术发展方向

采用多孔、中空、立方孔、微球形状的填料，如多孔气凝胶、中空玻璃微球、硼硅酸盐微球、立方孔结构的多孔二氧化硅、钙钛矿型复合氧化物，还涉及填料的表面改性，如采用硅烷偶联剂处理、表面乙烯基聚苯醚树脂化学修饰等。

（4）高频覆铜板用铜箔的技术发展方向

微细粗糙化处理，如超细铜粒沉淀在球化处理层上、多次粗化处理、含由针状晶体和/或板状晶体构成的微细凹凸等，进一步降低介电常数和介电损耗角正切，同时兼顾铜箔与树脂基材的密合性。

（5）高频覆铜板制备工艺的演进

伴随着高频覆铜板采用树脂、铜箔、纤维布、填料等的演进，衍生出如包含压合排气等工序的多孔膨胀烧结聚四氟乙烯基覆铜板的制备工艺等。

5.2 我国高频覆铜板产业高质量发展的对策建议

5.2.1 我国高频覆铜板产业发展 SWOT 分析

5.2.1.1 我国高频覆铜板产业发展的机会和优势

（1）国家政策大力支持，具备良好的宏观发展环境

国家重视高频覆铜板的发展。2015 年，高频覆铜板被列入工业强基专项行动实施方案。国家发展改革委于 2019 年 10 月 30 日发布《产业结构调整指导目录（2019 年本）》，指出信息产业鼓励发展高频微波印制电路板、高性能覆铜板等电子产品用材料。工业和信息化部于 2019 年 12 月 2 日发布的《重点新材料首批次应用示范指导目录（2019 年版）》中，高频微波覆铜板、高密度覆铜板、极薄铜箔、高频高速基板用压延铜箔、高频高速覆铜板用功能化低分子聚苯醚等为重点发展的先进基础材料。

（2）国内外市场需求大，具有较高市场潜力

随着通信行业从低频向高频发展，高频覆铜板应用市场广阔。近年的商业化应用领域主要以汽车电子毫米波雷达为主。随着 5G 建设周期的到来，5G 通信无线基站将成为低损耗及超低损耗基材主要战场，其中，又以 5G 宏基站应用先行。更长远看，5G 商用将真正开启万物互联，5G 移动连接方式在物联网连接方式中的占比将逐渐提升，5G 物联网智能硬件终端的无线连接模块及天线也会带来比较大的高频高速覆铜板需求。据中国产业信息网预测，2018—2025 年宏基站、车载毫米波雷达、5G 硬件设备等高频高速覆铜板需求规模累计将超过 1000 亿元。

（3）我国产业发展基础较好，已有一批领军企业

从专利来看，我国专利申请量居全球第2位，近年来同期专利申请量超过其他国家和地区。我国大陆的广东生益科技、广东广山新材料、深圳光启创新、昆山雅森电子、浙江华正新材料、常州中英科技，以及台湾的台光电子、南亚塑胶、台燿科技、台湾工研院、联茂电子等机构均跻身全球高频覆铜板专利申请TOP 30。国内部分企业已经开始了高频覆铜板的研发和生产，如华正新材、广东生益科技等，在规模和技术方面已迎头赶上，国产替代空间巨大。其中，华正新材2017年已建成业内先进的高频覆铜板专用生产线，2018年高频高速材料获得知名通信企业技术认证，部分产品可以实现进口高端产品的替代，且性能与国际高频高速龙头企业不相上下；广东生益科技2018年11月高频覆铜板已进入试生产阶段，为国内高频材料国产替代实现突破，从数字电视领域转型到高频覆铜板的高斯贝尔，也在高频高速产线进行投产建设；超华科技研制成功超低介电常数和超低介质损耗的纳米纸基高频高速覆铜板。

5.2.1.2 我国高频覆铜板产业发展的劣势和威胁

（1）我国产业发展能级有待提升

从产量、产值的绝对数额来看，中国大陆已经成为全球最大的覆铜板生产基地，以刚性覆铜板为例，中国大陆在全球范围内销量占比71.4%，产值占比68.1%，但大陆覆铜板产品仍存在高端供给不足、中低端同质化竞争的问题。在国内的覆铜板厂商中，建滔集团、广东生益科技、金安国纪、华正新材等产能在全球市占率不足20%。广东生益科技是当前国内在高频覆铜板领域相对具备竞争力的企业，但市占率仅10%，另外几家的比重也不大。这其中，台资或外资厂商投资工厂的比重偏大。特别是在高频覆铜板领域，美、日和中国台湾地区的企业基本处于垄断地位。

（2）跨国企业加快抢占国内市场和进行专利布局

目前，高附加值的高频覆铜板如聚四氟乙烯基覆铜板（毫米波雷达和极高频通信）、碳氢化合物基覆铜板（6 GHz以下基站射频）、聚苯醚基覆铜板（高速多层板）技术门槛高、毛利率高，仍由美日厂商占据主流市场，代表为罗杰斯、Isola、泰康利、松下等。这些企业技术实力雄厚，产品已占领国内大部分市场份额。同时，高频覆铜板中国专利中，国外申请人申请量占比达31.7%，印证较强专利壁垒的存在。国外申请人主要来自日本、美国和韩国等，这与上述国家和地区的高频覆铜板技术研发能力相吻合，它们在抢占中国市场时，均非常重视借助专利布局提高竞争力，实现市场和技术

的双重垄断，我国需要对这些国家和地区在中国申请的专利保持高度关注。

（3）我国高频覆铜板的专利技术缺乏核心竞争力

我国优先权专利数量虽然排在全球第2位，但在总被引次数、平均被引次数、专利被引率、被引H指数等专利质量指标方面离美国和日本还有一定距离。同时，从施引次数、年均施引次数、高维持时间、同族规模等口径梳理的高质量专利来看，我国仅广东生益科技和台湾工研院具有少量高质量专利，对比美国和日本明显偏少，这说明我国在高频覆铜板领域的技术实力还有待加强。

5.2.2 对策建议

根据SWOT分析结果可以看出，我国发展高频覆铜板产业面临国家政策大力支持、市场潜力大等有利条件，并具有一定研发能力和产业基础，但也存在整体竞争能力亟待提升、专利技术缺乏核心竞争力等不足，同时面临较强外部专利壁垒的挑战，可以说我国发展高频覆铜板产业机遇和挑战并存。为更好地抓住机遇，加快我国高频覆铜板产业发展，抢占技术创新和国际竞争制高点，提出以下对策建议。

5.2.2.1 统筹规划，突出政府引导和扶持

在国家重点研发计划中设立高频覆铜板专项，以适宜高频环境使用的树脂及树脂组合物、纤维布、填料、铜箔作为重点攻关方向，加大研发攻关力度。鼓励引导有基础的省份（如广东、江苏、上海、浙江、安徽等）将高频覆铜板项目纳入当地重点发展目录。以广东生益科技、深圳光启创新、广东广山新材料、昆山雅森电子、浙江华正新材料、常州中英科技、上海南亚新材料为重点，加强对优势企业的培育发展，引导相关企业瞄准国际先进水平，提升关键核心技术，带动产业链跨越发展。引导树脂（广东生益科技、广东广山新材料、浙江华正新材料、上海南亚新材料、广东同宇、山东圣泉、四川东材等）、纤维布（江苏富仕德科技、上海宏和电子、广德瓯科达、河南光远新材料、广东超华科技、上海普利特、江苏展宝新材料、江苏金由新材料等）、填料（深圳光启创新、重庆锦艺硅材料、安徽凯盛基础材料、江苏联瑞新材料、凤阳力拓新型材料、上海安缔诺等）、铜箔（昆山雅森电子、山东金宝电子、常州中英科技、南京中鸿润宁、张家港康得新光电材料、安徽铜冠铜箔、湖北中科铜箔等）优势企业围绕细分市场进行技术攻关和突破，向差异化方向发展，并促进与5G通信产业的融合发展，加快产业化进程。支持相关企业引进再创新、对外合作研发、技术买断，鼓励有

条件的企业并购国内外具有高频覆铜板核心技术资产的企业或建立国际化研发机构，对海外并购或在海外建立研发机构给予资金补贴支持。

5.2.2.2 加快核心技术研发，促进产业化发展

从专利质量来看，我国高频覆铜板研发水平离国际先进水平存在一定差距，需要加快核心技术研发，促进产业化发展。建议依托广东生益科技、浙江华正新材等龙头企业，整合产业链上下游有优势、有条件的创新资源，引进集聚国内外优势创新要素，建设高频覆铜板产业创新联合体、技术创新中心、制造业创新中心或产业创新中心，瞄准聚苯醚、碳氢树脂、双马来酰亚胺树脂等低介电树脂、微细粗糙化处理铜箔、低介电填料、低 D_k 玻纤布、复合纤维布等技术方向，加快高频覆铜板关键核心技术研发。设立高频覆铜板产业开发基金，加强与各类投资公司、银行等金融机构合作，引导社会资本投入，支持种子期、初创期成长型高频覆铜板中小企业发展，资助一批获得技术突破并实现产业化转型的项目。发挥东山精密、深南电路等高频覆铜板下游PCB 龙头企业引领支撑作用，加强高频覆铜板共性技术平台建设，推动产业链上中下游、大中小企业融通创新。大力推进在高频覆铜板领域具有较强研发实力，并积累有大量有价值的科技成果的研究院所、高等院校（如电子科技大学、南京大学等）与高频覆铜板产业紧密结合，采取转让、许可或者作价投资等方式，向企业或者其他组织转移科技成果，促进科技成果转化与产业化。

5.2.2.3 实施专利导航发展战略，鼓励海外专利布局

实施专利导航发展战略，为技术开发保驾护航。对有关国外公司，如日本日立、住友、松下，美国罗杰斯、Isola 等在世界各地，特别是在华专利申请情况进行分析研究，制定高频覆铜板专利保护规划，在一些关键技术领域构建专利保护网，并为我国高频覆铜板抢占国际市场竞争的制高点提供指导。此外，应进一步加强对 PCT 专利申请的引导，加大补贴力度，鼓励国内创新主体在海外申请专利，并进行合理布局，以逐步参与到更广更深的全球竞争中，充分发挥专利引领产业升级发展的作用。

5.2.2.4 加强人才队伍建设，建立多层次人才培养机制

重点面向日本日立、住友、瑞翁、荒川化学等领军企业及韩国成均馆大学、韩国技术教育大学、韩国化学技术研究所、日本埼玉大学等高校院所大力引进高频覆铜板领域高层次人才、领军型团队和人才，打造创新创业人才高地。推动国内覆铜板企业加强与专业院校的合作，通过订单式、实训式培养的方式，强化应用型、操作型人才输出。

附录 特色专利分析方法

1. 扩展性分析

高频覆铜板相关技术并不是伴随着5G而出现的，其发展最早可以追溯到20世纪70年代，50余年的时间里，提高覆铜板高频适用性的技术也在不断探索过程中，包括降低介电常数、降低介电损耗、实现稳定的介电常数+低介电损耗等。因此，在检索相关专利时，不是局限于2013年5G概念第一次提出后申请的专利，而是扩展至所有提升覆铜板高频适用性的专利。

2. 产业分析方法与专利分析方法相结合

通过文献调研、专家咨询、实地调研、政策研究等方法，对国内外高频覆铜板产业进行发展现状分析，绘制高频覆铜板产业地图。主要内容包括：①产业链分析，分为国际和国内两个层面，梳理产业链上下游核心环节和领军企业，聚焦高频覆铜板发展历程及动向、产业生态系统等内容；②创新链分析，梳理发达国家和国内先进省市发展高频覆铜板产业的先进做法、经验和政策等；③价值链分析，梳理产业链各核心环节的市场规模、利润、技术成熟度等，聚焦"微笑曲线"顶端环节；④市场竞争分析，如龙头企业市场表现、重点产品和核心技术，龙头企业的战略布局、知识产权布局等内容。借鉴发达国家和国外龙头企业发展高频覆铜板的政策、经验和先进做法等，寻找能够给我国发展高频覆铜板带来帮助的有益启示。同时，也为后续的专利分析研究提供情报信息支撑。

3. 专利质量的多维度评估方法

从施引次数、年均施引次数、高维持时间、同族专利规模等多个角度挖掘高频覆铜板产业高质量专利。

4. 技术发展路线的多角度分析方法

从高质量专利和龙头企业专利两个角度，按时间轴梳理高频覆铜板关键核心技术发展路线。

5. 专利分析与论文计量相结合的人才挖掘

基于专利分析挖掘专利发明人和团队，基于论文计量挖掘论文作者和团队，尤其关注近几年专利申请或论文发表活跃的相关人才。

参考文献

[1] 黄小梅，秦会斌．高导热高频覆铜板用环氧/氰酸酯体系的研究［J］．热固性树脂，2020，35（5）：16－19．

[2] 颜善银，介星迪，朱泳名，等．一种低插损高频导热覆铜板的研制［J］．印制电路信息，2020，28（9）：8－12．

[3] 祝大同．高频高速覆铜板用低轮廓铜箔品种与市场发展［J］．覆铜板资讯，2019（6）：42－44．

[4] 葛成利，李枝芳，朱红军，等．四氟乙烯乳液聚合的研究进展以及在高频覆铜板中应用［C］//中国电子材料行业协会覆铜板材料分会（CCLA）、中国电子电路行业协会（CPCA）覆铜板分会第二十届中国覆铜板技术研讨会论文集，2019：7．

[5] 卢悦群，任英杰，董辉．PTFE 基高频覆铜板的现状及未来趋势［C］//中国电子材料行业协会覆铜板材料分会（CCLA）、中国电子电路行业协会（CPCA）覆铜板分会第二十届中国覆铜板技术研讨会论文集，2019：6．

[6] 王子龙，施加昊，刘立柱，等．基于中空玻璃微球掺杂高频低介电覆铜板的制备与研究［C］//中国电子材料行业协会覆铜板材料分会（CCLA）、中国电子电路行业协会（CPCA）覆铜板分会第二十届中国覆铜板技术研讨会论文集，2018：6．

[7] 祝大同．高频/射频展会上观市场看新品："EDI CON China 2018" 高频覆铜板参展厂商专访记［J］．印制电路信息，2018，26（8）：10－16．

[8] 张迎春．高频覆铜板用聚苯醚/热固性树脂固化物的制备及性能研究［D］．哈尔滨：哈尔滨理工大学，2018．

[9] 师剑英．浅析高频覆铜板的开发要点［C］//中国电子材料行业协会覆铜板材料分会、中国电子电路行业协会基板材料分会、国家电子电路基材工程技术研究中心．第十八届中国覆铜板技术·市场研讨会论文集．2017：18．

[10] 王淑怡，朱拓，阙玉龙，等．印制电路板行业专利发展分析［J］．印制电路信息，2015，23（11）：12－16．

[11] 安信通信．5G 促进 PCB/覆铜板产业升级，核心资产价值重估［EB/OL］．(2018－07－16)［2020－04－13］．https：//mp. weixin. qq. com/s/lY2ylheZ0wyGUhEKbj3nUw．

[12] 孺子牛 PCB．2020 年中国覆铜板行业市场需求及未来发展前景分析［EB/OL］．（2020－02－28）［2020－04－13］．https：//mp. weixin. qq. com/s/KEGv6mtRGJK

7rcBoD21xJw.

[13] 新材料在线. 一图看懂5G产业链及投资机会［EB/OL］.(2019－03－25)[2020－04－13]. https：//mp. weixin. qq. com/s/bkZN7Yc5qp57GMdJIPcO_Q.

[14] ZHANGW W, LU C, GE M N, et al. Surface modified and gradation-mixed Al_2O_3 as an effective filler for the polyphenylene oxide (PPO) insulative layer in copper clad laminates [J]. Journal of materials science-materials in electronics, 2020, 12 (31): 21602－21616.

[15] GUO J M, WANG H, ZHANG C X, et al. MPPE/SEBS composites with low dielectric loss for high-frequency copper clad laminates applications [J]. Polymers, 2020, 12 (9): 1875.